中国经济增长动力转换机制与政府调节作用研究

张同斌 著

国家社会科学基金重大项目（15ZDA011）阶段性成果
辽宁省"兴辽英才计划"青年拔尖人才项目（XLYC1907115）
研究成果
东北财经大学经济学院学科建设经费资助出版

科学出版社
北京

内 容 简 介

本书以中国经济增长中的动力转换机制与政府调节作用研究为主题，以经济周期理论、人力资本理论、内生增长理论等为基础，综合运用国内外前沿的计量经济学方法，从经济发展阶段特征及其差异性、创新驱动要素及其有效性、政府调节功能及其增长效应三个方面，按照"现象—原因—调节"的逻辑顺序，对中国经济增长的阶段特征进行测度，且对其背后的驱动机制转变进行探析。在此基础上，科学评价政府的财税政策和补贴方案的有效性，为政府制定、调整和优化经济政策提供决策参考。

本书可供从事宏观经济相关问题学习与研究的教师、博士研究生、硕士研究生，经济运行相关政府部门的决策人员，宏观经济、公共经济方向的学者和研究人员阅读参考。

图书在版编目（CIP）数据

中国经济增长动力转换机制与政府调节作用研究/张同斌著. —北京：科学出版社，2020.4
ISBN 978-7-03-063841-0

Ⅰ. ①中… Ⅱ. ①张… Ⅲ. ①中国经济–经济增长–研究 ②中国经济–经济增长–政策–研究 Ⅳ. ①F124 ②F127

中国版本图书馆 CIP 数据核字（2019）第 289901 号

责任编辑：陈会迎 / 责任校对：陶 璇
责任印制：张 伟 / 封面设计：正典设计

科 学 出 版 社 出版
北京东黄城根北街 16 号
邮政编码：100717
http://www.sciencep.com

北京虎彩文化传播有限公司 印刷
科学出版社发行 各地新华书店经销

*

2020 年 4 月第 一 版　开本：720×1000 B5
2020 年 11 月第二次印刷　印张：16
字数：320 000
定价：146.00元
（如有印装质量问题，我社负责调换）

前　言

在后国际金融危机时代，中国经济的发展方式和外部环境都发生了很大程度的变化，经济运行中出现了与以往不同的新特征和新趋势。当前，中国经济已经开始由高速发展进入高质量发展的新阶段，经济增长的动力也逐渐由传统的要素驱动转向创新驱动。经济增长动力机制是否能够实现平稳转换，与人力资本累积和技术进步的速度及其对经济增长的推动效应密切相关。在动力转换的过程中，政府如何更好地发挥作用，也决定了中国经济能否快速完成发展阶段的跨越，这些新问题对国内的相关研究工作提出了新挑战。

在高质量发展的框架下，对中国经济增长中各个阶段波动特征的思考，以及各个阶段之间波动特征差异背后的影响因素，尤其是创新驱动因素的深入挖掘，对于熨平经济周期波动、缓解经济下行压力有着重要的理论指导意义和实际参考价值。此外，在合理认识经济增长周期现象及其驱动因素变迁规律的基础上，政府应顺势而为，在市场化进程推进、公共服务提供、优化资源配置方面进行有针对性的政策设定，以转变政府职能、处理好政府与市场的关系为抓手，有效助力中国经济社会实现可持续增长和科学发展。

鉴于此，本书以中国经济增长动力转换机制与政府调节作用研究为主题，以经济周期理论、人力资本理论、内生增长理论等为基础，综合运用国内外前沿的计量经济学方法，从经济发展阶段特征及其差异性、创新驱动要素及其有效性、政府调节功能及其增长效应三个方面，按照"现象—原因—调节"的逻辑顺序，对中国经济增长的阶段特征进行测度，且对其背后的驱动机制转变进行探析。在此基础上，科学评价政府的财税政策和补贴方案的有效性，为政府制定、调整和优化经济政策提供决策参考。

本书分为三篇，共11章，其中第一篇为现象分析篇，包括第1~4章；第二篇为动力转换篇，包括第5~8章；第三篇为政府调节篇，包括第9~11章。各章的主要内容如下。

第1章描述了中国经济增长的历程、现状与影响因素，对本书研究的经济理论基础进行了整理。

第2章是中国经济周期波动阶段运行特征的定量分析，采用MS-TVTP研究了经济增长周期在各状态间转换的驱动因素。

第3章从通货膨胀的视角，分析了中国通货膨胀的形成机制以及通货膨胀在各个区制之间的时变转换特征。

第4章基于工业经济的角度，对中国工业企业整体增长质量分布状况进行描述，研究了公有制和非公有制工业企业的增长质量差异及其变动特点。

第5章分析了人口红利与人力资本红利对于中国经济增长影响的差异程度和变动趋势，对经济增长的动力转换机制进行了初步的探索。

第6章在第5章的基础上，进一步以交互效应和传导路径为核心，分析了人力资本对中国经济增长的多维度、多路径影响。

第7章对研发投入在全要素生产率（total factor productivity，TFP）增长即技术进步中的有效性进行了验证，并重点分析了研发对技术进步的非线性、非对称效应。

第8章综合了人力资本、研发投入等多种创新因素，研究了内在吸收能力还是外部溢出效应有效缩小了技术差距，实现了对创新要素与创新产出之间关系的相对完整刻画。

第9章通过测度不同阶段政府与市场在经济增长中地位的差异化程度，对政府的"简政放权"措施如何释放改革红利给出了现实解释。

第10章将公共服务职能纳入政府与经济增长关系的研究框架中，分解出财政负担、公共服务与经济增长之间的直接与间接影响效应，验证了适度财政负担能够同时实现经济增长和公共服务目标的观点。

第11章从微观视角构建了政府补贴通过要素价格扭曲传导至企业增加值形成的研究框架，分析了政府补贴对于企业行为的作用机制，对政府补贴作用效果的异质性进行了说明。

本书具有三个方面的特点：第一，逻辑层次清晰，按照提出问题、分析问题、解决问题的一般性研究思路，从现象、成因、调节三个方面进行了中国经济增长中新问题、新成因、新方案的系统阐述；第二，内容体系完整，不但从经济增长、通货膨胀、工业经济等多个维度对中国经济增长中的重点问题或突出问题进行了分析，而且基于微观与宏观相结合的思路构建了经济增长问题分析的框架；第三，研究方法丰富，在写作过程中综合运用了各类先进的计量经济学方法，如时变转换概率马尔可夫区制转移模型（Markov regime switching model with time-varying transition probabilities，MS-TVTP）、断点回归与门限回归方法、面板联立方程模型（simultaneous equation models，SEM）、面板平滑转换回归（panel smooth transition regression，PSTR）模型、倾向得分匹配（propensity score matching，PSM）与广义矩结合的方法等，丰富和完善了经济增长相关问题研究的方法体系。

在本书的写作过程中，得到了东北财经大学高铁梅教授的指导；安徽财经大学储德银教授、首都经济贸易大学范庆泉副教授给予了很多的帮助；厦门大学刘俸奇博士、中国农业银行总行李金凯博士后做了大量的实证研究工作；硕士研究生马丽园、张敏晗、刘琳、马晴晴、李媛、许志多、鲍昱君、付婷婷、潘欣圆满完成了相关的模型估计、数据处理、文字写作、修改和校对工作。本书中的部分成果已发表于《财贸经济》《数量经济技术经济研究》《经济学动态》《经济科学》《浙江社会科学》《经济学报》等杂志。

本书是陈磊教授主持的国家社会科学基金重大项目"新常态下我国宏观经济监测和预测研究"（项目号：15ZDA011）的阶段性研究成果，也是我本人主持的辽宁省"兴辽英才计划"青年拔尖人才项目（项目号：XLYC1907115）的研究成果。本书的出版得到了东北财经大学经济学院学科建设经费的专项资助，特此致谢。此外，在本书出版之际，还要感谢对书中相关内容提出宝贵修改意见和建议的专家、学者，以及给予我们指导、帮助的老师和同学们。我们还要特别感谢科学出版社的马跃老师和李莉老师，正是由于他们的热情帮助和细致工作，本书才得以顺利出版。

"学然后知不足"，在本书的写作过程中，我们更加深刻地认识到需要学习的东西还有很多，以此为起点，我们也更加准备好经历孤独且漫长的科研过程，向优秀的学者请教和学习。由于本人学识和水平有限，疏漏和不足之处在所难免，恳请各位读者不吝赐教。

张同斌

2020年1月

目 录

第一篇 现象分析篇

第 1 章 中国经济增长的历程、现状与影响因素 ·········· 3
  1.1 中国经济增长的事实描述 ·········· 3
  1.2 经济增长阶段转换的影响因素 ·········· 9
  1.3 相关的经济理论基础 ·········· 13
  1.4 本章小结 ·········· 21

第 2 章 中国经济周期波动的阶段运行特征与内在驱动机制 ·········· 23
  2.1 经济周期波动研究方法与驱动因素述评 ·········· 24
  2.2 经济周期波动状态转换及驱动机制模型的构建 ·········· 25
  2.3 产出缺口、预期及转换概率影响因素的估算 ·········· 28
  2.4 基于 MS-TVTP 的经济周期阶段运行特征分析 ·········· 32
  2.5 基于分类先行合成指数的经济周期波动驱动因素研究 ·········· 36
  2.6 本章小结 ·········· 40

第 3 章 中国通货膨胀的形成机制与时变转换特征研究 ·········· 42
  3.1 分区制附加预期新凯恩斯菲利普斯模型的构建 ·········· 43
  3.2 通胀变量合成、产出缺口与通胀预期的测度 ·········· 46
  3.3 不同状态下通货膨胀的形成机制研究 ·········· 49
  3.4 基于时变转换概率的通货膨胀状态转换特征分析 ·········· 51
  3.5 本章小结 ·········· 55

第 4 章 中国工业企业增长质量的分布特征与差异分解 ·········· 57
  4.1 内外部因素驱动工业企业增长质量提升的理论分析 ·········· 58
  4.2 研究设计、数据处理与变量测算 ·········· 62

4.3 中国工业企业增长质量的分布特征变动及其分解方法 …………… 66
4.4 公有制与非公有制工业企业增长质量差异的静态分解 …………… 72
4.5 公有制与非公有制工业企业增长质量差异的动态分解 …………… 75
4.6 本章小结 …………………………………………………………… 78

第二篇 动力转换篇

第5章 从数量型人口红利到质量型人力资本红利 ………………… 83
5.1 中国人口结构变动的典型事实 …………………………………… 84
5.2 人口结构变动与经济增长的理论框架 …………………………… 87
5.3 数据来源、指标选择与变量测算 ………………………………… 90
5.4 人口红利、人力资本对经济增长非对称影响的实证分析 ……… 93
5.5 不同类型城市人口红利、人力资本对经济的差异化影响 ……… 99
5.6 本章小结 …………………………………………………………… 103

第6章 人力资本的经济增长效应：交互效应与传导路径 ………… 106
6.1 人力资本对经济增长影响的研究综述 …………………………… 107
6.2 人口政策、老龄化与人力资本形成 ……………………………… 109
6.3 数据来源与变量选取 ……………………………………………… 113
6.4 多维视角下人力资本对经济增长的影响效应研究 ……………… 116
6.5 关于人力资本在经济增长中作用的进一步思考 ………………… 126
6.6 本章小结 …………………………………………………………… 127

第7章 研发驱动中国技术进步的有效性和异质性研究 …………… 129
7.1 研发累积与全要素生产率增长的理论描述 ……………………… 130
7.2 数据来源、变量选取与描述性统计分析 ………………………… 134
7.3 研发驱动技术进步的结构变化检验与门限面板数据模型构建 … 138
7.4 研发驱动全要素生产率提升的异质性分析 ……………………… 141
7.5 本章小结 …………………………………………………………… 145

第8章 内在吸收能力还是外部溢出效应有效缩小了技术差距 …… 147
8.1 技术差距的影响因素概述 ………………………………………… 147
8.2 溢出效应与吸收能力驱动技术差距变动的理论分析 …………… 148
8.3 变量选取与实证模型构建 ………………………………………… 153
8.4 技术差距的影响因素及转换特征分析 …………………………… 156
8.5 本章小结 …………………………………………………………… 165

第三篇 政府调节篇

第9章 政府干预、市场化进程与经济增长动力 ·················· 169
  9.1 经济增长中政府与市场的关系 ································ 169
  9.2 政府与市场相互作用影响经济增长的逻辑框架 ················ 171
  9.3 数据来源与变量计算 ·· 174
  9.4 政府干预、市场化进程对经济增长影响的实证分析 ············ 176
  9.5 有关政府与市场作用的进一步分析 ···························· 183
  9.6 本章小结 ·· 185

第10章 财政负担、公共服务供给与经济增长效应 ·············· 187
  10.1 财政与公共服务及经济增长关系的研究述评 ·················· 188
  10.2 财政负担、公共服务与经济增长的理论框架 ·················· 189
  10.3 模型设定、数据处理及指标计算 ···························· 194
  10.4 财政负担对经济增长和公共服务影响的实证分析 ·············· 196
  10.5 分类公共服务的实证分析与稳健性检验 ······················ 201
  10.6 本章小结 ··· 205

第11章 财政补贴、要素价格扭曲与增加值形成 ················ 207
  11.1 补贴影响要素价格扭曲与增加值的理论框架 ·················· 208
  11.2 数据处理、指标选取与变量计算 ···························· 215
  11.3 补贴对要素价格扭曲影响的测算 ···························· 219
  11.4 补贴对企业增加值形成影响的实证检验 ······················ 223
  11.5 本章小结 ··· 227

参考文献 ·· 229

第一篇 现象分析篇

第1章　中国经济增长的历程、现状与影响因素

1.1　中国经济增长的事实描述

1.1.1　经济增长的波动特征

自1992年以来,随着社会主义市场经济体制的建立与完善,中国经济实现了快速增长与跨越式发展,创造了世界经济增长史上的"中国速度"和"中国奇迹",同时中国经济也出现了较大幅度的震荡,如图1-1所示。总体而言,中国经济增长速度呈现出阶段性特征,以国内生产总值（gross domestic product,GDP）当期同比实际增速为例,可将1992~2019年中国的经济增长划分为1992~2007年的高速增长、2008~2013年的经济换挡、2014~2019年的中高速增长三个阶段[①]。

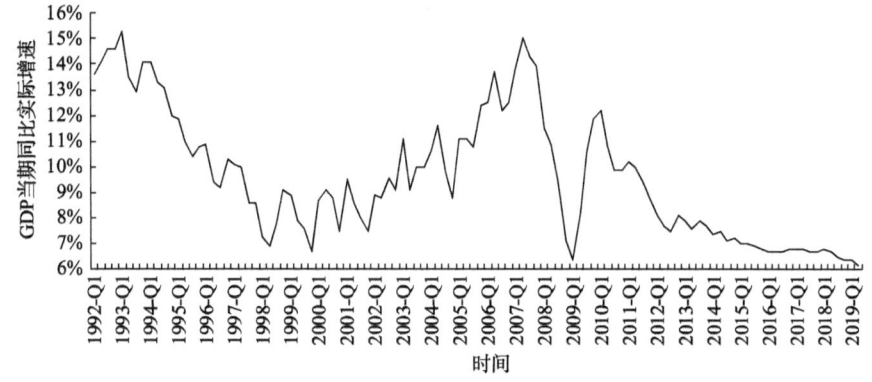

图1-1　中国GDP当期同比实际增速

---

① 如无特别说明,本章中的数据均来自中经网统计数据库, https://db.cei.cn/。

1. 高速增长时期（1992~2007年）

1992~2000年我国建立了政府宏观调控体系的框架，完成国有企业改革的攻坚任务，显著提高市场在资源配置中的基础性作用，一系列改革措施释放了经济增长的红利，为中国经济增长提供了强有力的支撑。中国GDP增长速度在1993年第一季度达到15.3%，虽然此后出现了回落，但在1997年之前基本均维持在10%以上。受到1998年亚洲金融危机的影响，中国经济增长速度放缓，但是GDP平均增速也达到了8%左右的水平。2001年中国加入世界贸易组织（World Trade Organization，WTO）后，我国开始了更深层次、更宽领域的对外开放和经济体制改革，对外贸易成为中国经济高速增长的重要引擎，中国经济经历了改革开放以来持续时间最长的上升期。2001~2007年，中国GDP平均增长速度达到10%以上，GDP季度增长率由2001年第一季度的9.5%攀升到2007年第二季度的15%，同时经济中出现了一定的过热迹象。

2. 经济换挡期（2008~2013年）

在2008年全球金融危机的冲击下，加之国内的政策收紧，中国经济增长的速度明显放缓，GDP同比实际增速在2009年第一季度跌至6.4%，与2007年初相比下降了接近9个百分点。为防止经济进一步下滑，政府出台了一系列积极的货币政策和财政政策，并在短期内取得了显著的效果。自2009年第二季度开始，中国经济增长速度在经历了4个季度的强劲反弹后，于2010年第一季度达到了12.2%的新峰值。此后，经济增速又重新放缓，中间虽有短暂的回升，但总体下降的趋势未出现改变。

在大规模投资的影响下，出现了产能过剩、投资无效率的现象，体制性矛盾和结构性矛盾凸显。同时，在全球金融危机导致外部需求下降、国内融资歧视和所有制偏好等多方面因素的作用下，微观经济个体活力大幅降低。加之经济总量达到一定规模，在诸多因素的作用下，中国GDP增长速度从2007年第二季度的15%回落到2012年第三季度的7.5%，下降了7.5个百分点。并且，自2013年起，中国经济增长速度由过去两位数高速增长降至7%~8%的中高速增长区间，开始进入新常态时期。世界各国经济增长的历史事实和发展经验表明，随着经济规模的扩大和发展水平的提高，经济增速的放缓是必然趋势，我国也不可能偏离这一规律。

3. 中高速增长的新时期（2014~2019年）

近年来，国际贸易保护主义重启、国际资本流动方向发生了明显的变化，新兴经济体之间的竞争加剧，中国经济发展的"全球化红利"逐渐消失。与此同时，随着中国人口结构发生转变，劳动年龄人口占比降低、劳动力价格上升，导致以劳动密集型产品为主的加工贸易、一般贸易受到一定冲击，中国经济增长的人口红利在逐渐弱化。除此之外，"政府主导型"和"投资驱动型"的增长模式弊端显现，经济结构失衡、低水平重复建设、环境过度污染等问题出现或加剧，在原有的驱动因素作用减弱的影响下，作为其外在表现的经济增长速度也开始发生明显转变，因此中国经济由依靠资源和要素高投入驱动的高速增长，转向创新和效率驱动的中高速增长，开始进入以"中高速、优结构、新动力、多挑战"为主要特征的新增长阶段。

具体而言，2014年至2015年上半年中国GDP增长速度维持在7%以上，2015年第三季度中国GDP增长速度首次跌破7%、下降为6.9%，此后进入6%~7%的增长区间内运行，2018年第三季度GDP增速开始降低至6.5%。在美国对华贸易战等因素的影响下经济下行压力持续增大，2019年第二季度我国GDP增速进一步回落至6.2%。在经济的中高速增长阶段，一定的增长速度还是需要保证的，但是主要的增长目标应由数量型的增长转向质量型的增长，将发展模式由规模扩张转向结构升级、由要素驱动转向创新驱动，以实现经济社会的高质量发展。

1.1.2　物价波动特征描述

一个经济体中若产品与服务的需求大于供给，居民手中持有大量的货币，却没有足够多的商品以满足消费，即过多的货币追逐不足的商品，则会出现通货膨胀；相反，当商品的供给大于需求时，商品出现相对剩余，过多的商品追逐不足的货币，则会促使物价水平降低。因此，当商品和服务的供给与需求之间达到平衡时，经济状态不但与经济增长紧密相关，而且与物价波动存在着密切关联，在对中国经济增长问题的分析中，对物价波动特征的研究也十分必要。20世纪90年代以来，以居民消费价格指数（consumer price index，CPI）为例，中国物价波动大致可以划分为三个阶段，如图1-2所示。1990~1997年总体表现为供给相对不足，CPI起伏较大，通货膨胀问题严重；1998~2009年，表现为经济运行相对稳定、生产能力持续扩张，CPI整体上较为平稳；2010~2019年第二季度，经济中存在潜在的通货膨胀压力和经济下行的压力，CPI进入了波动较小的"微波化"阶段。

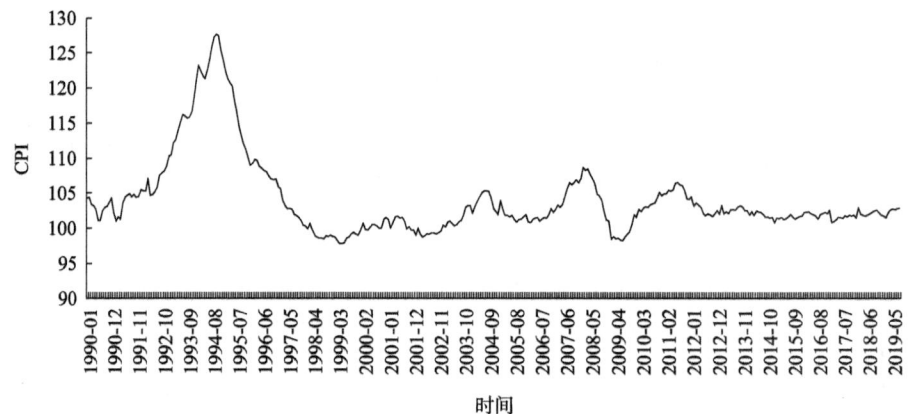

图 1-2　中国 CPI（上年同期=100）波动特征

1. 需求膨胀和供给不足阶段（1990~1997 年）

1988 年价格"闯关"改革后，出现了全国范围内挤提存款、抢购商品的风潮，导致储蓄存款减少、物价上涨加快，此后政府出台旨在稳定经济和市场的"治理经济环境、整顿经济秩序、全面深化改革"的方针政策，到 1990 年 6 月以 CPI 为基准计算的通货膨胀率下降至 1.1%。1992 年，我国提出经济体制改革的目标是建立社会主义市场经济体制，以利于进一步解放和发展生产力，全国掀起加快发展的热潮，固定资产投资规模过快扩张，并且在预算软约束下，公有制企业对价格信号反应不敏感，供给仍难以满足需求，宏观经济出现了一定的失衡特点，需求膨胀、供给不足引发了明显的通货膨胀问题。1993 年 1 月，CPI 攀升至 110.3 后，进一步加快上涨，至 1994 年 10 月高达 127.7，成为 20 世纪 90 年代以来的最高值。此后政府实行紧缩性货币政策，CPI 在 1997 年 4 月下降为 103.2，通货膨胀得到了明显抑制，物价恢复至正常波动范围内。在波动幅度方面，1990~1997 年我国 CPI 波动的标准差为 7.71，远超出发达国家的一般标准，1993~1995 年 CPI 连续 36 个月高于 110，物价波动幅度很大，在一定程度上反映了中国经济增长中的供需失衡特征。

2. 产能扩张和需求疲软阶段（1998~2009 年）

1998 年之后，随着生产规模的扩大和生产能力的扩张，我国经济中供需失衡的矛盾得到了缓解，先是出现了工业消费品的产能过剩，2008 年之后又出现工业投资品产能过剩，除了一些月份超过 5% 之外，通货膨胀率总体呈下降趋势、波动幅度较小，且出现了通货紧缩。如前所述，这一时期，中国国内产能过剩从一般的工业消费品产业深化到工业投资品领域，加之外部经济冲击的影响，许多产品供给大于需求、经济下行压力增大。例如，受到 1998 年亚洲金融危机的影响，由于中国坚持人民币汇率不贬值的政策，1998~1999 年 CPI 值基本上都低于 100。2008 年全球金融危机引发的外需大量减少使得中国的出口受到严重冲击，加剧了中国经济中供需失衡矛盾和产能过剩问题的凸显，CPI 指数在 2009 年的均值约为 99.3。

3. 物价稳定阶段（2010~2019 年）

在政府采取的一系列经济政策的影响下，CPI 在 2010~2011 年连续两年回升，2011 年 7 月达到 106.5 的高点。然而，经济增长中的各种矛盾所引起的总量失衡并没有从根本上得到解决，企业投资信心不足，大企业虽有融资渠道，但是容易造成重复投资、增长质量不高，而小企业融资渠道受限，企业投资动力不足。国际贸易保护主义抬头使得外向型企业出口受到冲击，GDP 增长率和通货膨胀率均呈现回落特征。2014 年以后，通货膨胀率基本维持在 1%~2.5%，价格水平波动逐步趋于平稳。目前，我国进入典型的需求拉上型和成本推动型共同作用的通货膨胀阶段。例如，在需求增长推动通胀形成的同时，利率上升、货币供应量减少使得企业贷款利率提高、产品成本增加，因此中国经济中仍存在潜在的通胀压力。

1.1.3　工业企业增加值波动特点

改革开放以来，中国的工业化取得了举世瞩目的成就，快速推进的工业化进程使中国由农业国成为世界第一大工业国，形成门类齐全、独立完整的工业体系。工业是中国国民经济的重要组成部分，在中国经济增长中具有举足轻重的地位，因此，对中国经济增长特征的分析不可避免地需要对中国工业经济的波动特征进行描述。中国的工业化进程是一个在波动中演进的过程，以工业经济发展中最为重要的衡量指标规模以上工业企业增加值当期同比实际增速为例，其波动特征如图 1-3 所示。由于原始数据缺失值较多、存在部分异常值等，为更好地反映其波动特征，本部分对其进行了季节调整。

中国的工业增长大致可以分为三个周期：第一个周期为 1990~1999 年，这一时期中国工业化大幅推进，1990 年 3 月规模以上工业企业增加值月度平均增长率仅为 0.8%，在 1993 年 2 月达到 27.7%；第二个周期为 2000~2009 年，这一阶段中国工业企业增加值实际增速仍然呈现了典型的震荡上升特征，且基本上处于高位增长；2010 年之后，工业企业增加值实际增速开始处于下降阶段，在经历了

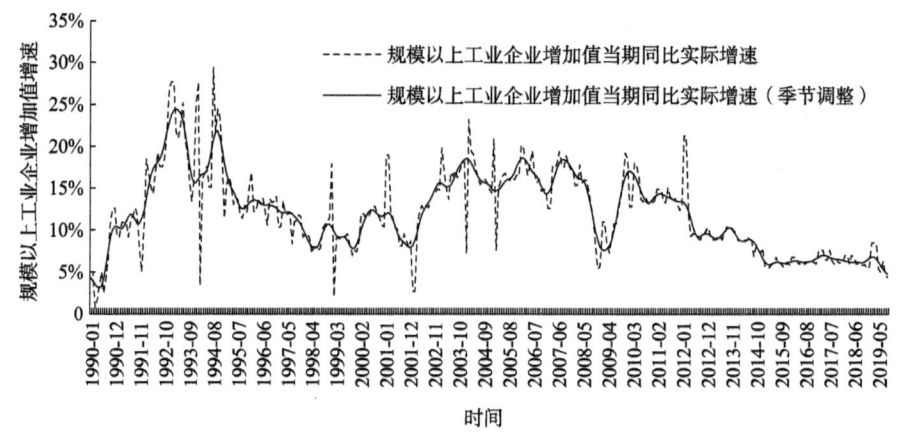

图 1-3　规模以上工业企业增加值增速

2015~2018 年的稳定增长后，2019 年 8 月，工业企业增加值实际增速降至 4.4%，达到了 1991 年以来的最低点。

1. 大幅波动时期（1990~1999 年）

20 世纪 90 年代初，中国工业体制的改革为工业发展注入了竞争性动力，促使工业企业更加重视提高经营效益和生产效率，为工业经济的持续增长打下了良好的基础，规模以上工业企业增加值增长率从 1990 年的谷底迅速攀升，至 1993 年到达峰值。中国工业体系发展壮大中的一个重要因素是其具有低成本优势，长期以来中国的劳动力成本一直比较低，劳动密集型工业行业迅速形成了比较优势，有效地参与了国内外市场竞争，迅速提高了生产能力与市场份额。这一时期，中国工业经济的增长是粗放式的，以高消耗和高污染为主要特征，技术进步相对缓慢、核心竞争优势不明显，这决定了中国规模以上工业企业增加值增长的可持续性不强。在亚洲金融危机的影响下，1998 年和 1999 年的大多数月份中，工业企业增加值实际同比增速基本上维持在 10%以下。

2. 平稳增长阶段（2000~2009 年）

2000~2009 年，中国开始进入工业化中期，这也是两次金融危机之间中国工业经济稳定发展的时期。这一阶段，政府通过大规模基础设施投资来刺激经济增长，政府价格管制导致基础性产品与生产要素价格偏低，实质上构成了对资本密集型产品的补贴，重化工业比重较高，而重化工业的增加值率低，造成规模以上工业企业增加值率整体偏低。从国际分工角度分析，中国工业处于全球价值链分工的低端，技术创新能力不强，产业转型升级速度慢，在全球价值链上存在着被

"俘获"的风险。受国内产业结构和国际产业分工的影响，中国逐步调整优先发展重化工业的战略，注重工业结构的优化调整，规模以上工业企业增加值在2002~2007年实现了平稳、快速增长，甚至在国际金融危机的冲击下，2008年和2009年还实现了年均12%以上的增长。需要说明的是，根据图1-3可知，2000~2009年这一时期，规模以上工业企业增加值增长率已经出现了下降的趋势。

3. 稳步下行阶段（2010~2019年）

2010~2012年，规模以上工业企业增加值的增长率较2008年有所回升，然而上涨幅度并不大，之后至2019年总体上表现为下降趋势，呈现出"稳中趋缓"的特征。工业企业增加值实际同比增速也逐渐由2013~2014年的8%~10%，下降至2015~2019年的5%~7%（个别月份除外）。中国经济进入新常态时期以后，经济发展的模式由高速增长向高质量增长转变，2013年，中国第三产业增加值占GDP的比重首次超过第二产业，成为国民经济中最大的产业部门，并且第三产业增加值的增长率也超过第二产业，成为经济增长的主要动力，这标志着中国工业化进程已经步入中后期。

进入高质量发展阶段后，粗放式的工业增长模式难以为继，推动产业升级、提高工业技术水平已经成为中国工业经济增长的必由之路。其中，降低能源消耗严重的工业行业规模、做大做强高技术产业，坚持以供给侧结构性改革为主线，提高工业产能利用率是重要的途径之一。工业是我国国民经济的支柱产业，是支撑服务业发展和中国经济增长的基础性产业，做优做强工业对于中国经济的高质量发展至关重要。

1.2 经济增长阶段转换的影响因素

1.2.1 从要素驱动到创新驱动

在经济增长中，要素驱动是一种较为原始和初级的驱动方式，其依靠市场对生产要素的需求获取经济增长的动力，即主要依靠包括资源、资本和劳动力在内的各类生产要素的投入来促进经济增长。改革开放以来，在技术水平相对落后的条件下，我国的经济增长主要依靠资本和劳动力等要素的大量投入，形成了典型的要素驱动型经济增长模式。随着中国经济的高速发展和规模扩大，要素的边际收益递减特征显现，加之我国人口红利消失的迹象已经较为明显，能源约束与环境污染问题十分突出，经济增长过程中要素的规模驱动力减弱，要素驱动型的经济增长模式也已经难以为继。

推动中国经济由"要素驱动、投资驱动"转向"创新驱动",将成为中国经济高质量发展的主要特征之一。与要素驱动不同,创新驱动是一种新型的经济增长模式,主要从知识创新、技术革新、人力资本中获取经济增长动力。顾名思义,在创新驱动模式下,经济增长主要依靠技术创新实现产出增长和就业增加,通过技术变革提高全要素生产率,进而推动生产可能性曲线向外移动,减弱甚至抵消要素边际收益递减规律的影响。相对于要素驱动而言,创新驱动更能激发经济增长的活力、形成新的经济增长动力,以及提高经济增长的可持续性和经济发展的质量。

如前所述,依靠资源、能源、要素大量投入驱动经济发展的方式,使得我国面临着严重的能源及环境问题,我国水资源、大气资源退化严重,环境污染已经接近或达到环境承载力的极限,避免以损害自然环境为代价的经济增长已经成为必由之路。一方面,自然资源的不可再生性将不能持续满足经济规模扩大的需求;另一方面,我国的资源及生产要素的低成本优势逐渐减弱,转变经济增长方式已经成为中国经济增长中面临的必然选择。特别是,随着"刘易斯拐点"到来,此前在很大程度上依赖人口红利获得的经济高速增长不可持续,劳动力要素也必然由数量投入转向质量提升,才能够在经济增长中发挥积极作用。

自改革开放以来,中国经济实现了高速增长,经济总量也跃居世界第二。同时,中国经济"大而不强"的特征十分明显,在部分关键技术领域受制于人的现象还十分普遍,在高端装备制造业、先进制造业方面与发达国家还存在着一定的差距。我国经济"大而不强,快而不优"的状态与经济增长的驱动力之间存在密切关联。长期以来,中国经济发展质量不高、生产的产品在国际市场上缺乏竞争力,产业分工在全球价值链中处于中低端的水平,其主要原因在于核心技术的缺失。从根本上解决这一问题,提升"中国制造"产品在国际市场的核心竞争力,必然需要加快要素驱动到创新驱动的转变。

创新驱动经济增长已经上升到国家战略层面。然而,我国在创新驱动发展过程中仍存在较多突出问题,如自主创新能力明显不足、科技成果创新转化率不高、对要素驱动的惯性依赖程度较高等,制约了创新驱动经济增长模式的形成。为应对和解决上述问题,实现创新驱动型高质量经济增长,应深化科技体制改革,形成"大众创业、万众创新"的良好氛围和环境,同时加快促进人力资本积累,提升人力资本水平,推进技术与要素的深度融合,更为关键的是强化企业,包括公有制和非公有制企业在创新驱动中的主体地位,使企业真正成为创新活动的参与者、受益者。

1.2.2 从人口红利到人力资本红利

人口红利是与要素驱动关联的一个概念，指的是一个国家的劳动年龄人口占总人口的比重较大、儿童和老年抚养比较低，使得整个经济呈现出高储蓄、高投资和高增长的特征。按照世界各国经济发展的一般规律，在一国老年人口达到较高比例之前，将形成一段劳动力资源丰富、抚养负担较轻、有利于经济发展的"黄金时期"，即人口红利期。人口红利对于经济增长有着重要的现实意义和贡献作用。在供给侧，人口红利能够增大劳动力供给，增加储蓄并形成资本，保障经济的平稳运行；在需求侧，人口红利能够增加市场上对消费、投资以及进出口的需求，促进生产规模的扩大，进而从供给和需求两侧均拉动经济增长。

改革开放以来，人口红利对中国经济的迅速增长起到了十分关键的作用。随着计划生育政策的实施以及人民生活水平的改善，中国进入人口出生率和死亡率持续下降、劳动年龄人口比重不断上升的阶段。人口结构的变化释放出人口红利，对中国经济的发展产生了重要促进作用。然而，随着时间的推移，劳动年龄人口的比重开始下降，2014 年我国 16~64 岁的适龄劳动人口出现首次下降，较 2013 年减少 113 万人，此后逐年下降。如果进一步缩小年龄范围，2012 年我国 16~59 岁的人口规模就出现了下降，2012~2018 年共减少了近 3 000 万人。截至 2018 年末，我国 16~59 岁的劳动年龄人口占总人口的比重约为 64.3%，60 岁及以上人口占总人口的比重高达 17.9%，我国正在加快步入老龄化社会[①]。劳动年龄人口的逐年下降标志着"刘易斯拐点"的到来与人口红利的衰减。

实际上，劳动年龄人口减少和人口红利衰减是经济社会发展的必然结果，因此，数量型人口红利的消失使得劳动密集型优势减弱、传统要素对于经济增长的驱动力下降也是中国经济发展过程中所必须经历的"阵痛"。在这一情形下，人口结构的变化中劳动力质量的提高与高素质劳动力占总人口比重的上升，能够进一步释放"新人口红利"，即形成质量型的人才红利或人力资本红利。推动人口红利向人力资本红利转变，成为缓解人口红利消失对我国经济的不利影响并助力中国经济实现高质量发展的关键。

与人口红利对比可得，人才红利或人力资本红利指的是与同样数量的简单劳动力相比，由于人才数量的增长和质量的提高，加之对人才的充分利用，能够产生更大经济效益的经济增长模式。由于教育特别是高等教育的快速发展，劳动者的素质持续提升、技能水平不断提高，中国正在持续获得大规模的人力资本红利。加速人口红利向人力资本红利的转变是中国经济发展的最大"底气"。因

---

① 数据来源：国家统计局国家数据，http://data.stats.gov.cn。

此，在人口红利不断衰减的情形下，进一步提高教育的水平和质量，发挥教育的正外部性，促进社会分工优化，提高劳动者就业质量，实现劳动力要素的优化配置，将获得更大的新人口红利以及就业结构红利，促使人力资本红利取代人口红利，逐步成为经济增长的新动力来源。

1.2.3 从计划经济到市场经济

1949 年以来，中国的经济体制经历了两次重大变革：第一次是由新民主主义经济转变为社会主义计划经济；第二次则是逐步由社会主义计划经济转向社会主义市场经济。计划经济与市场经济的区别在于资源配置的主体和方式不同，计划经济是政府计划调节经济活动的运行体制，通常由政府提出国民经济和社会发展的总体目标，制定合理的政策措施、有计划地安排重大经济活动，引导和调节经济运行方向。市场也是资源的配置方式，社会主义也可以采用这一方式进行经济运行的调节，社会主义市场经济是通过市场的供求机制和价格信号，使市场在社会主义国家宏观调控下对资源配置起决定性作用的经济体制。与计划经济相比，社会主义市场经济中经济活动更为遵循价值规律的要求、更加适应供求关系的变化，企业能够顺利进入或退出市场，实现优胜劣汰。

1949 年后，社会主义计划经济体制的建立是由当时资源匮乏、技术落后的国情所决定的，符合当时的国情和经济发展的规律，其优势在于有计划地发展经济，实现资源的高度集中，避免经济发展的盲目性和不确定性。在改革开放后，计划经济带来的弊端也日益明显。例如，在无法得到市场有效反馈的情况下政府难以实现最优的资源配置，缺乏合理的竞争机制，限制了地方和企业的主动性，制约了企业活力，束缚了生产力的发展。为了真正解放和发展生产力，必须从根本上改变限制生产力发展的经济体制。我国创造性地将市场经济加入社会主义经济理论之中，在解放思想、实事求是思路的指导下，中国经济体制开始转向社会主义市场经济。

自 1992 年 10 月，中国经济体制改革的目标明确为建立社会主义市场经济体制，到 2002 年，我国社会主义市场经济体制初步建立，此后对社会主义经济体制逐步进行了完善。政府与市场在调节经济中的地位和作用发生了显著变化。2013 年，党的十八届三中全会指出要使市场在资源配置中起决定性作用，同时更好地发挥政府作用（中共中央编写组，2013），这为政府与市场在经济中的地位、作用、关系指明了方向。为转变政府职能，处理好市场和政府在社会经济活动中的关系，2014 年中央政府提出了"简政放权"这一全面深化改革的政策措施，目标在于进一步改革计划经济体制中政企职责不分的状况，增强企业活力，扩大企业经营自主权。此后，"简政放权、放管结合、优化服务"改革持续推进，进一步激发了市场主体的创造活力,发挥了市场调节在促进经济稳定增长中的关键作用。

改革开放以来,由计划经济体制向市场经济体制的转变极大地促进了生产力的解放,体制改革释放的红利为中国经济的高速增长做出了重要贡献。当前,中国经济增长方式已经由高速增长转向高质量增长,政府改革也进入深化阶段。2017 年 10 月,党的十九大报告指出,要"贯彻新发展理念,建设现代化经济体系""加快完善社会主义市场经济体制"[①]。在这一过程中,中国经济发展应立足于效率变革、质量变革和动力变革,而变革中应如何使得"市场在资源配置中起决定性作用,同时更好地发挥政府作用"将成为一个重要的研究课题,这也是本书所要讨论的主要内容之一。

1.3 相关的经济理论基础

1.3.1 经济周期理论

1. 早期的经济周期理论

马克思从生产、交换、分配、消费等方面,以及从社会经济制度的视角对生产过剩危机的成因进行了较为详尽的分析。例如,工业生产能力的扩张激化了市场供需矛盾,分配关系导致有支付能力的消费需求萎缩,等等,这些都是生产和消费矛盾的表现形式,进而引发经济周期波动。具体而言,在资本主义经济制度下,剩余价值为工业生产能力的扩张提供了强大的刺激源,而产品的分配制度对劳动者的收入进而对其消费具有限制作用,即资本主义分配关系天然的对抗性决定了劳动者具有很低的消费水平,由此产生了生产和消费领域的矛盾,这是由资本主义的社会经济制度所决定的。

此后,一系列经济理论从各种角度探讨和解释了经济周期形成的原因,按照主要观点可以分为两类:一是认为经济产出波动由消费、投资、货币供应等经济内生力量决定;二是认为经济产出波动是在经济系统之外的自然灾害、突发战争、政治事件等外生冲击下形成的。消费、投资等因素决定的经济周期理论是主流,也是在马克思经济周期理论基础上的继承与发展,本节将对其进行简要介绍。

消费不足理论主要用于解释经济周期中衰退的现象,即经济周期的收缩或下

---

① 来源:http://www.xinhuanet.com/politics/19cpcnc/2017-10/27/c_1121867529.htm,2017 年 10 月 27 日。

降阶段。该理论认为经济下行的最重要原因是消费不足，即经济中或市场上对消费品的需求小于消费品的供给。进一步地，产生消费不足现象的原因又在于人们的储蓄过高，因此，通过提振消费使得商品市场上消费者的购买力与生产力相匹配，将对经济周期下行起到抑制作用。

投资过度理论认为经济周期产生的原因是生产结构的失衡，主要是资本品和消费品之间比例的不协调。一般而言，经济主体的收入可以分为消费和储蓄两部分，消费部分用于购买商品，储蓄部分则进入资本市场可被认为用于购买资本品，即进行投资。在政府的政策偏向于鼓励投资时，促使经济主体对资本品的需求增加及其价格上升，在收入不变或增长有限时会导致消费品占比的下降，致使生产结构失调进而引发经济周期波动，反之亦然。

2. 古典主义和凯恩斯主义

古典主义经济学家认为经济系统是内在稳定的，工资具有完全弹性，劳动力市场始终处于充分就业状态，工资调整可以影响劳动力市场的均衡。总需求的变化不会影响实际产出，如果总需求减少而总供给不变，价格可以灵活调整以实现新的均衡。这一理论存在着严重的问题，其假设总需求对产出没有持久的影响以及始终存在充分就业，就无法解释大量失业、产出下降等经济危机现象和现实经济问题。因此，凯恩斯主义关于需求导向的经济周期理论应运而生。

与古典主义完全不同，凯恩斯主义认为经济系统是内在不稳定的，古典主义关于价格和工资可以灵活调整的假设不合理，只有当价格不能灵活调整时，总需求的变化不能使价格迅速调整到供需平衡的状态，进而导致经济中产出的变化，即总需求的不稳定引发了经济周期的波动。同时，作为劳动力价格的工资也是不能灵活调整的，劳动力市场处于非充分就业的状态。因而，基于需求导向，凯恩斯主义认为有效需求不足是导致经济衰退的主要原因，并将影响经济周期波动的因素归结为边际消费倾向、资本边际效率、流动性偏好等。

3. 货币主义理论

在很长的一段时期内，凯恩斯主义观点在资本主义国家中占据主导地位，政府通过逆经济调节的需求管理政策以熨平经济波动，在维持经济稳定方面取得了显著的成效。此后，货币主义学派对其进行了批判，进一步挖掘了经济周期波动的成因。实际上，在对经济周期成因的解释上，货币主义和凯恩斯主义的观点是一致的，即不稳定的总需求是导致经济周期产生的主要原因，而不一致之处在于总需求不稳定产生的原因。货币主义学派认为总需求不稳定是货币供给不稳定或货币冲击导致的。此外，货币主义学派还指出，总需求仅能在短期内影响经济产出，在长期内经济产出与总需求无关，原因在于经济主体对价格等名义变量的预期偏差进行调整后，经济产出则会恢复到自然产出水平。因此，将货币供应量的增长率控制在一个固定的水平上，即可使得经济平稳运行、减少经济周期波动。稳定的货币政策至关重要，相机抉择的货币政策是不利于保持经济稳定的。

4. 实际经济周期理论

实际经济周期理论指出，生产率的随机波动是经济波动的最主要来源，生产率波动的成因是外部冲击。在各种冲击导致生产率波动进而引发经济产出波动时，市场能够实现迅速调整进而恢复到均衡状态。对于技术冲击在经济周期波动中重要性的解释为，当技术实现改进时，经济产出和实际工资均增加，就业也随之增长；反之，产出和就业就会减少，因此实际经济周期理论将扩张和收缩分别对应于技术进步、技术倒退时期。需要说明的是，技术冲击可以是狭义的生产技术，也可以是广义的，包括国际政治事件、石油价格变动、自然灾害或气候变化等。此外，实际经济周期理论认为，无论在短期内还是在长期中，货币都是中性的，即货币政策对经济产出等实际变量没有任何影响，工资与价格等名义变量的变化并不能对经济波动进行解释。

5. 新凯恩斯主义理论

新凯恩斯主义继承了凯恩斯主义的传统并进行了发展，试图从微观层面上探寻商品市场和劳动力市场不能出清的原因。在这一理论中，主要有非市场出清假设、经济主体利益最大化原则、理性预期假设、工资和价格黏性假设等。其中，经济主体利益最大化原则是对古典主义的继承。新凯恩斯主义者建立了模型，设定了消费者效用最大化、生产者利润最大化的形式，并推导出优化条件。工资和价格黏性假设是传统凯恩斯主义的核心内容之一，新凯恩斯主义者同样遵循了工资和价格黏性的假设，认为商品市场非出清状态、劳动力市场上供求不平衡状况是客观存在的。

另外，新凯恩斯主义还指出，短期内形成的预期是适应性预期而不是理性预期。具体而言，由于市场的不完全和信息的非对称，经济主体的理性预期通常是"约束理性预期"或称为"近似理性预期"，即其预期通常受到约束或限制因而是非完全理性的。在市场结构方面，新凯恩斯主义分析得出现实中的各类市场往往不是完全竞争的，而是供给侧垄断竞争或垄断的，在冲击的作用下价格和工资进行调整的速度缓慢，使得商品市场和劳动力市场处于非完全出清状态，即从市场结构角度解释了市场非出清的成因。

1.3.2 内生增长理论

内生增长理论的核心思想为外在冲击并不是经济长期发展的原因,内生化的技术进步才是经济长期发展的决定性因素,这一理论的代表性人物是罗默,其提出的技术进步内生化为内生增长理论的发展奠定了坚实的基础。随后,罗默放宽了完全竞争市场的严格假设,在垄断竞争的假设条件下研究经济增长问题,一些学者在其基础上也提出了新的内生增长模型,如卢卡斯模型和格鲁斯曼-赫普曼模型等。根据不同的技术进步定义,这些模型可以分为产品种类增加型、产品质量升级型、专业化加深型内生增长模型。上述模型的核心内容都指出,知识积累是经济增长的源动力,广义的知识积累包括人力资本增加、新产品生产以及产品质量提高等,且知识积累过程会产生正的外溢效应。显然,内生增长理论也为当前中国创新驱动型经济增长模式提供了坚实的理论基础,因此本章将对内生增长理论的主要观点进行介绍,进而对中国经济增长的动力转换机制寻求经济学理论解释。

在经济增长的驱动因素方面,经过广泛争论后,经济学家的观点主要可以归结为生产性资源的积累、资源的使用效率、技术进步三个方面,其中,技术进步非常重要。新古典经济增长理论中使用科布-道格拉斯生产函数构建经济增长模型,将技术进步作为外生变量。内生增长理论则认为,应该用内生化的技术进步来解释长期增长率为正的事实。在模型形式中对生产函数新古典性质的修正是内生增长理论的关键。与新古典增长理论不同,内生增长理论明确指出企业长期增长率是由模型系统内所决定的,因而其是"内生"的。换言之,经济内生增长的关键是技术进步的内生化,其打破"稻田条件"以寻找使要素边际收益递增成立的条件。所谓技术内生化,是指在市场经济条件下,影响技术进步的知识因素是市场主体源于激励而产生的有意识的投资行为和研发活动。在内生增长理论设定中实现技术内生化,改变新古典模型中的规模报酬递减假设主要有以下三种途径。

1. 人力资本的边际收益递增

在新古典增长理论中,总量生产函数的假定条件为规模报酬不变,而内生增长理论的关键假设条件为规模报酬递增。具体而言,在新古典增长理论中资本的边际收益递减规律决定了在达到均衡状态时人均资本的增长率为零;在内生增长理论中,如果能够突破资本边际收益递减的假定,则有可能使得均衡状态时人均资本能够持续增长。不存在规模报酬递减假设的最简单的生产函数是 AK 函数。在将技术进步内生化时,不可避免地要考虑到人力资本因素。在卢卡斯的人力资本模型中,将人力资本对经济的影响进行了理论推导,强化了人力资本对经济增长的重要作用，特别是外部效应。人力资本的外部效应具有传递的特点，可以从某个人传递给另一个人、从旧产品传递至新产品，因而会对所有生产要素的生产率起到一定的贡献作用，进而产生规模收益递增的现象。例如，一个最简单的最终产品生产函数为 $Y=AK^\beta[uN]^{1-\beta}h^\gamma$，其中，$A$、$Y$、$K$、$N$ 分别为技术水平、产出水平、资本要素和劳动力要素；uN 为有效劳动；u 为工人用于产品生产的时间占比；h 为工人的平均技能水平；h^γ 为人力资本的外部效应。显然该函数形式打破了规模报酬不变的假定，体现了人力资本的关键作用。

2. 干中学与知识溢出

在内生增长模型中，消费者不仅是普通劳动力的提供者，其在提供劳动力的同时还会在教育中积累技能、在工作中积累经验，进而形成高质量的劳动力，即人力资本。人力资本水平越高，工人创造的产出就越多，经济产出的增长速度就越快。特别地，由于人力资本积累不仅在当期而且在未来时期都可以获得收益，可以将人力资本视为一种投资。与普通物质投资的边际收益递减有别，人力资本投资可以是规模收益递增的。原因在于，知识是没有极限的，即在技能和经验的积累下工人的生产能力可以持续增长，并且由于知识的非竞争性特征，个人知识的积累不会影响他人知识的获取，从而使得人力资本对于经济增长的正向影响可以一直持续。

罗默在阿罗的"干中学"基础上将技术进步内生化，建立了知识溢出模型，该模型中设定企业的技术是由整个经济中的知识存量所决定的，一个企业通过积累知识提高生产率的同时，其他企业通过学习该企业的知识和经验亦可以提高生产率或技术水平。可以认为，就单一企业而言，生产函数可以具有规模报酬不变的特征，但是在整个经济中，全部企业的生产函数则具有规模报酬递增的特点。知识溢出模型的另一优点是，由于在所有企业层次上存在着规模报酬递增的现象，全部企业会有无限扩张的冲动，但是假定每一个企业都能忽略自身对整个经济的贡献，即可以维持完全竞争市场的假设，避免了企业无限扩张的现象。

罗默认为知识具有非竞争性和部分排他性的特性，其中知识的非竞争性使得知识对于经济增长具有显著的溢出效应，知识的部分排他性对于企业研究开发活动具有明显的激励作用。因此，在内生增长模型中，对于经济中知识不断积累的现象具体解释如下：对新知识进行投资的企业是拥有一定市场势力的，新技术的研究给企业带来垄断利润，进而激励企业加大研究开发活动的投资。同时，社会知识存量的增加使得企业研究开发的成本降低，其他企业也会模仿创新，加大研发投入实现知识累积，进而创新引致的垄断利润减少甚至消失，进一步激发企业进行更大范围、更高层次创新，以实现更多的知识累积和垄断利润，如此反复促进了知识的循环累积。

3. 研究与开发

技术进步内生化将改变规模报酬不变的假设，而研究与开发（research and development, R&D），简称研发，这类支出活动可以推进技术水平的提高并实现规模报酬递增，在增长理论中加入 R&D 是最为常见的一种设定，即建立 R&D 模型。在该模型中，技术是研发活动的结果，而且通过研发活动企业会获得一定的垄断力量。具体方式包括，通过引入研发部门，为知识的生产建立模型以研究知识累积与技术进步的关系，一个最简单的例子是在模型中假定存在两个部门：一个是最终产品的生产部门，另一个是研发部门。最终产出部门、研发部门的生产函数分别为 $Y=[(1-a_K)K]^{\alpha}[A(1-a_L)L]^{1-\alpha}$，$\Delta A=B[a_K K]^{\beta}[a_L L]^{\gamma} A^{\theta}$，其中，$A$、$Y$、$K$、$L$ 分别为技术水平、产出、资本和劳动；a_K 和 a_L 为资本、劳动用于研发部门的比例；α、β、γ、θ 为份额参数。

与人力资本模型、知识溢出模型中规模报酬递增的假定不同，R&D 模型中研发部门的规模报酬没有明确给定，规模报酬可能存在递减也可能存在递增的现象。全要素生产率 A 的增长率取决于 θ 与 1 的关系，具体可分为三种情况：当 $\theta=1$ 时，新知识的生产与知识存量成比例增加，知识的增长率保持不变，经济将维持稳定增长；当 $\theta<1$ 时，技术的长期增长率取决于人口的增长率 n；当 $\theta>1$ 时，研发对于新知识的产出具有持续的正向边际贡献，知识的增长使得经济不会收敛于平衡增长路径，而会一直持续。

应用内生增长模型可以很好地解释一些经济增长事实，其突破了严格的规模报酬不变以及完全竞争市场的假定，对于垄断竞争经济中均衡状态的存在性提供了有力的证据。不仅如此，内生增长模型为经济政策的制定也提供了新思路。与新古典增长模型中政府政策不会对经济增长率产生影响的观点不同，内生增长理论中人力资本累积与要素边际收益递增的假设使得政府的政策设定重点放在促进人力资本积累、提高技术和知识的外部性等方面，以及采用税收、补贴方式改变各部门劳动力的占比进而改变经济增长率或经济结构等。因此，基于该理论，可以很好地对创新驱动经济增长问题进行深入研究，并结合中国现实情形，有效地提高创新效率、人力资本累积速度及其在经济增长中的贡献度等。

1.3.3 各种理论中对于政府功能的界定

1. 经济增长中政府的"无为而治"

古典经济学派认为，供给自动创造需求、经济能够实现自动均衡，且均衡时的就业水平是充分就业水平。因此，对于产品供给而言，当经济中提供的产品过多时，价格将出现下降，从而自动产生与产品供给相适应的需求。价格的灵活调整使得产品市场自动处于供需平衡状态，根本无须政府的干预。因此，政府的"无为而治"即可实现经济的平稳自动运行。古典主义经济学家反复强调市场经济体系具有自我矫正或调整机制，仅通过市场调节就能自动实现均衡，政府采取任何形式的经济政策都是无效的，往往还会加剧宏观经济的波动。以财政政策为例，古典主义经济学家通过建立总需求-总供给模型分析政府实施经济政策的效果时，认为财政政策必然产生挤出效应，其中当政府支出全部靠税收来融资时，将产生完全挤出效应；当政府支出全部靠发行公债来支持时，则将产生部分挤出效应，这都会对私人部门产品的产出形成抑制。

2. 政府积极干预与需求创造

凯恩斯主义对古典主义理论进行了批判，认为在市场经济中不是供给创造需求，而是需求创造供给。经济中出现下行或萧条的主要原因在于有效需求不足，应依靠扩大政府支出规模、实行赤字等政策刺激经济实现恢复或增长。因此，凯恩斯主义经济学家极力主张政府干预经济，如在就业方面，经济中除了存在摩擦性失业和结构性失业以外，还存在非自愿失业，非自愿失业产生的主要原因是有效需求不足，不能单纯地依靠市场机制消除非自愿失业。政府必须大力干预经济。

政府干预经济的核心是增加有效需求。在需求中，消费不足是由于边际消费倾向过低，投资需求不足是因为长期中资本的边际收益递减，政府干预经济的手段是采取扩张性财政政策与货币政策增加有效需求。其中，财政政策主要包括增加政府支出、减少税收等，货币政策则主要是增大货币供应量、降低利率等，进而刺激消费、投资需求的增长。此外，凯恩斯主义理论认为，相比于货币政策，财政政策在增加有效需求方面的作用更为显著。

新凯恩斯经济学继承并发展了凯恩斯经济学理论。与凯恩斯主义一致，新凯恩斯主义同样认为政府必须干预经济。新凯恩斯主义的货币政策强调了供给变化对经济的影响，认为政府在制定货币政策时，需结合信贷规模和流向管理，通过改变信贷量的流量、流向可实现对经济产出水平的调节。基于协调失灵的角度，新凯恩斯主义理论主张政府干预的同时，也更加强调了市场机制的作用。在经济处于低水平均衡的状态下，政府应对经济进行"粗调"，政府不但通过总需求管理政策来影响实际的产出水平，而且可以通过经济政策影响经济主体的预期，另外还可以通过税收等方式对外部性进行干预、调节以克服市场失灵问题等。

新凯恩斯主义理论中可假定市场是垄断竞争的，在此情形下企业是价格的决定者，当经济面临需求冲击时，企业的最优价格将随之发生变动。然而，企业在进行价格调整时会面临菜单成本，最优的政府政策是保持总需求的稳定，这与政府的"无为而治"存在显著的区别。新凯恩斯主义中将政府的功能定位于稳定需求，由于正的总需求冲击会提高社会福利，政府应采取一系列政策积极扩大总需求，即新凯恩斯主义为积极的财政货币政策对经济产出的有利影响提供了理论支撑。

3. 经济增长中政府的多维调节作用

新古典经济增长理论认为，政府可以在多个方面对经济增长产生重要的影响。例如，在索洛模型中，通过实施财政政策可以提高居民的储蓄水平。由于储蓄率是影响经济增长的重要因素，政府增大储蓄规模可直接提高储蓄水平。另外，如果储蓄对实际利率高度敏感，政府还可以通过减税政策提高居民储蓄的实际收益，即政府尽量削减赤字或增加盈余，以增加更多的储蓄。此外，索洛模型中显示，只有持续的生产率增长才能带来单位工人产出水平的不断增加，政府可以通过制定人口政策、教育政策、培训方案、基础设施投资政策等促进生产率的提高。

与索洛模型中将储蓄率视为外生变量不同，拉姆齐-卡斯-库普曼模型指出消费是由经济系统本身决定的，与之对应的储蓄率也应是内生的，其将储蓄率内生化，进一步发展了经济增长的模型形式。在该模型中，政府通过财政收支的方式参与市场活动，当税收不足以维持政府支出时政府将发行公债，此时出现财政赤字；如果税收收入等于政府支出，政府处于预算平衡状态。在收入端，无论是税收还是公债融资方式，都不会对经济造成影响，政府支出的变动才是经济波动产生的根源，这体现了李嘉图等价即税收与公债等价的思想。

世代交叠的经济增长理论以戴蒙德模型为代表，在这一模型中，假设政府收入全部来源于税收，对消费者而言，政府支出和税收政策仅影响消费者的预算约束进而影响消费数量，但不影响储蓄率，且税收通过影响消费而作用于生产。若假定政府收入来源于税收和公债两部分，则对消费活动而言，政府支出、税收和公债同样仅通过影响消费者的预算约束作用于消费数量而非储蓄率；对生产活动而言，税收、公债的变化都将影响社会生产活动。特别是，当经济的平衡增长路径高于黄金律水平的增长路径时，政府的减税可以促使经济朝着黄金律水平的方向运行，从而提高社会福利。

4. 政府政策与知识创新

内生经济增长理论又称新经济增长理论，试图从内生的角度解释生产率增长及其引发的产出增长。内生增长理论指出，由于知识、技术等具有外溢效应，自由市场竞争不能保证经济沿着最优路径增长，因此政府干预是必要的。例如，由于人力资本存在正外部性，在没有政府干预的情形下，人力资本投资偏少、累积不足，进而形成的经济增长均衡是次优的；同样地，企业对技术活动外溢效应的考虑不足导致其技术投资水平偏低，竞争性均衡增长率低于社会最优增长率等。因此，政府应通过补贴研发活动、对研发部门制订税收优惠方案，以鼓励企业增加技术投资、扩大研发规模等提高经济增长率。

除此之外，根据内生增长理论可知，一国长期的经济增长由人力资本、知识累积或技术进步等核心内生变量所决定，这些核心变量对政策尤其是财政政策较为敏感。内生经济增长理论还强调完全竞争市场下的经济增长并不是最优的，垄断竞争市场的存在有其必要性和合理性。例如，政府需要制定严格的知识产权保护措施，以保证研发创新活动的收益，进而形成垄断利润，这将对经济增长起到积极的促进作用。并且，只有在产权清晰且受到保护的经济制度下，市场才能充分发挥其配置资源的作用；反之，如果没有对知识产权的保护，将导致企业创新的积极性降低，进而不利于一国经济的长期增长。

5. 政策冲击与经济波动

实际经济周期理论将经济波动归结为随机冲击，如石油危机、自然灾害、战争爆发等，冲击的随机性使得经济的长期增长路径表现出跳跃性，在暂时性冲击的影响过后，经济将恢复到稳定增长路径上。这些冲击通过改变人们的偏好、生产的技术进而引起经济波动，实际经济周期理论指出，经济波动源于个体对经济环境变化的反应及其对自身优化行为的调整，此时政府干预经济以熨平经济周期的做法是不恰当的。

在具体的政府政策与经济增长的关系方面，实际经济周期理论指出，财政政策会影响经济产出水平和就业水平，这种影响主要体现在供给侧方面，如所得税税率的变动将影响经济主体的最优化行为，进而传导至整个经济中，政府在制定财政政策时应使税收扭曲最小化。货币政策方面，在实际经济周期理论中指出真实因素而非货币因素导致了经济产出的波动，货币数量的变动导致了价格水平成比例的变动，而产出水平保持不变。因此，经济中的货币供应量应保持缓慢的增长，在稳定价格的同时不影响产出和就业等。

1.4 本章小结

本章首先分析了中国经济周期波动特征和事实，对于其中的经济增长、物价和工业企业增加值的波动特点进行了详细分析,并总结了各个阶段的经济运行特征。在事实描述的基础上,进一步探索了阶段特征变化的驱动因素,如从要素驱动到创新驱动、从人口红利到人力资本红利、从计划经济到市场经济等,即中国经济阶段变迁的内在驱动机制。本章又从相关的经济学理论出发,寻找了与其相关的理论解释,为后续各章的研究打下了基础。

第 2 章 中国经济周期波动的阶段运行特征与内在驱动机制

  2008 年国际金融危机之后，我国推出了一系列经济刺激计划以稳定经济增长。经过 2009 年经济的快速回升后，自 2010 年第二季度开始，我国经济再次大幅回落，直至 2012 年第二季度企稳回升的迹象才逐渐显现。与此前经济周期的运行状况相比，2008~2012 年我国经济周期的波动性明显增强，非对称性更为显著。经济周期波动加剧的原因，主要是我国经济运行机制发生了结构性的变化，经济运行的复杂性和不确定性增强。2012 年第三季度至 2013 年第四季度，我国 GDP 增速已经连续 6 个季度在 7.4%~8% 小幅波动，我国经济增长稳中趋缓的特征逐渐显现。自 2015 年第三季度开始，GDP 当期同比实际增速降至 7% 以下，至 2019 年第三季度，GDP 增速已经在 6%~7% 的区间内运行 4 年，且经济下行的压力持续增大[①]。

  目前，我国已经进入要素成本上升、潜在经济增长率下降的结构转型和改革攻坚时期，"稳增长、调结构"将成为今后一段时期经济运行的主题，而减小经济周期波动的幅度是经济稳定的体现。因此，对我国经济周期波动的典型特征，特别是在扩张和收缩阶段差异化运行特征的研究，能够为把握经济周期波动规律、平抑经济周期波动提供现实依据。此外，经济周期波动是受到其驱动因素的影响，通过一系列基本的经济活动来扩散的，对经济周期波动驱动因素的研究，能够为我国经济稳中求进和科学发展提供重要的理论参考，本章将采用前沿的计量经济模型对这一问题进行深入分析。

---

① 本章中的数据均来自中经网统计数据库，https://db.cei.cn/。

2.1 经济周期波动研究方法与驱动因素述评

经济周期波动的实证研究方法主要有景气分析法、时间序列分析和调查研究法三大类，其中，Hamilton（1989）提出的马尔可夫区制转移模型为识别经济周期波动的特征提供了一种有效的方法，并得到广泛应用。国内外学者将马尔可夫区制转移模型与贝叶斯模型、状态空间模型结合，对经济周期的不同阶段（区制）进行划分，研究经济周期在各区制间的转换特征以及进行经济走势的预测（McCulloch and Tsay，1994；Kim，1994；Kim and Nelson，1999；Krolzig，2001；王建军，2007）。在经济周期阶段特征的研究方面，主要是有关非对称特征（刘金全和范剑青，2001；刘树成，2006；Tastan and Yildirim，2008）、持续性特征（Durland and McCurdy，1994；de Plessis，2006）的分析。国内外学者关于经济周期阶段特征的研究已经比较全面，但大多数是基于两个区制（扩张和收缩、快速增长和缓慢增长）的研究。

需要指出的是，传统的马尔可夫区制转移模型中假定各状态之间转换的概率是不变的，这一假定显然与现实存在较大差距。因此，国外学者 Filardo（1994）提出了 MS-TVTP。在 MS-TVTP 中，将不同变量（一般是先行指标）作为转换概率的影响因素，可以求得每一时期不同区制间的转换概率值，进而全面研究经济周期的动态转换特征（Layton，1998；Simpson et al.，2001；Harding and Pagan，2002；Layton and Smith，2007；Castillo et al.，2012）。实际上，转换概率的影响因素变量可以视为经济周期波动的驱动因素，通过对转换概率影响因素的进一步分析可以得到经济周期波动的驱动机制。

有关经济周期波动驱动因素研究的其他方面，代表性的研究还有刘金全和刘志刚（2005）基于成分分解法认为我国经济周期波动与货币波动性的关系密切，并且投资波动性降低等是产出波动性降低的重要原因；de Simone 和 Clarke（2007）基于 Friedman（1993）修正后的"牵引模型"分析了正向冲击的持续性特点和负向冲击的暂时性特征；供给和需求视角如王燕武和王俊海（2011）基于新凯恩斯模型研究偏好冲击、政府支出冲击、利率冲击等对产出变量的作用，认为来自供给的冲击对我国经济波动的影响较大；行业视角如任泽平和陈昌盛（2012）认为经济景气会沿着产业链从下游产业到上游产业的需求逐次传导，进而行业景气先后产生"景气轮动"现象。

需要指出的是，在经济周期波动的类型研究方面，国外学者一般研究古典周期波动，国内学者大多分析增长率周期波动，研究增长周期问题的文献还十分少见①。在目前我国经济增长稳定和经济增速降低的背景下，增长周期类型更为符合我国经济现状。本章在国内外文献的基础上，对我国经济增长周期问题进行研究，并在以下三个方面进行了扩展：①在新凯恩斯总需求曲线基础上，基于MS-TVTP 理论构建区制转移和动态转换的经济增长周期波动模型；②采用合成指数、状态空间模型方法对产出缺口、预期等变量进行准确估算；③基于计量经济学检验方法，准确选择转换概率影响因素及其滞后阶数，进行经济增长周期波动驱动机制的研究。

本章剩余部分的结构如下：2.2 节是经济周期波动状态转换及驱动机制模型的构建；2.3 节是产出缺口、预期及转换概率影响因素的估算；2.4 节是基于MS-TVTP 的经济周期阶段运行特征分析；2.5 节是基于分类先行合成指数的经济周期波动驱动因素研究；2.6 节是本章小结。

2.2 经济周期波动状态转换及驱动机制模型的构建

基于传统的凯恩斯主义波动理论，总需求方面，IS 曲线可以表示为

$$y_t = \beta_0 - \beta_2 i_t \tag{2-1}$$

其中，y_t 为产出缺口；i_t 为名义利率；β_0、β_2 为参数。

在考虑跨期效用函数和动态预算约束的基础上，McCallum 和 Nelson（1999）、Fuhrer（2000）、McCallum（2009）推导出了附加预期的 IS 曲线，如式（2-2）所示。

$$y_t = \beta_0 + \beta_1 E_t y_{t+1} - \beta_2 (i_t - E_t \pi_{t+1}) \tag{2-2}$$

其中，E_t 为预期算子；$E_t y_{t+1}$、$E_t \pi_{t+1}$ 分别为 $t+1$ 时期的产出缺口预期和通货膨胀预期；名义利率 i_t 与通胀预期 $E_t \pi_{t+1}$ 之差为 Ex-ante 实际利率；β_1 为参数。式（2-2）是代表性家庭在预算约束下实现最优消费决策得到的，并且采用理性预期假设，因此表现出前瞻性的特点。

采用 i_t^* 代表 Ex-ante 实际利率（$i_t - E_t \pi_{t+1}$），并加入随机扰动项 u_t，可将 IS 曲线表示为计量经济模型（2-3）。

$$y_t = \beta_0 + \beta_1 E_t y_{t+1} - \beta_2 i_t^* + u_t \tag{2-3}$$

---

① 经济周期波动主要分为三种类型，一是古典周期波动，主要研究经济时间序列绝对水平的波动；二是增长周期波动，通过分离趋势和循环要素，对循环要素的波动特征进行研究；三是增长率周期波动，主要分析经济时间序列增长率的波动。参见：董文泉，高铁梅，姜诗章，等. 经济周期波动的分析与预测方法. 长春：吉林大学出版社，1998：59-61.

在经济扩张和收缩的不同阶段，产出缺口预期、Ex-ante 实际利率对 y_t 具有非对称的影响，模型（2-3）中 $\beta_0 \sim \beta_2$ 应是随状态变化的，因此本章引入包含区制转移过程的 IS 模型（2-4）。

$$y_t = \beta_0(S_t) + \beta_1(S_t) E_t y_{t+1} - \beta_2(S_t) i_t^* + u_t \quad (2\text{-}4)$$

其中，S_t 为状态变量。假定 S_t 取值为 1、2 和 3，分别对应经济高速增长、适度增长和低速增长三个区制。此外，本章设定 u_t 的方差 σ^2 也是状态相依的 $\sigma^2(S_t)$。

假定 y_t 服从正态分布，在第 i 种状态下其概率密度函数为

$$f(y_t | S_t = i) = \frac{1}{\sqrt{2\pi \sigma_i^2}} \exp\left(-\frac{(y_t - \mu_i)^2}{2\sigma_i^2}\right) \quad (2\text{-}5)$$

其中，$i = 1,2,3$；$t = 1,2,\cdots,T$；μ_i、σ_i^2 分别为状态 i 下 y_t 的均值和 u_t 的方差。

根据式（2-5）构造极大似然函数，如式（2-6）所示。

$$\ln L = \sum_{t=1}^{T} \ln \sum_{i=1}^{3} f(y_t | S_t = i) \Pr(S_t = i | Y_t) \quad (2\text{-}6)$$

其中，Y_t 为 $1,2,\cdots,t$ 时期的样本信息集，$Y_t = \{y_1, y_2, \cdots, y_t, E_1 y_2, E_2 y_3, \cdots, E_t y_{t+1}, i_1^*, i_2^*, \cdots, i_t^*\}$；$\Pr(S_t = i | Y_t)$ 为基于 Y_t 得到的 y_t 在第 t 时期处于区制 i 的概率，称为滤波概率。

进一步地，由全部样本信息集 Y_t 可以得到平滑概率 ps_{it}：

$$\text{ps}_{it} = \Pr(S_t = i | Y_t) \quad (2\text{-}7)$$

其中，$Y_t = \{y_1, y_2, \cdots, y_t, E_1 y_2, E_2 y_3, \cdots, E_t y_{t+1}, i_1^*, i_2^*, \cdots, i_t^*\}$。平滑概率是基于 Y_t 求得的在 t 时期 y_t 处于区制 i 的概率，相对于滤波概率而言，平滑概率更为光滑。

此外，由 $t-1$ 时期区制 j 转换到 t 时期区制 i 的概率为转换概率，在传统的马尔可夫区制转移模型中，转换概率 p_{ij} 是固定的，不随时间变化，转换概率 p_{ij} 如式（2-8）所示。

$$p_{ij} = \Pr(S_t = i | S_{t-1} = j) \quad (2\text{-}8)$$

MS-TVTP 则认为 p_{ij} 应是时变的 $p_{ij,t}$，并受到其他因素 $x_{ij,t}$ 的影响，即

$$p_{ij,t} = \Pr(S_t = i | S_{t-1} = j, x_{ij,t}), \quad t = 1,2,\cdots,T \quad (2\text{-}9)$$

其中，$x_{ij,t}$ 为对应于 $p_{ij,t}$ 的转换概率影响因素。

本章中假定转换概率的生成函数为

$$p_{ij,t} = \Phi(x_{ij,t}, b_{ij}) = \frac{1}{\sqrt{2\pi}} \int_{-\infty}^{b_{ij} x_{ij,t}} \exp\left(-\frac{z^2}{2}\right) dz, \quad t = 1,2,\cdots,T \quad (2\text{-}10)$$

其中，$\Phi(\cdot)$ 为标准正态分布函数；b_{ij} 为待估参数。通过分析 $x_{ij,t}$ 对 $p_{ij,t}$ 的影响，可以研究经济周期波动在各状态间转换的驱动机制。此外，还可以选择多个

变量作为转换概率的影响因素向量。

由转换概率 $p_{ij,t}$ 构成的状态转移矩阵为

$$P_t = \begin{bmatrix} p_{11,t} & p_{12,t} & p_{13,t} \\ p_{21,t} & p_{22,t} & p_{23,t} \\ p_{31,t} & p_{32,t} & p_{33,t} \end{bmatrix}, \quad t = 1, 2, \cdots, T \qquad (2\text{-}11)$$

通过选取指标估计极大似然函数（2-6），可以得到模型（2-4）中各状态下的参数、滤波概率和平滑概率以及式（2-11）中各转换概率的估计值。

本章以货币供应量、新增固定资产投资为例，对经济周期波动的驱动机制和状态转换进行说明。

如图 2-1 所示，央行增加货币供应量，使得货币供给曲线（M_s）右移，利率（i）下降，投资（I）的成本降低和数量增长，进而通过投资乘数使得产出（Y）增长，经济周期波动由低增长状态向高增长状态转换。投资增长，即新增固定资产投资对经济周期波动的驱动效应则直接通过"投资需求→产出决定"实现，相对于货币供应量而言，投资对经济周期波动的传导更为直接、更为迅速。

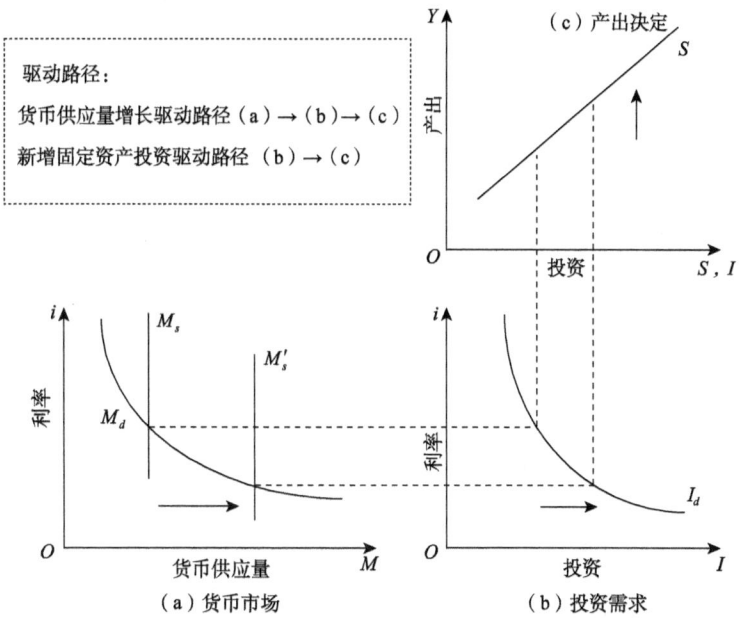

图 2-1　经济周期波动的驱动机制图形

2.3 产出缺口、预期及转换概率影响因素的估算

2.3.1 产出缺口的测算

目前,国内外学者主要采用趋势分解法、生产函数法、结构向量自回归模型、不可观测成分方法等估计产出缺口(Beveridge and Nelson, 1981; Clark, 1987; 郭庆旺和贾俊雪, 2004; 郑挺国和王霞, 2010)。产出活动仅是经济活动的一个方面,形成并反映宏观经济周期波动的还包括与其相关的财政、进出口、投资等领域广泛的经济活动(高铁梅等, 2009),因此本章选取各领域与宏观经济波动一致的指标,计算宏观经济意义上的综合"产出缺口",具体步骤如下。

本章收集与我国经济周期波动相关的月度宏观经济指标共 200 多个,记为 $Y_{i,t}(i=1,2,\cdots,N; t=1,2,\cdots,T)$,其中,$N$ 为指标个数,T 为时期长度,并计算以 2005 年为基期的 CPI、商品零售价格指数、进(出)口商品价格总指数、固定资产投资价格指数(price indices of investment in fixed assets, FAPI)、工业品出厂价格指数等基期价格指数[①];将收集到的名义指标分类进行平减,并进行季节调整,去除价格因素的实际变量记为 $Y_{i,t}^{SA}$;然后采用 H-P 滤波方法将每个指标的 $Y_{i,t}^{SA}$ 分解为趋势要素($Y_{i,t}^{T}$)和循环要素($Y_{i,t}^{C}$),将循环要素与趋势要素之比作为每一个指标的"缺口"序列,如式(2-12)所示。

$$y_{i,t}=\frac{Y_{i,t}^{SA}-Y_{i,t}^{T}}{Y_{i,t}^{T}}=\frac{Y_{i,t}^{C}}{Y_{i,t}^{T}}, \quad t=1,2,\cdots,T \tag{2-12}$$

在计算的缺口序列基础上,以工业企业增加值缺口序列为基准,采用时差相关分析法、峰谷对应法进行筛选,从中筛选出与基准指标波动一致(或称同步)指标,构成了我国经济增长周期波动的一致指标组,如表 2-1 所示[②]。

表 2-1 宏观经济增长周期波动一致指标组

指标类型	指标名称	延迟月数	时差相关系数
一致指标	工业企业增加值	0	1.00
	发电量产量	0	0.79

---

① 如无特殊说明,本章中的数据均来自中经网统计数据库的宏观月度库,https://db.cei.cn/。各种价格指数均是以 2005 年全年平均值为 100 的基期价格指数,关于各种价格指数的计算方法,需要时可向作者索取。

② 表 2-1 中延迟月数列,负号代表超前,通常在超前或滞后 2 期内的指标均可为一致指标。此外,虽然房地产开发投资总额缺口与工业企业增加值缺口的时差相关系数为 0.43,但峰谷对应法的结果显示两者的波动特征近似,因此本章也将其作为一致指标。

续表

指标类型	指标名称	延迟月数	时差相关系数
一致指标	国家财政收入	-1	0.63
	进口额	-1	0.53
	房地产开发投资总额	-2	0.43

最后，采用美国商务部的合成指数方法将表 2-1 中的指标合成，得到增长周期波动的一致合成指数，记为 y_t[①]。一致合成指数以2005年平均值为100，时间区间为1996年1月至2013年11月。由表2-1可得，与由GDP计算得到的产出缺口类似，增长周期的一致合成指数由工业企业增加值、国家财政收入、进口额等多个方面的指标缺口综合而成，涵盖了经济活动的多个方面，是宏观经济意义上的综合产出缺口，可以反映经济增长周期波动的状况。此外，一致合成指数是月度数据，相对于采用季度GDP序列计算的产出缺口而言，能够更为精确地分析和确定经济增长周期的波动特征。为叙述方便和简化起见，本章将计算得到的综合产出缺口 y_t 称为一致合成指数。

2.3.2 通胀预期和产出缺口预期的估计

预期主要可分为适应性预期和理性预期两大类，在理性预期的估计方面，以通胀预期为例，国内外许多学者主要采用三类方法：一是直接用下一期的通胀率代替通胀预期，即令 $E_t\pi_{t+1}=\pi_{t+1}$；二是基于调查数据估算预期，如居民消费情况调查、经济学家预期调查等；三是基于计量经济学方法，如回归法、向量自回归模型、状态空间模型等，其中，状态空间模型是估计不可观测变量的有效方法，本章基于状态空间模型对通胀预期和产出缺口预期进行估计。

基于通货膨胀的相关经济理论，本章引入新凯恩斯菲利普斯曲线（new Keynesian Phillips curve，NKPC）作为量测方程，将其中的 $E_t\pi_{t+1}$ 视为状态变量，并假定其满足一阶自回归形式，设定状态空间模型。

量测方程：

$$\pi_t = \gamma_0 + \gamma_1 \pi_{t-1} + \gamma_2 E_t \pi_{t+1} + \gamma_3 y_t + \xi_t \quad (2-13)$$

状态方程：

$$E_t \pi_{t+1} = \theta_0 + \theta_1 E_{t-1} \pi_t + \varepsilon_t \quad (2-14)$$

其中，π_t 为由 CPI（上年同月=100）计算得到的通货膨胀率；y_t 为综合产出缺口，即增长周期波动的一致合成指数。通过设定待估参数、状态变量、随机扰动项方差

[①] 由于篇幅限制，本章没有列出美国商务部合成指数方法的基本原理，参见：董文泉，高铁梅，姜诗章，等. 经济周期波动的分析与预测方法. 长春：吉林大学出版社，1998：167-205.

和协方差的初始值，采用卡尔曼滤波方法估计模型（2-13）和模型（2-14），可以得到状态变量序列，即通胀预期（$E_t\pi_{t+1}$）序列的估计值。

在估算得到通胀预期后，本章采用银行间同业拆借加权平均利率代表名义利率（i），i减去$E_t\pi_{t+1}$可以得到 Ex-ante 实际利率（i^*）。此时，模型（2-3）中仅有产出缺口预期变量E_ty_{t+1}是未知的。因此，可以将修改后的模型（2-3）设定为量测方程，其中的E_ty_{t+1}视为状态变量，再次设定状态空间模型。

量测方程：
$$y_t = \beta_0 + \alpha_1 y_{t-1} + \alpha_2 y_{t-2} + \beta_1 E_t y_{t+1} - \beta_2 i_t^* + u_t \quad (2\text{-}15)$$

状态方程：
$$E_t y_{t+1} = \lambda_0 + \lambda_1 E_{t-1} y_t + v_t \quad (2\text{-}16)$$

与模型（2-13）和模型（2-14）类似，采用卡尔曼滤波方法估计模型（2-15）和模型（2-16）可以得到状态序列E_ty_{t+1}的估计值。本章计算的综合产出缺口序列（y_t）与其预期序列（E_ty_{t+1}）如图2-2所示。

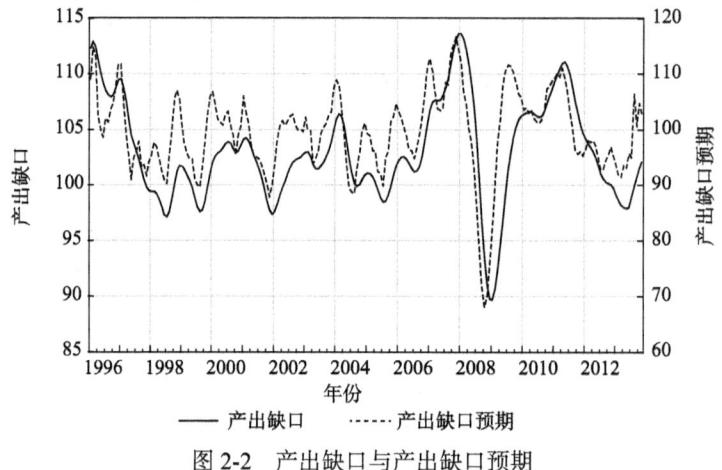

图 2-2　产出缺口与产出缺口预期

2.3.3　转换概率影响因素的选取

Simpson 等（2001）等国外学者采用联邦基金利率、广义货币供应量 M2、新建筑许可等作为转换概率的影响因素，上述指标基本上都是先行指标。Layton 和 Smith（2007）则认为，采用上述先行指标合成得到的先行合成指数具有更好的领先特征与经济意义，因此，本章在上述研究的基础上，与产出缺口的筛选和合成方法类似，以工业企业增加值缺口序列为基准，从300多个宏观经济指标[①]中筛

---

① 所有参与筛选的指标都进行了与式（2-12）相同的处理，即都是经过价格平减、季节调整后，再计算得到的缺口序列。

选出包含 8 个指标的先行指标组,具体如表 2-2 所示[①]。

表 2-2　宏观经济增长周期波动先行指标组

指标类型	分类	指标名称	延迟月数	时差相关系数
先行指标	金融类	金融机构储蓄存款	−12	0.65
		金融机构各项贷款	−8	0.30
		狭义货币供应量(M1)	−5	0.62
	投资类	固定资产投资施工项目个数	−12	0.40
		地方项目固定资产投资额	−11	0.33
		固定资产投资资金来源中国内贷款	−8	0.57
	其他	水泥产量	−3	0.64
		汽车产量	−3	0.56

与表 2-1 中指标的合成方法相同,本章将表 2-2 中的全部指标合成为增长周期波动的先行合成指数,记为 x_t^L,将 x_t^L 作为式(2-9)中转换概率的影响因素,可以进行 MS-TVTP 的估计[②]。此外,如图 2-3 所示,比较一致合成指数与先行合成指数的峰、谷点可以得到,相对于一致合成指数,先行合成指数 x_t^L 具有较好的领先特征,平均先行期为 7 个月左右。

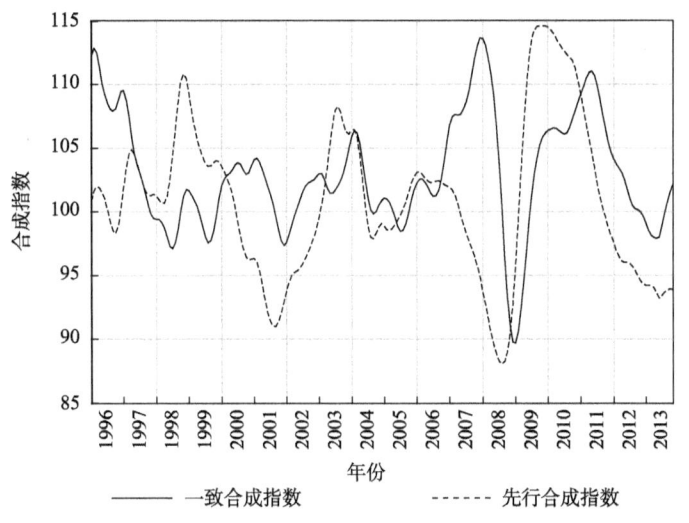

图 2-3　一致合成指数与先行合成指数

---

① 虽然金融机构各项贷款、固定资产投资施工项目个数、地方项目固定资产投资额的时差相关系数较小,但峰谷对应法显示其波动的超前性较好,另外上述三个指标具有较为重要的经济意义,因此本章也将其作为先行指标。

② 本章也尝试了采用表 2-2 中的每一个先行指标作为转换概率的影响因素进行 MS-TVTP 的估计,但通过极大似然值、赤池信息准则(Akaike information criterion, AIC)和施瓦茨准则(Schwarz criterion, SC)的对比得出,采用先行合成指数的效果最好。

2.4 基于 MS-TVTP 的经济周期阶段运行特征分析

2.4.1 MS-TVTP 的估计与经济周期波动状态描述

在第 2.3 节增长周期波动的一致合成指数（y_t）测算、产出缺口预期（$E_t y_{t+1}$）估计与实际利率（i_t^*）计算的基础上，本章首先采用先行合成指数（x_t^L）的 1~12 期滞后变量分别作为转换变量进行极大似然估计，模型（2-4）的样本回归模型、平滑概率（2-7）和转换概率（2-9）的估计式如式（2-17）~式（2-19）所示。

$$y_t = \hat{\beta}_0(S_t) + \hat{\beta}_1(S_t) E_t y_{t+1} + \hat{\beta}_2(S_t) i_t^* + \hat{u}_t \quad (2\text{-}17)$$

$$\hat{ps}_{it} = \Pr(S_t = i | Y_t) \quad (2\text{-}18)$$

$$\hat{p}_{ij,t} = \Pr\left(S_t = i | S_{t-1} = j, x_{t-k}^L\right), \quad k = 1, 2, \cdots, 12 \quad (2\text{-}19)$$

除了能够得到参数的估计值 $\hat{\beta}_0(S_t) \sim \hat{\beta}_2(S_t)$ 外，MS-TVTP 的估计结果还包括了各区制的平均持续期、条件方差等，如表 2-3 所示。

表 2-3 MS-TVTP 的估计结果与经济周期波动状态描述

特征估计		区制 1（S_t=1） （高速增长）	区制 2（S_t=2） （适度增长）	区制 3（S_t=3） （低速增长）
系数估计值	$\hat{\beta}_0(S_t)$	106.325***（0.00）	101.346***（0.00）	97.056***（0.00）
	$\hat{\beta}_1(S_t)$	0.615***（0.00）	0.507***（0.00）	0.469***（0.00）
	$\hat{\beta}_2(S_t)$	−0.010***（0.00）	−0.084***（0.00）	0.772***（0.00）
平均持续期/月		11.96	18.42	1.12
条件方差		2.925	2.081	3.470
频数		78	114	16

***代表在 0.01 的显著性水平下显著

注：括号内为 p 值

表 2-3 中产出缺口预期变量的估计系数 $\hat{\beta}_1(S_t)$ 结果显示，预期对经济增长的影响均显著为正，且在不同区制具有明显的非对称特征。其中，经济高速增长（区制 1）时预期的作用最大，而经济低速增长（区制 3）时预期的影响最小。此外，表 2-3 显示，实际利率变量的估计系数 $\hat{\beta}_2(S_t)$ 表明，在区制 1 和区制 2 中利率对一致合成指数的影响显著为负，符合货币政策传导机制的经济理论。

2.4.2 经济周期波动的阶段运行特征分析

结合表 2-3 中的估计结果可得，经济高速增长时（区制 1）产出缺口预期变量的估计系数 $\hat{\beta}_1(S_t=1)=0.615$，这一时期，对于经济增长的预期会在一定程度上形成虚假需求，导致投资盲目扩张、过度消费等现象，进而通过投资乘数和消费乘数对经济产生显著影响，由此会引发新一轮的投资、消费热潮。另外，当经济偏热时，预期还会引发房地产投机行为增加、通货膨胀上升等一系列问题，因此，经济高速增长时预期的作用十分显著。与此同时，表 2-3 显示，经济高速增长时利率的影响相对较小，$\hat{\beta}_2(S_t=1)$ 仅为 –0.010，这是由于经济高速增长的"惯性"使得货币政策的效果减弱。

经济适度增长区间（区制 2）预期变量的估计系数 $\hat{\beta}_1(S_t=2)$ 显著，为 0.507，这表明对于经济稳定、适度发展的预期，能够使得投资和消费处于一个合理的区间，投资有稳定的回报，消费能够可持续，因而能够继续稳定经济增长。此外，表 2-3 中实际利率对一致合成指数的影响系数 $\hat{\beta}_2(S_t=2)$ 显著，为 –0.084，当实际利率上升时，投资的成本增大导致其收益减少，进而使得投资水平下降，并且利率对于消费和出口也有负向的影响，经济适度增长时利率的调控作用充分显现。

在经济低速增长时，预期变量对一致合成指数的影响系数 $\hat{\beta}_1(S_t=3)=0.469$。当经济不景气时，总需求减少，企业的经营风险增大，预期的影响会使得企业进一步压缩投资，人们对于收入预期的不确定性会使得其减少消费支出，因此总需求各组成部分的减少会通过乘数效应导致经济回落。需要指出的是，由于经济增长的"刚性"，如固定资本不断形成、基本消费支出继续增长等因素会减弱预期的影响，因此，经济低速增长时预期对一致合成指数的影响相对较小。此外，表 2-3 显示，$\hat{\beta}_2(S_t=3)$ 显著为正，利率与一致合成指数的变动方向相同，这是由于 2008 年金融危机时，虽然央行已经多次下调利率，但经济系统外部冲击等因素导致我国经济持续下滑，因此利率变量系数的符号不合理并不是利率与一致合成指数真实关系的反映。

2.4.3 基于 MS-TVTP 的经济周期阶段划分

表 2-3 中的估计结果表明，1996 年 1 月~2013 年 11 月一致合成指数序列（因数据有缺失，三个状态合计 208 个）中，有 78 个位于高速增长阶段，114 个位于适度增长期，仅有 16 个处于低速增长区间，即我国位于适度增长的时期最长（约占整个区间的 54.81%），处于低速增长的时期最短（7.69%）。此外，我国

在高速增长、适度增长和低速增长时,一致合成指数平均值分别为 106.325、101.346 和 97.056,符合 $\beta_0(1)>\beta_0(2)>\beta_0(3)$;区制 1、区制 2 和区制 3 的条件方差分别为 2.925、2.081 和 3.470,区制 3 的波动程度最大,区制 2 的波动程度最低。

对式(2-18)中的平滑概率进行估计后,可以对经济周期波动的各个阶段进行有效识别,平滑概率的估计结果如图 2-4~图 2-6 阴影部分所示。其中,图 2-4 显示了我国经济增长位于区制 1(高速增长)阶段的概率,图 2-5 和图 2-6 分别是我国经济处于区制 2(适度增长)和区制 3(低速增长)时期的概率。

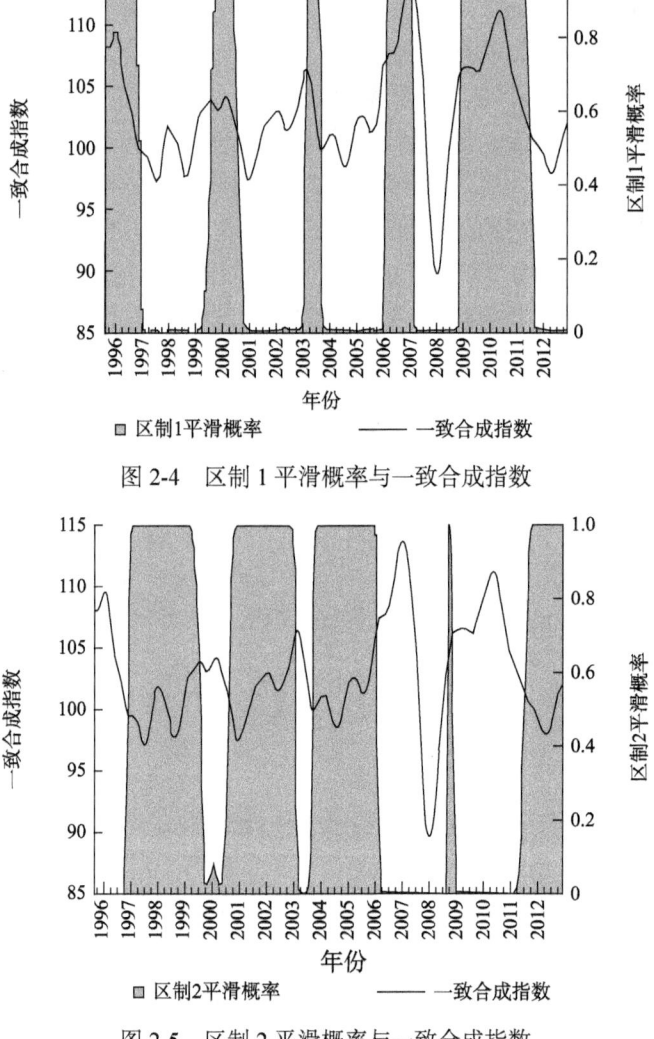

图 2-4　区制 1 平滑概率与一致合成指数

图 2-5　区制 2 平滑概率与一致合成指数

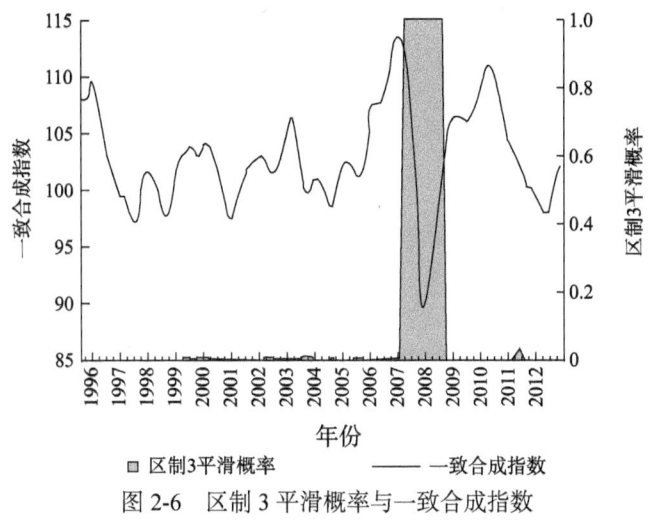

图 2-6　区制 3 平滑概率与一致合成指数

对照图 2-4~图 2-6 中一致合成指数序列可得，在 1997 年亚洲金融危机的影响下，我国一致合成指数由高速增长区间过渡到适度增长区间；随着国家调控力度的加大，我国摆脱了金融危机的影响，经济稳步攀升，于 2000 年 8 月重新回到高速增长阶段；此后至 2008 年 1 月，是我国经济的稳定、快速增长期，一致合成指数一直位于高速增长和适度增长区间运行；在国际金融危机和我国宏观调控政策收紧等国际、国内多重因素的影响下，一致合成指数于 2008 年 2 月迅速下滑至低速增长阶段，我国经济跌入谷底；在国家"稳增长"强有力的调控政策作用下，一致合成指数于 2008 年 12 月触底回升并进入新一轮的扩张期，在 2009 年 9 月进入适度增长区间后，又于 2009 年 12 月迅速回升至高速增长区制；由于全球经济持续低迷导致外需疲软，加之国内结构性矛盾突出和能源资源成本上升等，我国一致合成指数自 2010 年 4 月开始持续回落，并于 2012 年 7 月调整至适度增长区间运行。十八届三中全会以后，我国逐步明确了不再追求增长速度、注重结构调整的目标，适度增长将成为未来一段时期我国经济增长的主旋律。

2.4.4　经济增长周期状态转换的时点确定

本章绘制了各区制的平滑概率图形（图 2-7），采用平滑概率大于 0.5 作为划分各个区制的标准，我国经济增长周期波动在各区制间的转换特征十分明显，转换时期为图 2-7 中 0.5 水平线与各区制平滑概率曲线的交点。采用滞后 1~12 期的先行合成指数（x_t^L）作为转换变量，进行了 12 次式（2-19）的估计，选取极大似然值最大和 AIC 值最小时的转换概率值，如图 2-7 所示（图 2-7 中仅标注了各转换时点的转换概率值）。

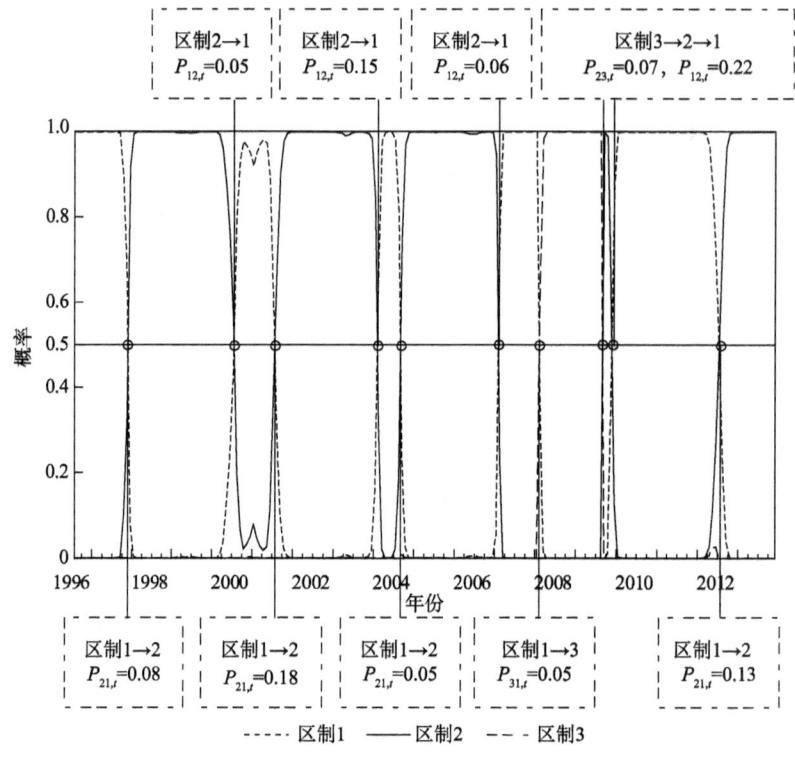

图 2-7 平滑概率图形

图 2-7 表明,除 2008~2009 年外,1996 年 1 月~2013 年 11 月一致合成指数主要在区制 1(高速增长)和区制 2(适度增长)之间转换,并且各转换概率值反映了先行合成指数,即领先于景气波动的一系列经济活动对经济增长周期状态转换的影响程度。

2.5 基于分类先行合成指数的经济周期波动驱动因素研究

为进一步分析各区制间的转换特征及阶段转换的驱动因素,本章按照经济意义将表 2-2 中的先行指标分类,将其中的金融机构储蓄存款、金融机构各项贷款、狭义货币供应量(M1)合成为金融类先行合成指数,记为 x_t^{LF};将固定资产投资施工项目个数、地方项目固定资产投资额、固定资产投资资金来源中国内贷款合成为投资类先行合成指数,记为 x_t^{LI};将 x_t^{LF}、x_t^{LI} 分别作为式(2-9)中转换

概率 $p_{ij,t}$ 的影响因素 $x_{ij,t}$，可以研究金融和投资因素对经济增长周期波动状态转换的影响。

本章采用 x_t^{LF}、x_t^{LI} 的滞后 1~12 期共 24 个转换变量，对模型（2-17）~模型（2-19）进行了 24 次估计，以极大似然值最大和 AIC 值最小为原则，选取转换概率值最大时对应的转换变量及其滞后阶数，如表2-4 所示[①]。

表 2-4 经济周期波动状态转换概率及驱动因素的估计结果

转换时间（t）	状态转换（区制 j→区制 i）	转换概率	金融类先行合成指数（x_t^{LF}）		投资类先行合成指数（x_t^{LI}）	
			滞后阶数	转换概率值	滞后阶数	转换概率值
1997 年 12 月	高速→适度（1→2）	$p_{21,t}$	8	0.001 2	3	0.068 0
2000 年 8 月	适度→高速（2→1）	$p_{12,t}$	5	0.223 9	5	0.035 8
2001 年 8 月	高速→适度（1→2）	$p_{21,t}$	8	0.154 5	2	0.582 7
2004 年 2 月	适度→高速（2→1）	$p_{12,t}$	5	0.485 0	5	0.066 8
2004 年 9 月	高速→适度（1→2）	$p_{21,t}$	8	0.000 1	2	0.097 3
2007 年 2 月	适度→高速（2→1）	$p_{12,t}$	5	0.114 6	5	0.032 4
2008 年 2 月	高速→低速（1→3）	$p_{31,t}$	8	0.767 7	3	0.049 4
2009 年 9 月	低速→适度（3→2）	$p_{23,t}$	5	0.625 2	5	0.704 3
2009 年 12 月	适度→高速（2→1）	$p_{12,t}$	5	0.644 5	5	0.189 7
2012 年 7 月	高速→适度（1→2）	$p_{21,t}$	8	0.013 7	3	0.265 9

注：转换概率 $p_{ij,t}$ 为时间序列，但由于转换时点处 $p_{ij,t}$ 的分析更有意义，表中仅列出了 10 个转换时点处的转换概率值

金融类先行合成指数和投资类先行合成指数在一定程度上是货币政策和财政政策的反映，滞后期体现了宏观经济调控政策的时滞，即从政策制定到政策实施，通过传导路径最终发挥作用的过程。本章将基于表 2-4 的估计结果，对货币政策和财政政策驱动经济增长周期状态转换的特征进行深入研究。

2.5.1 货币政策对经济周期状态转换的非对称影响研究

就货币政策对经济增长周期作用的滞后期而言，由表2-4可得，滞后8期的金融类先行合成指数对一致合成指数由高速向适度区制回落的驱动效应最为显著，而滞后 5 期的金融类先行合成指数对经济增长周期由适度向高速区制上升的影响最大。总体而言，相对于促进经济回升，货币政策给经济"降温"的时滞更长。

稳健或适度宽松货币政策对经济扩张的影响方面，1998 年后，我国增加国债发行用于长期基础建设项目，为与之配合，我国政府实施稳健的货币政策，为国

---

① 本章仅选取了转换概率最大时对应的转换变量及其滞后阶数，即选取转换概率的最主要影响因素进行分析，其他转换变量滞后阶数结果如有需要可向作者索取。

债项目提供贷款、取消对商业银行的贷款限制。1998 年 3 月~1999 年 6 月央行大幅下调贷款利率，金融机构人民币贷款五年期贷款基准利率由 10.35%下调至 6.21%。另外，1998~1999 年，央行制定并发布了《关于加大住房信贷投入支持住房建设与消费的通知》等一系列发展个人住房、汽车、消费信贷的政策措施，商业银行的消费信贷余额由 1998 年的 456 亿元迅速增长至 1999 年的 1 406 亿元。在稳健货币政策的作用下，一致合成指数于 2000 年 8 月进入到高速增长区制，金融类先行合成指数对应的转换概率值为 0.223 9。

2007~2008 年初是紧缩货币政策驱动经济状态转换的主要阶段，表 2-4 显示，我国一致合成指数于 2007 年 2 月上升至高速增长区间，我国工业生产增长迅速，固定资产投资高位运行，2007 年 6 月工业企业增加值增速为 19.4%，2007 年 1~6 月固定资产投资完成额累计增速为 26.7%，宏观经济增长由偏快到过热的趋势明显。此外，2007 年我国银行体系流动性过剩、信贷扩张压力加大等问题不断凸显。为稳定经济，我国政府开始实施以"防过热、防通胀"为目标的适度从紧、从紧货币政策，2007 年全年，央行先后 10 次上调人民币存款准备金率，存款准备金率由 9%提高至 14.5%，先后 6 次上调人民币存贷款基准利率，央行还通过发行央行票据、紧缩消费信贷等多种方式调控流动性。

在国内紧缩货币政策开始发挥作用的同时，2008 年由美国次贷危机引发的全球金融危机爆发，对我国经济造成了巨大冲击，加之汶川地震自然灾害等因素的影响，我国经济开始大幅回落，由表 2-4 可得，2008 年 2 月我国一致合成指数由高速增长区制直接迅速下滑至低速增长区制，该时期金融类先行合成指数对应的转换概率为 0.767 7，从紧的货币政策是导致此次经济大幅回落的主要因素之一。在国际、国内因素的作用下，此次紧缩货币政策对经济收缩的作用程度远高于 1998~2000 年宽松货币政策对经济扩张的影响。

2.5.2 财政政策对经济周期波动的稳定效应分析

对表 2-4 的分析可以得出，滞后 2~3 期的投资类先行合成指数对经济增长周期由高速向适度区制过渡的驱动效应最为显著，而滞后 5 期的投资类先行合成指数对一致合成指数由适度向高速区制回升的影响最大。投资直接作用于总需求，与我国经济增长紧密相关，在经济回落时投资的下降对经济的影响较为迅速，但由于投资周期和固定资本形成的原因，经济回升时投资发挥作用的滞后期明显加长。

宽松财政政策对经济周期的稳定效应主要通过投资的累积效应体现。以 2003 年为例，我国新一轮投资热潮兴起，固定资产投资完成额增速不断加快，基建项目数量迅速增长，固定资产投资、房地产投资开始出现过热局面。2004 年 1~2

月，固定资产投资完成额累计增速为 53%，房地产开发投资总额累计增速为 57.1%。投资的累积效应和稳健财政政策的效果不断显现，2004 年 2 月，我国一致合成指数由适度增长进入高速增长区间。虽然表 2-4 中 2004 年 2 月投资类先行合成指数（滞后 5 期）对应的转换概率值仅为 0.066 8，其滞后 2 期、3 期、4 期对应的转换概率分别为 0.049 1、0.052 1、0.056 7，各期滞后的影响区别不大，但也说明了这次转换是投资各期累积效应的结果。

投资增速稳中趋缓是财政政策驱动经济稳定增长的重要途径。在 2011 年以后，针对金融危机的超常规刺激计划的弊端开始显现，大规模投资形成的产能过剩问题明显，取消外商投资特殊优惠导致外商投资增速不断下降，一系列结构性矛盾不断出现，加上国际经济持续低迷和主要经济体复苏乏力等国际环境的影响，中央开始实施一系列控制盲目投资的政策。2012 年以来，我国固定资产投资增速稳中趋缓，维持在20%左右，一致合成指数于 2012 年 7 月由高速增长区制过渡到适度增长区制，其中投资类先行合成指数对应的转换概率值为 0.265 9。进入 2013 年，"稳增长、调结构、促改革"的政策措施将一致合成指数维持在适度增长区间运行。

2.5.3 财政、货币政策配合对经济周期状态转换的驱动效应显著

与单独实施财政政策或货币政策对经济周期波动的影响相比，财政和货币政策的配合对经济周期状态转换的驱动效应较为显著。以"双稳健"的财政货币政策为例，2001 年，世界经济增速放缓，美国、日本等国家经济增速明显下滑，对我国经济产生了一定影响，我国实施了稳健的财政政策，一是扩大国债发行，2001 年我国实际发行国债 4 883 亿元，比 2001 年增加 226 亿元；二是稳定投资资金来源，2001 年 1~12 月，固定资产投资资金来源中国家预算内资金增长20.3%。同时，我国继续实施稳健的货币政策，保持基础货币适度增长，保证金融系统的流动性充足，2001 年 12 月，我国基础货币余额达到 4 万亿元，同比增长 11.9%，经济增速保持稳定，一致合成指数于 2001 年 8 月转入适度增长区间，金融类先行合成指数和投资类先行合成指数对应的转换概率值分别为 0.154 5 和 0.582 7，"双稳健"政策组合的效应得到有效发挥。

与"双稳健"政策相对，"双宽松"调控政策对经济扩张的驱动效应更为明显。为抵御 2008 年国际金融危机的不利影响，我国实施了积极的财政政策，采取了如"保增长、促投资"的 4 万亿元经济刺激计划、5 000 亿元的结构性减税安排等。2008 年货币政策也由上半年的"稳健"迅速调整为下半年的"适度宽松"，2008 年 9~12 月央行先后 4 次下调存款准备金率，5 次降低存贷款基准利率，追加政策性银行贷款规模 1 000 亿元，等等，2009 年 2 月我国经济企稳回升。表 2-4

显示，我国一致合成指数于 2009 年 9 月由低速增长区间进入适度增长区间，基于金融类先行合成指数和投资类先行合成指数的转换概率分别为 0.625 2 和 0.704 3，3 个月后，2009 年 12 月一致合成指数再次回到高速增长区间，财政政策和货币政策配合的效果显著并且具有持续性。

2.6 本章小结

本章基于新凯恩斯总需求曲线，构建经济增长周期波动的一致合成指数代表综合产出缺口序列，采用状态空间模型估计预期变量，选取 MS-TVTP 研究了我国经济增长周期波动的阶段运行特征。此外，本章还构造金融类、投资类先行合成指数作为经济增长周期的状态转换变量，通过时变转换概率的估计分析了经济增长周期状态转换的驱动机制，得出如下主要结论。

产出缺口预期对经济增长周期波动的影响显著为正，且在不同区制具有明显的非对称特征。经济高速增长时的预期，会在一定程度上形成虚假需求，进而导致投资扩张、过度消费等现象；对于经济稳定、适度发展的预期，能够使得投资和消费处于一个合理的区间；在经济低速增长时，预期导致的总需求减少会通过乘数效应导致经济回落。总体而言，实际利率变量对一致合成指数的影响显著为负，相对于经济稳定增长时期，经济高速增长时利率的影响相对较小，这是由于经济高速增长的"惯性"使得货币政策的效果减弱。

平滑概率和转换概率的估计结果显示，1996~2013 年我国经济增长周期波动在各区制间的转换特征十分明显，滞后的金融类先行合成指数和投资类先行合成指数既是增长周期状态转换的重要驱动因素，同时也是货币政策和财政政策的反映，滞后期体现了宏观经济调控政策的时滞。总体而言，相对于促进经济回升，货币政策给经济的"降温"更有效。投资直接作用于总需求，在经济回落时投资下降对经济增长周期的影响较为迅速，但由于投资周期和固定资本形成的原因，经济回升时投资发挥作用的滞后期明显加长。与单独实施财政政策或货币政策相比，财政和货币政策的配合对经济周期状态转换的驱动效应更为显著。

通过稳定预期并释放改革红利，避免短期的经济刺激，是实现我国经济稳定增长的重要途径，而保持宏观经济政策的稳定性和连续性是稳定预期的主要方式。因此，政府应以维持总量平衡为目标，坚持深化投资体制改革，确立以企业为主体的投资体系，并改革和完善金融市场体系，推进利率市场化，发挥市场在经济调节中的作用，释放市场活力，加快建设社会信用体系，提高财政政策与货币政策配合的精准性和有效性，通过连续的经济政策和良好的预期形成经济增长的内在稳定器。

投资方面，政府应以"优化"和"效率"为目标，坚持深化投资体制改革，确立以企业为主体的投资体系。在进一步缩小政府审批范围、简化投资审批手续和放宽投资准入限制的同时，政府一方面应注重优化投资结构，引导各类投资流向战略性新兴产业、高端装备制造业和现代服务业等领域；另一方面应强调改善资本配置效率，统筹规划区域投资布局，避免低水平重复建设，鼓励国有资本、民间投资和其他各种形式资本的融合，以投资结构优化驱动产业结构升级，进而提升中国经济增长的质量。

改革和完善金融市场体系，推进利率市场化，发挥市场在经济调节中的作用，是释放市场活力，稳定经济增长的重要途径。实施宏观审慎管理，控制经济周期波动的金融驱动因素，保证金融系统的安全性和稳定性，能够为经济平稳增长提供良好条件。政府应密切关注金融系统的动向，分析并修正金融体系中存在的监管缺失等薄弱环节，在金融体系压力测试和脆弱性分析的基础上，改进资本留存缓冲和应急资本机制，逐步完善宏观审慎政策的框架，维护金融系统稳定并化解金融系统风险。宏观审慎政策与微观审慎政策配合，可以为经济增长提供资本支持。

增强宏观经济调控政策的前瞻性和有效性是平抑经济周期波动的重要措施。政策从开始实施到发挥效应存在一定时期的滞后，对经济形势的超前判断和提前把握，能够缩短宏观政策的滞后期，增强宏观政策的调控效果。政策前瞻性的实现建立在政府对国际、国内形势充分了解的基础上。对于全球经济缓慢复苏、国际价值链重组等国际因素，潜在金融风险、中国地方债务危机问题并存等国内现象，都应纳入宏观经济政策制定的考虑范围，构建"利当前"和"惠长远"的前瞻性宏观调控政策体系。

最后，针对经济周期不同阶段的差异化运行特点和经济景气合成指数在各区制间的转换特征，政府还应建立健全经济周期波动的监测预警体系，密切关注并监测金融和投资领域的波动状况，特别是低增长阶段或经济回落时期的经济运行特征。在理解和把握经济周期波动规律的基础上，了解金融、投资等驱动因素领先经济周期波动的先行期和相关度特征，考虑经济景气上升和回落时期各因素对经济周期波动影响的不确定性和非对称特征，提高宏观经济政策制定的科学性，保持中国经济的可持续发展和中高速增长。

第3章 中国通货膨胀的形成机制与时变转换特征研究

通货膨胀是影响经济稳定增长的重要因素和宏观调控政策的主要目标。2008~2012年,在经济持续快速增长、紧缩性货币政策和国际金融危机等多重因素影响下,我国通货膨胀的波动幅度明显增大,以CPI的同比增长率为例,CPI增速在2008年2月达到峰值8.7%,在12个月后于2009年2月迅速下降至-1.6%。在经济刺激政策作用下CPI又迅速触底回升并进入新一轮的上升期,2010年10月至2012年1月,CPI上涨率在长达16个月内超过4%[①]。

随后,在"稳增长、调结构、促改革"的政策作用下,2012年6月~2014年3月CPI增长率基本维持在2%上下小幅波动,物价水平总体稳定,但各领域的价格波动却呈现了明显的差异。以工业品出厂价格指数为例,2012年3月~2016年8月,工业品出厂价格指数同比增长率已连续50多个月为负,这表明政府防通胀政策在取得显著成效的同时,也加大了通货紧缩出现的概率。此后,工业品出厂价格指数快速回升,并于2017年2月增速达到7.8%,而2019年7月开始又进入负增长阶段。本轮通货膨胀呈现出与以往显著不同的运行特征,并再次成为政府和学界关注的焦点。对通货膨胀的形成机制和时变转换特征进行深入研究,对于我国经济平稳增长和宏观调控政策的科学制定具有重要意义。

在通货膨胀的形成机制及影响因素方面,传统的菲利普斯曲线和凯恩斯模型中主要有需求拉动、供给推动、货币供应三大类(刘金全等,2004;Alexová,2012;EI-Shagi and Giesen,2013)。除上述因素外,Calvo(1983)、Gali和Gertler(1999)关注通货膨胀预期对通胀形成的作用,将通胀预期因素引入传统的菲利普斯曲线中,构建了新凯恩斯菲利普斯曲线。此后,范从来(2000)、Leith和Malley(2005)、Rumler(2007)、陈彦斌(2008)、Mazumder(2012)采用新凯恩斯菲利普斯曲线对美国、欧元区和中国通货膨胀的研究表明,新凯恩斯菲利

[①] 本章中的数据均来自中经网统计数据库,https://db.cei.cn/。

普斯曲线更好地描述了通胀的黏性价格特征，同时验证了预期通过影响总需求和总供给进而促进通胀形成的显著效应。此外，还有学者研究了通胀惯性或持续性对通胀的影响（Ciurilă and Murăraşu，2008；张成思，2008）。

在各种影响因素的驱动下，通货膨胀会在不同区制（状态）间进行转换，国内外学者主要采用门限回归模型（Henry，1999；张屹山和张代强，2008）、平滑转换模型（Martin and Milas，2004；王少平和彭方平，2006；陈磊和张同斌，2012）、马尔可夫区制转移模型（Evans and Wachtel，1993；龙如银等，2005；Tillmann，2007）三种方法进行通货膨胀非对称转换特征的研究。其中，马尔可夫区制转移模型是通货膨胀波动与状态转换研究的重要方法，但其转换概率通常设定为固定不变。Filardo（1994）提出了 MS-TVTP，目前国内采用 MS-TVTP 进行通胀时变转换特征研究的文献还十分少见。

在国内外文献的基础上，考虑到通胀波动的非线性特点和预期在通胀形成中的重要作用，本章构建分区制附加预期的新凯恩斯菲利普斯模型，采用 MS-TVTP 方法研究通胀的时变转换特征，并在以下三个方面做出了改进。

（1）与简单采用 CPI 同比增长率计算的通胀变量不同，本章采用 CPI、工业品出厂价格指数、商品零售价格指数等多个领域的六种价格指数构造物价的一致合成指数，用以代表通货膨胀变量，更为全面地体现通胀是物价总体水平上涨的特征。

（2）通胀理性预期的估计一直以来都是研究的难点，本章将其作为潜在变量，采用状态空间模型和卡尔曼滤波方法，准确、合理地测算通胀理性预期变量，并在此基础上分析不同区制中预期变量对通胀形成的差异化影响。

（3）采用时差相关系数等方法从大量经济数据中筛选出通货膨胀的需求类和供给类先行指标，作为通胀状态转变的影响因素，然后基于 MS-TVTP 时变转换概率的估计结果，深入分析通胀的转换特征、驱动因素及时滞差异。

本章剩余部分的结构如下：3.1 节是分区制附加预期新凯恩斯菲利普斯模型的构建；3.2 节是通货膨胀、通胀预期及产出缺口变量的估算；3.3 节是我国通货膨胀的形成机制分析；3.4 节是通货膨胀的时变转换特征研究；3.5 节是本章小结。

3.1 分区制附加预期新凯恩斯菲利普斯模型的构建

3.1.1 分区制新凯恩斯菲利普斯模型的构建

新凯恩斯理论中，菲利普斯曲线一般表示通货膨胀率与失业率的关系，结合奥肯定律，可将菲利普斯曲线用于表示产出缺口与通胀率之间的关系，如式（3-1）所示。

$$\pi_t = \gamma_0 + \gamma_2 y_t \tag{3-1}$$

其中，π_t 为通胀率；γ_0、γ_2 为参数；y_t 为产出缺口。

随着滞胀现象的出现，通货膨胀与产出缺口关系与传统菲利普斯曲线出现了背离，国外学者开始从菲利普斯曲线的微观基础出发，对代表性家庭、厂商等主体的行为进行反思，在模型中加入产品价格的黏性特征等。其中，具有代表性的研究是 Calvo（1983）通过对厂商微观行为基础的分析，认为在产品的价格调整中，存在如式（3-2）所示的调整机制。

$$p_t = \theta p_{t-1} + (1-\theta) p_t^* \tag{3-2}$$

其中，p_t 为价格的对数形式；$1-\theta$ 为自由调整价格企业所占的比重；p_t^* 为该类企业的新定价。Whelan 和 Rudd（2005）指出，一般而言，p_t^* 可以设定为边际成本与固定加成之和，如式（3-3）所示。

$$p_t^* = \mu + (1-\theta\beta) \sum_{k=0}^{\infty} (\theta\beta)^k E_t \mathrm{MC}_{t+k} \tag{3-3}$$

其中，μ 为加成；β 为折现因子；E_t 为期望算子；MC 为名义边际成本；k 为期数。式（3-3）表明，企业在定价时，一般会考虑未来预期名义边际成本的加权折现因素。

综合式（3-2）和式（3-3），可以得到附加预期的菲利普斯曲线式（3-4）。

$$\pi_t = \beta E_t \pi_{t+1} + \frac{(1-\theta)(1-\theta\beta)}{\theta} (\mu + \mathrm{mc}_t) \tag{3-4}$$

其中，$E_t\pi_{t+1}$ 为通货膨胀预期；mc_t 为实际边际成本，$\mathrm{mc}_t = \mathrm{MC}_t - p_t$。由于产出缺口与 $\mu + \mathrm{mc}_t$ 之间呈现比例关系，可以将式（3-4）推导出如式（3-5）所示的菲利普斯曲线。

$$\pi_t = \gamma_0 + \gamma_1 E_t \pi_{t+1} + \gamma_2 y_t \tag{3-5}$$

其中，γ_1 为参数。在式（3-5）的基础上，加入随机扰动项 ξ_t，并构建菲利普斯模型（3-6）。

$$\pi_t = \gamma_0 + \gamma_1 E_t \pi_{t+1} + \gamma_2 y_t + \xi_t \tag{3-6}$$

在通货膨胀的不同阶段，预期、产出缺口对通胀形成的促进作用也不尽相同，因此本章设定分状态（区制）附加预期的菲利普斯模型（3-7）。

$$\pi_t = \gamma_0(S_t) + \gamma_1(S_t) E_t \pi_{t+1} + \gamma_2(S_t) y_t + \xi_t \tag{3-7}$$

其中，S_t 为状态变量，本章中假定 S_t 取值为 1、2 和 3，对应高通胀、适度通胀和低通胀三个区制，将模型（3-7）写成展开形式，如模型（3-8）所示。

$$\pi_t = \begin{cases} \gamma_0(1) + \gamma_1(1)E_t\pi_{t+1} + \gamma_2(1)y_t + \xi_{1t}, & S_t = 1 \\ \gamma_0(2) + \gamma_1(2)E_t\pi_{t+1} + \gamma_2(2)y_t + \xi_{2t}, & S_t = 2 \\ \gamma_0(3) + \gamma_1(3)E_t\pi_{t+1} + \gamma_2(3)y_t + \xi_{3t}, & S_t = 3 \end{cases} \quad (3\text{-}8)$$

根据模型（3-8），比较分状态（区制）下同一变量的估计系数的显著性及大小差异，可以研究理性预期、产出缺口对通胀的差异化影响机制。

3.1.2 新凯恩斯菲利普斯模型的 MS-TVTP 估计

国内外学者一般都是采用极大似然方法对 MS-TVTP 进行估计，在分区制附加预期的菲利普斯模型（3-7）的基础上，极大似然函数可以设定为

$$\ln L = \sum_{t=1}^{T} \ln \sum_{j=1}^{3} f(\pi_t | S_t = j, \Theta) \Pr(S_t = j) \quad (3\text{-}9)$$

其中，Θ 为参数集；$\Pr(S_t = j)$ 为状态 j 出现的概率；$j=1\sim3$ 代表通货膨胀的三个状态，因此式（3-9）为以各状态概率为权重的极大似然函数组合。

采用 MS-TVTP 方法对极大似然函数（3-9）进行估计的过程中，除了能够得到差异化的影响系数 $\hat{\gamma}_0(S_t) \sim \hat{\gamma}_2(S_t)$ 外，还可以求出滤波概率和平滑概率两种重要的概率值，用于通货膨胀的阶段划分与特征描述，其中，滤波概率的估计式为

$$\Pr(S_t = j | \Psi_t) = \sum_{i=1}^{3} p_{ij} \frac{\Pr(S_t = i | \Psi_t) \Pr(S_{t+1} = i | \Psi_T)}{\Pr(S_{t+1} = i | \Psi_t)} \quad (3\text{-}10)$$

其中，Ψ_t 为 $1\sim t$ 时期的样本信息集；Ψ_T 为 $1\sim T$ 时期全部样本信息集；p_{ij} 为转换概率。滤波概率表示通货膨胀率（π_t）在 t 时期处于区制 j 的概率。

在滤波概率的基础上，用全部样本信息集 Ψ_T 进行更新可以得到平滑概率 $\Pr(S_t = j | \Psi_T)$，进一步合理确定通货膨胀的区制（状态），而分析通货膨胀在各区制间转变的特征则需要继续求解转换概率 p_{ij}。

具体而言，式（3-10）中的转换概率 p_{ij} 表示由 $t-1$ 时期区制 j 转换到 t 时期区制 i 的概率，其表达式如式（3-11）所示。

$$p_{ij} = \Pr(S_t = i | S_{t-1} = j) \quad (3\text{-}11)$$

在传统的区制转移模型中，转换概率 p_{ij} 是不随时间变化和取值固定的。在 MS-TVTP 中则将 p_{ij} 设定为时变的 $p_{ij,t}$，并受到相应的变量（因素）$x_{ij,t}$ 的影响，通常假定转换概率 $p_{ij,t}$ 的生成函数为式（3-12）：

$$p_{ij,t} = \Pr(S_t = i | S_{t-1} = j, x_{ij,t}) = \Phi(a'_{ij} x_{ij,t}) = \int_{-\infty}^{a'_{ij} x_{ij,t}} \frac{1}{\sqrt{2\pi}} \exp\left(-\frac{1}{2}z^2\right) dz \quad (3\text{-}12)$$

其中，$\Phi(\cdot)$ 为标准正态分布函数；a_{ij} 为待估参数。$x_{ij,t}$ 对 $p_{ij,t}$ 的影响在一定程度上反映了通货膨胀在各状态间的转换机制。

在式（3-12）的基础上，将转换概率 $p_{ij,t}$ 合成为转换概率矩阵 P_t，如式（3-13）所示。

$$P_t = \begin{bmatrix} p_{11,t} & p_{12,t} & p_{13,t} \\ \Pr(S_t=1|S_{t-1}=1,x_{11,t}) & \Pr(S_t=1|S_{t-1}=2,x_{12,t}) & \Pr(S_t=1|S_{t-1}=3,x_{13,t}) \\ p_{21,t} & p_{22,t} & p_{23,t} \\ \Pr(S_t=2|S_{t-1}=1,x_{21,t}) & \Pr(S_t=2|S_{t-1}=2,x_{22,t}) & \Pr(S_t=2|S_{t-1}=3,x_{23,t}) \\ p_{31,t} & p_{32,t} & p_{33,t} \\ \Pr(S_t=3|S_{t-1}=1,x_{31,t}) & \Pr(S_t=3|S_{t-1}=2,x_{32,t}) & \Pr(S_t=3|S_{t-1}=3,x_{33,t}) \end{bmatrix}$$

(3-13)

转换概率矩阵描述了通货膨胀在各个状态间转换的完整特征，此外，对应于不同的转换概率 $p_{ij,t}$，可以选择不同的变量及差异化的滞后期数，逐一作为转换概率的影响因素，或构成影响因素向量，如式（3-14）所示。

$$X_{ij} = (1, x1_{ijt-k_1}, x2_{ijt-k_2}, \cdots, xm_{ijt-k_m})^T \quad (3-14)$$

其中，$x1 \sim xm$ 为 m 个变量；$k_1 \sim k_m$ 为滞后阶数；X_{ij} 的待估参数向量为 $a_{ij} = (1, a1_{ij}, a2_{ij}, \cdots, am_{ij})$。

将式（3-9）、式（3-10）和式（3-12）组合，采用极大似然方法求解 MS-TVTP，即可得到平滑概率和转换概率的估计。在此基础上，本章将深入分析通货膨胀各个阶段差异化的波动特征，进行通胀转换特征及驱动因素的分析。

3.2 通胀变量合成、产出缺口与通胀预期的测度

3.2.1 基于合成指数方法的通货膨胀变量测算

通货膨胀定义为物价整体水平的持续上涨，仅采用 CPI 上涨率作为通货膨胀变量并不能代表总体价格的变动，因此，本章以 CPI 为基准指标，计算其他价格指数与 CPI 的时差相关系数，并采用峰谷对应法等进行波动态势一致性的判断，最后得到我国物价的一致指标组，如表 3-1 所示，数据区间为 1997 年 1 月~2013 年 12 月[1]。

---

[1] 如无其他说明，本章中的数据均来源于中经网统计数据库（https://db.cei.cn/）和国家统计局网站（http://www.stats.gov.cn/）。

第3章 中国通货膨胀的形成机制与时变转换特征研究

表 3-1 通货膨胀（物价）的一致指标组

指标类型	指标（变量）名称	延迟月数	时差相关系数
一致指标	CPI	0	1.00
	商品零售价格指数（RPI）	0	0.97
	原材料、燃料、动力购进价格指数	0	0.70
	工业品出厂价格指数（PPI）	−1	0.74
	进口商品价格总指数	−1	0.61
	出口商品价格总指数	+1	0.85

表 3-1 中，各指标与 CPI 的时差相关系数均在 0.6 以上，且超前滞后期都在 ±1 之内，表明这些指标与 CPI 的运行特征高度近似，符合一致指标的标准。

在此基础上，本章基于美国国家经济研究局（National Bureau of Economic Research，NBER）的合成指数方法[①]，以 2005 年平均值为 100，将表 3-1 中的六种价格指数进行合成，得到物价的一致合成指数，记为 π_t，作为通货膨胀的代表变量。物价一致合成指数（π_t）与 CPI（季节调整后）的图形如图 3-1 所示，其中，阴影部分为物价一致合成指数的下降区间。

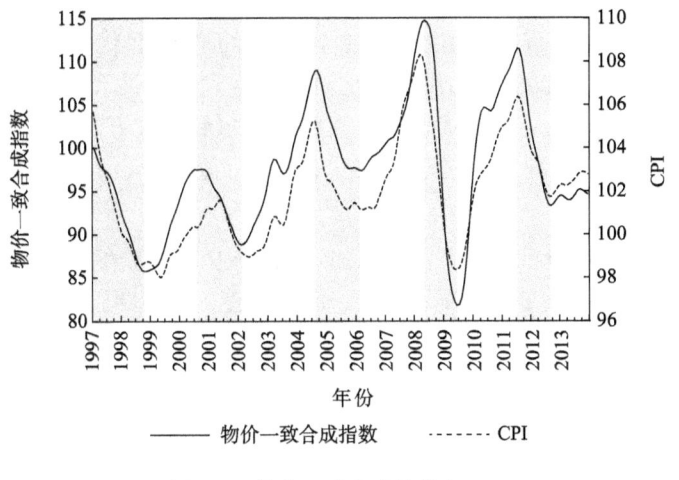

图 3-1 物价一致合成指数与 CPI

图 3-1 显示，物价一致合成指数与季节调整后 CPI 的波动态势高度一致，但

---

① 关于时差相关系数、峰谷对应法以及合成指数方法的内容参考：董文泉，高铁梅，姜诗章，等. 经济周期波动的分析与预测方法. 长春：吉林大学出版社，1998：121-188.

物价一致合成指数的波动幅度大于 CPI，且一致合成指数更为光滑，这进一步验证了通货膨胀是物价水平持续上升的典型特征。

3.2.2 产出缺口的估算

由于国家统计局公布的 GDP 数据为季度序列，为保证足够的样本量和稳健的估计结果，本章参照国内外文献中产出缺口的计算方法，采用工业企业增加值月度序列作为替代变量进行产出缺口的估算。基本步骤如下：首先基于 2005 年的工业企业增加值绝对量序列，根据工业企业增加值实际增速序列计算得到 2006 年以后工业企业增加值的实际绝对量，然后再推算出 2005 年之前的实际绝对量，获得 1997~2013 年完整的工业企业增加值实际值序列（Y_t）。

采用 X-12 方法对工业企业增加值实际值时间序列（Y_t）进行季节调整，得到 Y_t^{SA} 序列，再基于 H-P 滤波方法进行趋势分解得到趋势要素（Y_t^T）和循环要素（Y_t^C），将循环要素与趋势要素的比值作为产出缺口（y_t）。

3.2.3 通胀预期的估计

新凯恩斯菲利普斯模型中的通胀预期为理性预期，在通胀理性预期的估计中，国内外学者一般直接采用当期或下一期的通胀率代替通胀预期。Berk（1999）、陈彦斌（2008）指出，该处理方法得到的通胀预期一般不满足无偏性。本章基于估算潜在变量的状态空间模型和卡尔曼滤波方法对通胀理性预期进行估计，将新凯恩斯菲利普斯模型（3-6）作为量测方程。

$$\pi_t = \gamma_0 + \gamma_1 E_t \pi_{t+1} + \gamma_2 y_t + \xi_t$$

其中，π_t 为物价一致合成指数；y_t 为根据工业企业增加值绝对量计算的产出缺口。将通胀预期 $E_t \pi_{t+1}$ 视为状态变量，假定满足一阶自回归形式，设定状态方程（3-15）：

$$E_t \pi_{t+1} = \rho_0 + \rho_1 E_{t-1} \pi_t + \mu_t \qquad (3-15)$$

采用卡尔曼滤波方法估计模型（3-6）和模型（3-15），可以得到通胀理性预期（$E_t \pi_{t+1}$）的估计。通胀预期（$E_t \pi_{t+1}$）与物价一致合成指数的图形如图 3-2 所示。

图 3-2 表明，通胀理性预期的波动平均领先于物价一致合成指数（通胀变量）4~6 个月，充分体现了理性预期的前瞻性特点。

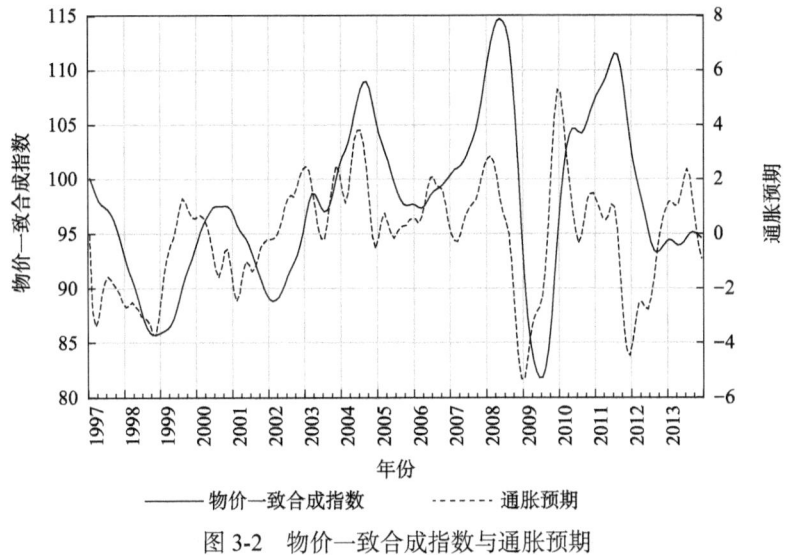

图 3-2 物价一致合成指数与通胀预期

3.3 不同状态下通货膨胀的形成机制研究

3.3.1 新凯恩斯菲利普斯模型的估计结果

在 3.2 节估算得到的物价一致合成指数(π_t)、产出缺口(y_t)和通胀预期变量($E_t\pi_{t+1}$)的基础上,本章采用 MS-TVTP 方法对分区制的新凯恩斯菲利普斯模型(3-7)进行估计,得到估计结果如表 3-2 所示①。

表 3-2 新凯恩斯菲利普斯模型的估计结果

变量	估计系数	区制 1(S_t=1) (高通胀)	区制 2(S_t=2) (适度通胀)	区制 3(S_t=3) (低通胀)
截距项	$\hat{\gamma}_0(S_t)$	1.055*** (14.571)	−0.048* (−1.943)	−1.069*** (−15.569)
通胀预期 $E_t\pi_{t+1}$	$\hat{\gamma}_1(S_t)$	0.243*** (3.569)	0.503*** (12.241)	0.377*** (7.567)
产出缺口 y_t	$\hat{\gamma}_2(S_t)$	0.289*** (5.170)	0.473*** (16.491)	0.052 (0.683)
频数		53	96	52
平均持续期/月		17.67	16	17.33
方差		0.218	0.039	0.157

*、***分别代表在 0.1、0.01 的显著性水平下显著
注:括号内为 t 值

---

① 采用 MS-TVTP 方法进行估计时,暂时不考虑其时变状态转换特征,即转换概率的影响因素暂时设定为常数。本章对变量进行了标准化处理,因此表 3-2 中第一行和最后一行为标准化变量对应的截距项和方差。

表 3-2 中截距项的估计结果显示，在高通胀（区制 1）、适度通胀（区制 2）和低通胀（区制 3）中截距项的估计值 $\hat{\gamma}_0(S_t)$ 分别为 1.055、-0.048 和 -1.069，符合由高到低的变动规律，从而验证了通货膨胀区制划分的准确性。

此外，如表 3-2 所示，1997 年 1 月~2013 年 12 月（因数据有缺失，三个状态加总为 201 个），共有 96 个月处于适度通胀区制，约占整个期间的 47.76%，多于高通胀区制（53 个月）和低通胀区制（52 个月）。适度通胀状态的平均持续期为 16 个月，略低于高通胀和低通胀的平均持续期 17.67 个月和 17.33 个月，我国通货膨胀和通货紧缩的持续性特征都较为明显。

3.3.2 通胀预期对通胀形成的异质性影响

由表 3-2 中的估计结果可得，在区制 1~区制 3 中通胀预期变量（$E_t\pi_{t+1}$）的估计系数 $\hat{\gamma}_1(S_t)$ 均显著为正，同时呈现出典型的异质性和非对称特征。具体而言，在适度通胀（区制 2）阶段，通胀预期对通货膨胀的影响系数最大，$\hat{\gamma}_1(S_t=2)=0.503$，这表明在适度通胀时期，为避免通胀上升的影响，消费者和投资者对通胀的预期易于促使其加大对产品或资产的支出，刺激了总需求的同时，也促进了需求拉上型通胀的形成。此外，对于产品价格上升的预期还会推高人们对工资的预期，而劳动力的成本上升是导致成本推动型通胀形成的重要方面，预期通过影响总需求和总供给最终促使整体物价水平上涨。

表 3-2 显示，在高通胀（区制 1）状态下，通胀预期变量的估计系数 $\hat{\gamma}_1(S_t=1)$ 为 0.243，是三个区制中最小的。通过对 1997~2013 年我国通胀成因的分析可得，高通胀一般是由经济过热、持续扩张的财政货币政策、结构性价格上涨等因素导致的，主要受到经济基本面的影响，并且进入高通胀区制后，通胀的"惯性"增强，通胀预期对通胀的影响减弱。另外，当出现高通胀现象时，政府一般采取适度从紧或从紧的货币政策抑制物价上涨，这也会在一定程度上降低通胀预期，进而减小物价上升的幅度。

表 3-2 中的结果显示，低通胀和通货紧缩时期，通胀预期（$E_t\pi_{t+1}$）对通货膨胀的影响系数 $\hat{\gamma}_1(S_t=3)$ 显著，为 0.377。低通胀一般由外部冲击导致的经济大幅下滑所引发，政府往往实施一系列经济刺激政策稳定经济增长，经济在低位运行一段时间后逐步回暖，进而减弱了物价下行的压力。因此，在外部因素和政府政策的作用下，低通胀区制中的通胀预期，不但难以自我加强或自我实现，而且会放大物价调控政策的效应，从而打破通货紧缩的循环，促使物价企稳回升。

3.3.3 产出缺口对于通胀形成具有显著促进作用

表 3-2 显示,总体而言,产出缺口变量(y_t)对通货膨胀的影响系数为正,这说明产出缺口对通胀形成具有显著的促进作用,也符合经济理论与我国的经济现实。表 3-2 中产出缺口变量对应的估计系数 $\hat{\gamma}_2(S_t)$ 结果表明,高通胀(区制1)和适度通胀(区制2)中 $\hat{\gamma}_2(S_t=1)$ 和 $\hat{\gamma}_2(S_t=2)$ 分别为 0.289 和 0.473,在这两个区制中,经济趋热或过热导致需求旺盛,使得产出缺口逐步扩大,从而促使物价水平上涨和通胀形成。相比高通胀阶段,适度通胀区制中产出缺口的估计系数值更大,在一定程度上表明,我国通货膨胀存在不稳定性,适度通胀时期需求冲击能够显著增大通胀的压力并促使其向高通胀区制转移。

在低通胀(区制3)中产出缺口对通胀影响的估计系数 $\hat{\gamma}_2(S_t=3)$ 并不显著,这主要是价格的黏性特征所导致的。首先,物价波动一般滞后于产出缺口的变动,需求因素对物价影响的传导需要一定的时滞,特别地,低通胀时期需求冲击的时滞一般会加长并且影响程度减弱;其次,在需求冲击下,一般会存在交错价格调整、菜单成本等现象,产出缺口对通胀影响的显著性降低。

3.4 基于时变转换概率的通货膨胀状态转换特征分析

3.4.1 时变转换概率的影响因素选取

Simpson 等(2001)指出先行指标是 MS-TVTP 中转换概率的重要影响因素。本章搜集了与物价相关的指标 200 多个,对各指标进行平减后计算实际增长率,以 CPI 为基准指标,从中筛选出包含 10 个指标的物价先行指标组,具体如表 3-3 所示[①]。

表 3-3 通货膨胀(物价)的先行指标组

指标组	类别	指标(变量)名称	延迟月数	时差相关系数
先行指标组	需求类	固定资产投资施工项目个数累计增速	-12	0.52
		社会消费品零售总额增速	-12	0.51

---

① 延迟月数为负表示指标领先于物价波动。虽然进口额增速和粗钢产量增速的时差相关系数较小,但峰谷对应法显示其波动相对于物价的超前性较好,并且基于经济意义的考虑,本章也将其列入先行指标组中。

续表

指标组	类别	指标（变量）名称	延迟月数	时差相关系数
先行指标组	需求类	进口额增速	−9	0.39
		工业企业产品销售收入增速	−9	0.56
		工业企业增加值增速	−6	0.69
		商品房本年施工面积累计增速	−5	0.52
	供给类	水泥产量增速	−12	0.66
		粗钢产量增速	−12	0.33
		发电量产量增速	−8	0.61
		铁路货运量增速	−6	0.53

与物价一致合成指数的计算方法相同，本章将表 3-3 中的需求类指标和供给类指标分别合成为物价的需求先行合成指数（记为 xd_t）和供给先行合成指数（记为 xs_t）。其中，xd_t 综合了总需求中的固定资产投资、消费、工业生产、进口等方面，xs_t 则涵盖了总供给层面的原材料投入、发电量、交通运输等内容，两者能够较为全面地反映总需求和总供给的特征。此外，由于通胀预期、货币供给等因素在一定程度上也会通过总需求和总供给的变动传导到物价波动上，采用 xd_t 和 xs_t 作为转换概率影响因素是合适的。在选定了 MS-TVTP 中转换概率的影响因素变量后，本章将通过计量经济检验等方法进一步确定其在转换函数中的滞后期数，准确估计时变转换概率。

3.4.2　通货膨胀的状态转换特征及驱动因素分析

一般而言，在式（3-10）基础上求得的平滑概率大于 0.5 可以划分通胀的状态（区制）。为进一步分析通货膨胀在各区制间的转换特征，本章采用滞后 1~12 期的需求先行合成指数（xd_t）和供给先行合成指数（xs_t）共 24 个转换变量，对式（3-12）中的转换概率进行了估计，以极大似然值最大、AIC 值最小为判断标准，选取转换概率值最大时对应的转换变量及其滞后阶数，如图 3-3 所示。由于通胀区制转换时点处转换概率值的分析更有意义，图 3-3 中仅列出了 11 个转换时点处 xd_t 和 xs_t 对应的转换概率值[①]。

---

① 本章仅选取了转换概率最大时对应的转换变量及其滞后阶数，即选取转换概率的最主要影响因素进行分析，其他滞后期变量对应的转换概率值如有需要可向作者索取。

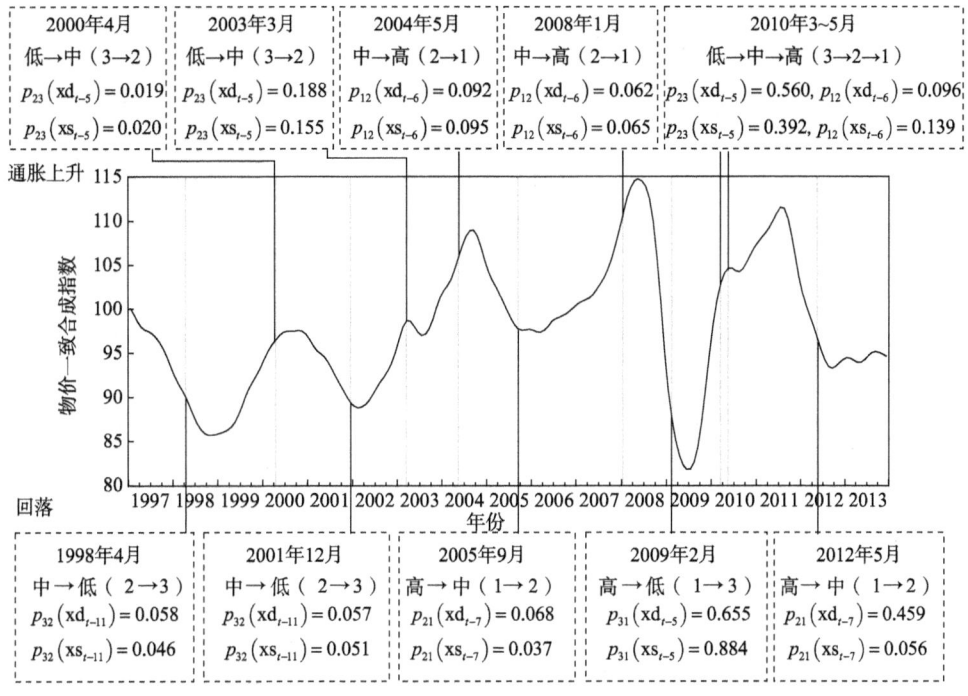

图 3-3　通货膨胀（物价一致合成指数）的状态转换图形

1. 相对于推动通胀上升，需求和供给因素驱动通胀回落的时滞更长

对比图 3-3 中通货膨胀各转换时点处需求先行合成指数（xd_t）和供给先行合成指数（xs_t）的滞后期可以得出，需求和供给因素推动通货膨胀水平上升的滞后期为 5~6 个月，相比之下，两种指数驱动通胀回落的时滞明显加长。以物价一致合成指数在适度通胀（区制 2）和低通胀（区制 3）之间的转换为例，如图 3-3 所示，xd_t 和 xs_t 滞后 11 期对通胀由区制 2 向区制 3 回落的影响最为显著，与之相对，通胀由区制 3 向区制 2 上升时，xd_t 和 xs_t 滞后 5 期的效果最为明显。在高通胀（区制 1）和适度通胀（区制 2）间转换时，需求和供给因素对通胀上升和回落影响的时滞分别为 6 个月和 7 个月，时滞差别缩小，但也呈现出非对称性。

时滞差别现象主要是由通胀的惯性或持续性导致的。需求和供给冲击导致通胀水平上升后，由于价格黏性等因素导致通胀惯性形成，在通胀惯性的作用下通货膨胀向上偏离均衡的趋势具有持久性。因此，财政货币政策通过改变需求和供给进而对通胀影响的传导速度明显减缓，并且时滞加长。此外，我国投资高位运行、劳动力成本上升等因素增加了通胀稳定和上行的内在动力，减缓了通胀向低通胀或通货紧缩区制下行的速度。

2. 需求和供给因素对通胀状态转换的影响程度近似

图3-3显示,除2012年5月以外,在1997~2013年的其他各个转换时期,需求先行合成指数(xd_t)和供给先行合成指数(xs_t)对应的转换概率值比较接近,这在一定程度上表明,对于我国通货膨胀而言,需求和供给因素对通胀状态转换的影响程度大体相当,进一步反映出我国通货膨胀具有典型的需求拉动和供给推动特征。

以2003年通货膨胀的波动和状态转换为例,2001年以后,在固定资产投资增速攀升等需求因素以及煤电油运产量较快增长等供给因素的共同作用下,如图3-3所示,2002年2月,物价一致合成指数触底回升后进入上升轨道,并于2003年3月由低通胀区制过渡到适度通胀区制,需求先行合成指数和供给先行合成指数对应的转换概率值分别为0.188和0.155,两者的作用均较为显著并且差别不大。具体表现为,消费端的CPI和商品零售价格指数持续上扬,供给端的资本、能源成本不断上升,需求拉动和供给推动的作用均得到显著体现。

3. 需求和供给因素对通胀状态转换的作用由稳定向逐渐增强转变

由图3-3可得,以2008年为分界,此前需求先行合成指数(xd_t)和供给先行合成指数(xs_t)对应的转换概率值大多数小于0.1。1997~2000年,在亚洲金融危机的影响下,我国经济增速趋缓、市场疲软,需求和供给因素对通胀状态转换的影响较为稳定,通胀区制转移是各期累积效应的结果。2001~2007年,我国经济经历了平稳较快增长和结构转型,也促使总需求和总供给因素对通胀影响机制转变。2008年国际金融危机以后,需求先行合成指数和供给先行合成指数对应的转换概率值显著增大。如图3-3所示,2009年2月,通货膨胀由区制1向区制3转换时$p_{31}(xd_{t-5})$和$p_{31}(xs_{t-5})$分别为0.655和0.884;2010年3月,通胀由区制3向区制2过渡时,$p_{23}(xd_{t-5})$和$p_{23}(xs_{t-5})$分别为0.560和0.392。

需求和供给因素对我国通货膨胀区制转换的影响逐渐增强。一方面是外部冲击和宏观调控政策力度加大的显现,并且通胀预期放大了政策的影响,使得需求和供给因素的作用凸显;另一方面,转换概率增大也是我国经济结构性和体制性矛盾的逐步体现。例如,需求层面国内有效需求相对不足和近年来外需波动幅度加大,供给层面的资源性产品价格形成机制不健全导致其定价过高,都会对通货膨胀的状态转换产生重要影响。

3.5 本章小结

本章构建了分区制附加预期的新凯恩斯菲利普斯模型，构造物价一致合成指数代表通货膨胀变量，采用状态空间模型方法估算通胀预期并分析了预期对通胀形成的差异化影响，基于 MS-TVTP 方法研究了通货膨胀的转换特征，得出主要结论如下。

1997 年 1 月~2013 年 12 月，我国处于适度通胀的时期最长，位于高通胀区制和低通胀区制的时间较短。通胀预期对通胀形成呈现出典型的异质性和非对称影响，具体而言，在适度通胀阶段，通胀预期对通货膨胀的影响最大。在高通胀状态下，通胀的"惯性"增强等因素导致通胀预期对通胀的影响减弱。在外部因素和政府政策的作用下，低通胀区制中的通胀预期，不但难以自我加强或自我实现，而且会放大物价调控政策的效应，从而打破通货紧缩的循环，促使物价企稳回升。

总体而言，产出缺口变量对通货膨胀的影响系数为正，即产出缺口对通胀形成具有显著的促进作用。相比高通胀阶段，适度通胀区制中产出缺口的估计系数值更大，这表明我国通货膨胀存在不稳定性，适度通胀时期需求冲击能够显著增大通胀的压力并促使其向高通胀区制转移。价格的黏性特征、需求因素对物价影响的传导时滞等因素使得低通胀中产出缺口对通胀影响的显著性降低。

MS-TVTP 中通胀时变转换概率的估计结果表明，相对于推动通胀上升，需求和供给因素驱动通胀回落的时滞更长。时滞差别现象主要是由通胀的持续性引发的，并且我国投资高位平稳运行、劳动力成本上升等因素减缓了物价一致合成指数向低通胀区制下滑的速度。宏观调控政策力度较大、我国经济中结构性和体制性矛盾的逐步体现等也是需求和供给两类因素对通胀状态转换的作用由稳定向逐渐增强转变的重要原因。

从货币层面稳定物价波动，是守住"防通胀上限"的关键途径。因此，央行在制定货币政策时，应着重维护金融系统的稳定，确保货币政策的有效性，同时，不断规范民间借贷和互联网金融，制定并完善民间资本市场管理的规章制度，深化金融体制改革。另外，在当前我国经济稳定增长的背景下，供给层面因素是通胀形成的重要推动力，应对原材料价格、食品价格上涨进行防范。以食品价格为例，政府应在稳定农业生产的基础上，尽快制定农产品目标价格补贴措施，探索推进农产品价格稳定机制，稳定农产品供应以避免农产品价格波动，进而维持物价稳定。

随着通胀预期在通胀形成中的作用日益显著，管理好通胀预期将成为稳定物价的核心内容，而保持宏观经济和通胀调控政策的连续性和稳定性是稳定通胀预期的重要方法。具体而言，一方面应避免短期的需求管理和经济刺激政策，稳步推进经济体制深层次和宽领域改革，完善价格特别是资源型产品价格的形成体系，增强经济和价格系统的内在稳定性；另一方面，应对通胀预期的短期波动特征和长期变动规律进行深入研究，实时关注并合理引导通胀预期，使其向着有利于通胀调控政策目标实现的方向变动。

政府还应在把握通货膨胀的波动特征与时变转换机制的基础上，提高宏观经济政策，特别是物价调控政策的前瞻性、精准性和灵活性。前瞻性方面，应通过建立物价波动的监测预警体系，密切关注物价先行指标的波动态势，对物价的走势做出准确判断；精准性层面，在全面分析需求和供给因素对通胀驱动机制的基础上，政府应综合考虑结构性价格上涨、输入性通胀压力等因素进行政策制定；灵活性角度，除了适时适度对防通胀政策进行微调以外，还应结合通胀预期管理创新通胀调控政策方式，保证物价在合理区间平稳运行。

第4章 中国工业企业增长质量的分布特征与差异分解

2008年国际金融危机之后,在潜在增长率下降、产能过剩问题突出、体制性和结构性矛盾交织的背景下,依靠要素驱动实现生产能力大规模扩张的经济增长模式逐渐退出,通过创新驱动提高经济增长质量成为中国经济运行和发展改革的主题。工业是国民经济的主要生产部门,工业企业的产品生产"提质"和要素投入"增效"是工业行业和整体经济增长质量提升的重要推动力量。

工业企业中,按照所有制类型可以分为公有制工业企业和非公有制工业企业两类。具有控制力和影响力的公有制工业企业与具备活力和创造力的非公有制工业企业,在发展模式与增长特征中存在显著差异,在经济增长质量提升过程中的作用也不尽相同。因此,对于公有制工业企业和非公有制工业企业增长质量的差异分解与对比研究,对于两类企业的协同发展与增长质量共同提升具有指导意义。

增加值率是企业增长质量的重要指标。据测算,1998~2007年,中国工业企业平均增加值率维持在29%左右,2011年该值仅为7.87%,在国际和国内有效需求不足等多种因素的影响下,增加值率大幅下降。分所有制类型而言,1998~2011年公有制与非公有制工业企业增加值率之间一直存在"剪刀差",例如,1998年公有制工业企业增加值率均值(30.55%)高出非公有制工业企业增加值率均值(26.94%)3.61个百分点,2011年公有制工业企业平均增加值率(9.22%)超过非公有制工业企业(7.77%)1.45个百分点。工业企业增加值率的差异及其变动,是外部市场环境与内部投入要素共同作用下企业绩效变动的体现[①]。

基于结构主义的"结构—行为—绩效"理论,影响企业增长和绩效的因素主

---

① 本章中的数据均来自中国工业企业数据库。

要包括市场结构和企业行为两类。在上述理论框架下,国内外学者对于工业企业增长质量及其影响因素的研究主要集中于外部和内部的四个方面。

外部因素中,主要包括市场势力和技术水平。一方面,大多数学者认为行业集中度与利润率正相关(Demsetz,1973;张杰等,2011;陈艳莹和鲍宗客,2013);另一方面,技术进步能够促进企业绩效提升已经成为共识,相关的研究较多(Czarnitzki and Kraft,2004;孙晓华和王昀,2011;Hirshleifer et al.,2013)。

内部的要素投入方面,主要可分为要素配置结构、要素相对价格(Rostow,1990;叶振宇和叶素云,2010)和要素扭曲程度(Brant et al.,2013;毛其淋,2013)三个视角;企业内部的其他特征因素方面,一些学者认为资本密集度、企业规模、行业特征等也是企业绩效的重要影响因素(Mahadevan,2000;郭斌,2004)。

国内外学者还关注不同所有制类型企业之间绩效水平的差异,特别是国有企业与非国有企业绩效水平的高低,研究结论存在较大分歧。有的学者认为市场化因素导致非国有企业的绩效水平较高、经营能力较强(郭克莎,1998;Dewenter and Malatesta,2001;Jefferson,2003;吴延兵,2012)。部分学者则认为国有企业存在制度优势,能够获得额外收益(Goldeng et al.,2008;梁琪和余峰燕,2014)。

基于国内外相关文献,本章选取多种分解方法,在中国工业企业整体增长质量分布特征分析的基础上,对公有制和非公有制工业企业增长质量的差异进行静态、动态等多重分解研究,从多个视角全面分析工业企业的增长质量。本章剩余部分的结构如下:4.1 节是内外部因素驱动工业企业增长质量提升的理论分析;4.2 节是研究设计、数据处理与变量测算;4.3 节是中国工业企业增长质量的分布特征变动及其分解方法;4.4 节、4.5 节分别是公有制与非公有制工业企业增长质量差异的静态、动态分解;4.6 节是本章小结。

4.1 内外部因素驱动工业企业增长质量提升的理论分析

经济增长质量的提高,在微观层面上体现为企业增加值率的提升。本章以微观经济理论为基础,分析市场势力、技术偏向等内外部因素对工业企业增加值率提升的影响,构建工业企业增长质量提升的理论模型。

4.1.1 外部市场势力与增加值率变动

假设工业企业处于完全竞争市场中，如果企业不存在市场势力，则企业按照价格（P）等于边际成本（MC）定价，此时，价格等于边际成本，且等于平均成本（AC），即 $P=\mathrm{MC}=\mathrm{AC}$，企业供给与需求在 E 点达到均衡，如图 4-1 所示。

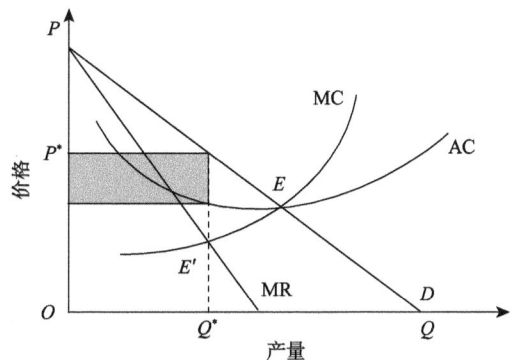

图 4-1 市场势力与利润（增加值）变动

完全竞争（企业无市场势力）时工业企业经济利润为 0，如式（4-1）所示。

$$\varPi = R - C = P \cdot Q - \mathrm{AC} \cdot Q = P \cdot Q - \mathrm{MC} \cdot Q = 0 \qquad (4\text{-}1)$$

其中，$\varPi$、R、C 分别为经济利润、收益和成本。

当存在市场势力时，市场是非完全竞争的，工业企业可以根据边际收益（MR）等于边际成本（MC）定价。边际收益可表示为

$$\mathrm{MR} = \frac{\Delta R}{\Delta Q} = P + Q\frac{\Delta P}{\Delta Q} = P\left(1 + \frac{Q}{P}\frac{\Delta P}{\Delta Q}\right) = P\left(1 + \frac{1}{\varepsilon}\right) \qquad (4\text{-}2)$$

其中，ε 为需求弹性，正常商品的 ε 小于 0，因此，$\mathrm{MR} < P$，边际收益曲线位于需求曲线的下方。

如图 4-1 所示，此时的均衡点为 E'，确定均衡产品 Q^* 和均衡价格 P^*。在均衡点确定的数量水平下，需求曲线位于平均成本曲线上方，价格大于平均成本（$P^* > \mathrm{AC}'$）。在市场势力作用下，工业企业的经济利润大于 0，如图 4-1 中阴影部分所示，并且可以表示为

$$\varPi' = R' - C' = P^* \cdot Q^* - \mathrm{AC}' \cdot Q^* = (P^* - \mathrm{AC}') \cdot Q^* > 0 \qquad (4\text{-}3)$$

经济利润是增加值的重要组成部分，经济利润的出现在一定程度上体现了增加值率的提高，因此，在其他条件不变的情况下，市场势力对增长质量提升具有正向影响。

4.1.2 内部技术、资本因素与增加值率变动

关于技术、资本等因素对工业企业利润或增加值的影响，一般存在两种效应：一是促进要素边际产出的提高；二是导致要素的价格变动进而引起要素投入结构变化。

以技术进步为例，如图 4-2 所示，Π_1 和 Π_2 为等利润线；Y_1、Y_2 为生产函数，上方的等利润线代表利润更高。当劳动生产率提高时，会推动生产函数上移（$Y_1 \rightarrow Y_2$），因此，在相同的投入 X^* 条件下，技术进步会导致更多的利润形成（$Y' > Y^*$）。在产品价格（P）和要素价格（w）不变时，相同投入 X^* 下，利润（增加值）的差异如式（4-4）所示。

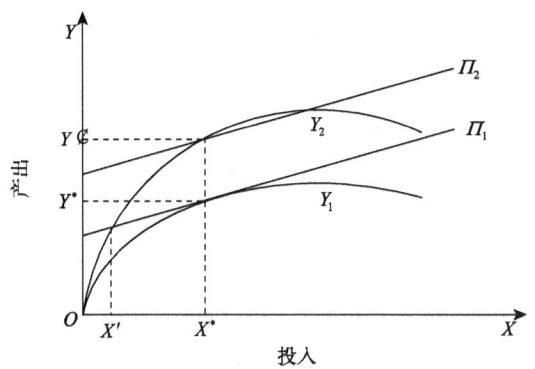

图 4-2 技术进步与利润（增加值）变动

$$\Pi_2 - \Pi_1 = (P \cdot Y' - w \cdot X^*) - (P \cdot Y^* - w \cdot X^*) = P \cdot (Y' - Y^*) > 0 \quad (4-4)$$

同理，在相同的利润水平 Y^* 下，技术水平较高时对应的生产函数中，需要的要素投入较少（$X' < X^*$）。因此，劳动生产率越高的工业企业中，同样产出水平下所需的成本越小，或同样投入水平下产出越多，增加值率越高。

与技术进步不同，技术偏向或资本密集程度变动会使得工业企业内部要素的投入结构发生变动，进而影响增加值率。假定技术偏向于资本或资本丰裕度较高，则资本的边际产出比相对较高或资本价格较低，工业企业在生产过程中倾向于采用更多的资本要素，实现产出增长和价值增值。

如图 4-3 所示，等成本曲线 C_1 与等产量曲线 I_1 相切于 E_1 点达到均衡，均衡条件为要素的边际产出之比等于要素价格之比（$MP_K / MP_L = w_K / w_L$）。假定技术进步的方向偏向于资本，即资本与劳动要素的边际产出之比（MP_K / MP_L）相对于资本和劳动的产出效率（A_K / A_L）更高，则技术偏向会导致要素相对价格（w_K / w_L）发生变动，进而产生要素使用的替代效应（$E_1 \rightarrow E'$）和收入效应（$E' \rightarrow E_2$），工

业企业产出和成本分别由 I_1 增长至 I_2、C_1 增加到 C_2，利润（增加值）的变动取决于（I_2-I_1）与（C_2-C_1）变动的幅度，最终增加值率的变动取决于要素价格变动的幅度、资本和劳动要素的替代程度等，如式（4-5）所示。

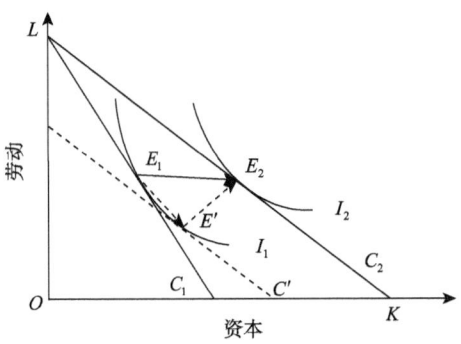

图 4-3　要素结构与利润（增加值）变动

$$\varPi_2 - \varPi_1 = (I_2 - C_2) - (I_1 - C_1) = (I_2 - I_1) - (C_2 - C_1) = \Delta I - \Delta C \quad (4\text{-}5)$$

4.1.3　增加值率差异分解的基本思想

图 4-4 中，横轴为工业企业的增加值率（设其满足正态分布），纵轴为增加值率的概率密度函数值。假定公有制工业企业增加值率的概率密度函数如曲线 Ⅰ 所示，而非公有制工业企业增加值率的概率密度函数由曲线 Ⅲ 给出。在研究公有制工业企业 A 与非公有制工业企业 C 之间增加值率的差异时，可以给出虚拟的曲线 Ⅱ，其中，曲线 Ⅱ 与曲线 Ⅰ 的方差相同，均值不同；曲线 Ⅱ 与曲线 Ⅲ 的均值相同，但方差不同。

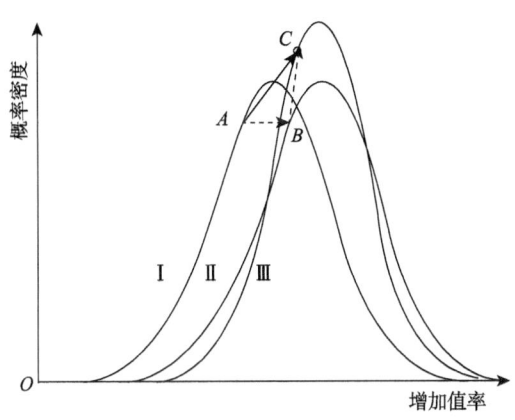

图 4-4　增加值率差异的分解

根据上述设定，A 点企业与 C 点企业之间增加值率的差异可以分解为两部分：均值变动（$A\rightarrow B$）和方差变动（$B\rightarrow C$）。结合样本线性回归模型的基本形式 $Y_i=\bar{Y}+e_i=X_i\hat{\beta}+e_i$ 可以得到，均值的变动一方面是解释变量 X_i 变动（禀赋特征变动）的结果，另外也会来自系数 $\hat{\beta}$ 变动（要素回报差异）。与之相对，方差的变动则来源于分位的变动和内部结构的差异。在研究两个年份间差异时与两组企业类似，例如，可以分别假定 t_1 和 t_2 时期的概率密度函数为曲线Ⅰ和曲线Ⅲ。

4.2 研究设计、数据处理与变量测算

4.2.1 中国工业企业的增长阶段划分

首先对中国工业企业的发展和改革历程进行回顾，合理划分工业企业的增长阶段，进行主要年份和不同时期的对比研究。

在工业企业效益低迷的背景下，1998 年，我国启动了大规模的国有企业改革，以"鼓励兼并、规范破产、下岗分流、减员增效"等为基本原则，建立现代企业制度，工业企业改革取得显著成效。1998~2003 年，规模以上工业企业利润总额持续增长，工业企业资产负债率持续降低。

2003 年，我国开始实施新的国有资产管理体制，通过建立国务院国有资产监督管理委员会，代表国家履行出资人职责，实现"政企分离、政资分离"，深化国有企业股份制改造。此后还陆续发布了一系列促进中小企业以及非公有制经济发展的支持措施。截至 2007 年，中国工业企业效益良好，在资本保值增值方面效果显著。

2008 年，国际金融危机爆发，外部需求急剧减少导致中国工业企业增速显著下滑，工业企业增加值增速和工业企业利润总额增速均跌至谷底。在国外经济复苏缓慢、国内劳动力成本上升等多重因素的影响下，工业企业产能过剩问题突出，工业企业进入了深度调整期，工业企业增加值增速、主营业务收入以及利润总额增速等明显放缓。

根据中国工业企业的改革历程，可以将 1998~2011 年的工业企业增长划分为三个阶段：稳定发展期（1998~2003 年）、快速发展期（2003~2007 年）、深度调整期（2007~2011 年）。本章将对三个时期划分的主要年份 1998 年、2003 年、2007 年和 2011 年进行重点分析。

4.2.2 数据来源、基本处理与价格指数计算

本章中所采用的数据来自"中国工业企业数据库",该数据库的样本包括全部国有工业企业和规模以上非国有工业企业,是国内样本最大和指标最全的企业数据库。由于该数据库中也存在着样本错配、指标缺失和测度误差等问题(聂辉华等,2012),本章需要对数据库中的样本进行处理,提高样本质量,基本处理方法如下。

(1)删除了关键指标缺失或不合理的企业样本,如总产值、增加值、中间投入、固定资产数据为缺失、小于或等于 0 的企业。

(2)为保证指标数据的合理性,删除了数据不合理或违背基本会计原则的企业样本,如删除增加值与销售额的比重小于或等于 0、大于或等于 1 的企业,删除固定资产超过总资产的企业。

(3)为减弱样本异质性的影响,删除了就业人数小于等于 10 的企业。

(4)为更好地进行样本的对照与匹配,本章删除了企业识别码、成立时间缺失的企业。

最后得到本章中采用的样本数据,并进行变量测算。此外,由于涉及不同年份之间的对比分析,所采用的变量需要进行平减,以消除价格因素的影响。本章计算了以 1991 年为基期的 GDP 平减指数和固定资产投资价格指数等价格指数[1],对相应的指标进行平减。

4.2.3 变量选取与测算

1. 工业企业增长质量

工业企业的增长质量与增长不同,增长是关注企业生产过程中产出水平的提升,即产值或增加值的持续提高。在近 30 年的发展过程中,中国工业企业实现了生产能力的大规模扩张。在"稳增长、调结构"的新常态时期,工业企业增长质量的提高已经成为企业可持续发展的关键。

关于增长质量的代表变量,较为典型的研究如钞小静和任保平(2011)采用主成分分析等方法将 28 个基础指标综合成测度经济增长质量的指数,但不同学者采用的方法存在较大差异,国内外文献中并没有统一的观点。根据中国工业企业在一定程度上仍然处于全球价值链中低端,主要从事"加工、组装、制造"活动等特征,参照沈利生和王恒(2006)的处理方法,本章选取增加值率作为工业企

---

[1] 由于篇幅限制,本章中没有给出 GDP 平减指数及固定资产投资价格指数的计算过程,如有需要可向作者索取。

业增长质量的代表。增加值率是增加值占总产值的比重，第 t 年第 i 企业增加值率（VAI_{it}）计算方法为

$$\text{增加值率（VAI}_{it}\text{）=增加值（VA}_{it}\text{）/企业总产值（}Y_{it}\text{）}$$

在解释变量的选取方面，如 4.1 节理论分析中所示，分外部（市场势力）和内部（要素、技术）两个方面进行选取。

2. 市场势力

在解释变量，即市场势力方面，与国内外文献类似，本章计算行业集中度（CR4）指标作为替代变量。行业集中度是市场结构和市场势力的最基本因素和最常见指标，反映了外部市场环境对工业企业增长的影响。具体而言，本章基于工业企业四分位行业，计算销售额最大的四个工业企业的销售额之和占全行业销售额的份额，作为行业集中度或市场势力的代表，该变量记为 CR4_{it}。

3. 要素投入及要素流转

内部的要素投入影响因素中，本章选取资本密集度、资产流动性两个指标。

一方面，资本密集度可以综合代表工业企业要素的丰裕程度。在工业企业的生产过程中，资本、劳动是两类重要的内部投入要素。本章以固定资产净值年平均余额代表资本变量（K_{it}），采用从业人员年平均人数作为劳动变量（L_{it}），采用固定资产投资价格指数对资本变量进行平减，再除以劳动，得到资本密集度或要素密集度，记为 CI_{it}。

另一方面，资产流动性是工业企业内部资本利用程度、资本管理效率的重要体现，与资本要素投入相结合，能够充分反映工业企业内部要素的使用情况。资产流动性的计算方法如下：资产流动性=（流动资产–流动负债）/总资产，记为 CL_{it}。

4. 技术水平与技术偏向

技术水平方面，国内外文献中有多种全要素生产率的测算方法，如数据包络分析（data envelopment analysis，DEA）、随机前沿模型等。根据这些测算方法得到的结果存在较大差异，并且缺乏统一的检验标准。为简化起见和保证估计结果的稳健性，本章采用工业企业的劳动生产率作为技术水平的代表变量。采用 GDP 平减指数对工业企业增加值进行平减，然后计算劳动生产率（T_{it}），为实际工业企业增加值（VA_{it}）与年平均就业人数（L_{it}）之比。

除了技术水平外，技术进步的方向，即技术偏向对工业企业增长质量也有重要影响。技术偏向程度的计算较为复杂，首先假定工业企业生产满足不变替代弹性（constant elasticity of substitution，CES）的生产函数，如式（4-6）所示。

$$\mathrm{VA}_{it} = \left[\alpha\left(A_{L_{it}}L_{it}\right)^{\frac{\varepsilon-1}{\varepsilon}} + (1-\alpha)\left(A_{K_{it}}K_{it}\right)^{\frac{\varepsilon-1}{\varepsilon}}\right]^{\frac{\varepsilon}{\varepsilon-1}} \quad (4\text{-}6)$$

其中，VA_{it}、K_{it} 与 L_{it} 分别为实际工业企业增加值、平减后的资本变量与劳动投入变量；$A_{L_{it}}$ 与 $A_{K_{it}}$ 分别为劳动效率与资本效率；α 与 $1-\alpha$ 分别为劳动收入份额与资本收入份额；ε 为资本和劳动两类投入要素的替代弹性。

在式（4-6）的基础上，可以求得资本和劳动的边际产出，如式（4-7）所示。

$$\mathrm{MP}_{K_{it}} = \frac{\partial \mathrm{VA}_{it}}{\partial K_{it}} = (1-\alpha)\left(\frac{\mathrm{VA}_{it}}{K_{it}}\right)^{\frac{1}{\varepsilon}} A_{K_{it}}^{\frac{\varepsilon-1}{\varepsilon}}, \quad \mathrm{MP}_{L_{it}} = \frac{\partial \mathrm{VA}_{it}}{\partial L_{it}} = \alpha\left(\frac{\mathrm{VA}_{it}}{L_{it}}\right)^{\frac{1}{\varepsilon}} A_{L_{it}}^{\frac{\varepsilon-1}{\varepsilon}}$$
$$(4\text{-}7)$$

资本和劳动的相对边际产出记为 MO_{it}，由式（4-7）可以求得 MO_{it} 为

$$\mathrm{MO}_{it} = \frac{\mathrm{MP}_{K_{it}}}{\mathrm{MP}_{L_{it}}} = \left(\frac{1-\alpha}{\alpha}\right)\left(\frac{K_{it}}{L_{it}}\right)^{-\frac{1}{\varepsilon}}\left(\frac{A_{K_{it}}}{A_{L_{it}}}\right)^{\frac{\varepsilon-1}{\varepsilon}} \quad (4\text{-}8)$$

通过对式（4-8）进行变换，可以得到要素结构为

$$\frac{K_{it}}{L_{it}} = \left(\frac{1-\alpha}{\alpha}\right)^{\varepsilon}\left(\frac{A_{K_{it}}}{A_{L_{it}}}\right)^{\varepsilon-1}\mathrm{MO}_{it}^{-\varepsilon} \quad (4\text{-}9)$$

工业企业投入中的要素结构一般指的是资本与劳动的相对投入份额，即"资本–劳动"比率。式（4-8）和式（4-9）表明，技术进步偏向性通过影响要素相对边际产出进而改变要素结构，在 Acemoglu（2002）、董直庆等（2013）的基础上，本章得出技术进步偏向性指数 TCI_{it} 的计算式为

$$\begin{aligned}\mathrm{TCI}_{it} &= \frac{\partial \mathrm{MO}_{it}}{\partial\left(A_{K_{it}}/A_{L_{it}}\right)}\frac{\mathrm{d}\left(A_{K_{it}}/A_{L_{it}}\right)}{\mathrm{d}t} \\ &= \left(\frac{1-\alpha}{\alpha}\right)\left(\frac{\varepsilon-1}{\varepsilon}\right)\left(\frac{A_{K_{it}}}{A_{L_{it}}}\right)^{-\frac{1}{\varepsilon}}\left(\frac{K_{it}}{L_{it}}\right)^{-\frac{1}{\varepsilon}}\left[\frac{\mathrm{d}(A_{K_{it}}/A_{L_{it}})}{\mathrm{d}t}\right] \\ &= \left(\frac{\varepsilon-1}{\varepsilon}\right)\left(\frac{A_{K_{it}}}{A_{L_{it}}}\right)^{-1}\left[\frac{\mathrm{d}(A_{K_{it}}/A_{L_{it}})}{\mathrm{d}t}\right]\mathrm{MO}_{it}\end{aligned} \quad (4\text{-}10)$$

由式（4-10）可得，当 $\mathrm{TCI}_{it} > 0$ 时，技术进步偏向于资本；与之相对，当 $\mathrm{TCI}_{it} < 0$ 时，技术进步偏向于劳动。此外，技术进步偏向性方向取决于要素替代弹性 ε 与 1 的大小关系以及要素相对效率的变化。

4.3 中国工业企业增长质量的分布特征变动及其分解方法

4.3.1 分位数描述性统计与核密度函数

在分析中国工业企业增长质量（增加值率）的变动特征时，本章首先计算了1998~2011年增加值率各分位点上的数值，以分析不同年份、不同分位上中国工业企业增加值率的差异情况，分位数描述性统计结果如表4-1所示。

表4-1 中国工业企业增加值率的描述性统计

年份	样本数/个	5%分位	25%分位	50%分位	75%分位	95%分位	均值	标准差
1998	143 375	8.139 4	19.255 7	26.975 9	35.666 7	59.130 1	29.137 1	15.574 0
2003	183 949	10.378 6	21.052 6	27.378 7	34.581 4	54.344 5	29.123 5	13.519 6
2007	324 490	10.458 6	21.469 9	28.073 6	35.537 1	56.490 9	29.884 1	14.059 7
2011	433 571	1.946 8	4.032 8	5.447 4	7.286 0	21.814 6	7.866 1	10.391 4

由表4-1中1998年、2003年和2007年数据的对比可得，不同年份我国工业企业各分位点上增加值率的差距较小。这一时期是我国工业企业的相对稳定发展期，工业经济总量持续增长，工业企业经济运行取得显著成效。与之相对，在国际金融危机冲击下，2011年中国工业企业增加值率大幅下降，外部需求萎缩、国内有效需求不足使得中国工业企业增加值增速不断回落，工业企业利润明显减少，工业企业总体经营状况不佳。2011年中国工业企业增长质量的下降，既是在危机冲击中我国工业企业价值链"低端锁定"弊端的凸显，加工、组装、制造等低附加值和低创新性活动不利于企业增长质量提升，也是工业企业发展过程中外部体制性矛盾和内部结构性矛盾的反映。

此外，在1998~2007年，同一年度内的中间分位，如25%与50%分位、50%与75%之间增加值率的差距较小，而低分位（5%与25%分位）或高分位（75%与95%分位）之间增加值率的差距相对较大，这表明我国工业企业增长质量居于中间水平的较多，质量较低或较高的企业数所占比重很低。2011年，位于5%~75%分位上的工业企业增加值率均很低，各分位仅与95%分位增加值率之间的差距很大，工业企业增长质量的分化特征更不明显。

为了得到不同年份之间工业企业增长质量分布变化的更多信息，本章利用核密度估计（kernel density estimation）方法模拟增加值率的分布，并对不同年份间增加值率的核函数进行对照，分析其变动趋势。本章绘制了中国工业企业 1998 年和 2003 年、2003 年和 2007 年、2007 年和 2011 年增加值率的核密度函数，如图 4-5 所示。

由图 4-5（a）可得，与 1998 年相比，2003 年我国工业企业增加值率分布的核密度曲线中间峰度更高，两端厚度降低，这表明增长质量居中的企业占比上升，增长低分位与高分位数企业所占比重略微下降。总体而言，1998~2003 年工业企业增长质量有所改善。如前所述，1998 年以后，通过大量的资本投入，我国工业企业迅速发展，特别是国有企业"改革红利"的不断释放，带动了工业企业增长质量的显著提升。与此同时，部分增加值率较高的工业企业过度追求增长速度，资源配置效率过低，导致增长质量出现了下滑的迹象。

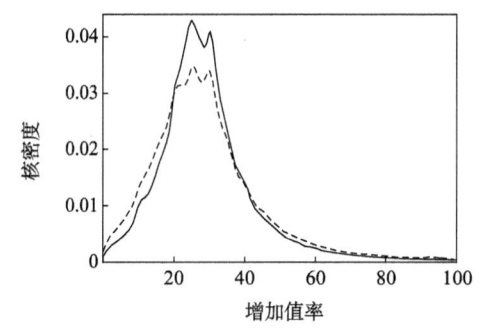

(a) 1998 年和 2003 年增加值率核密度函数

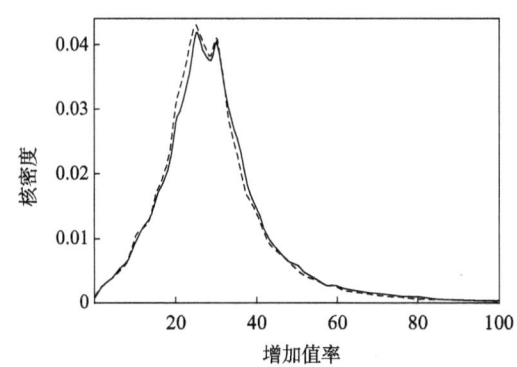

(b) 2003 年和 2007 年增加值率核密度函数

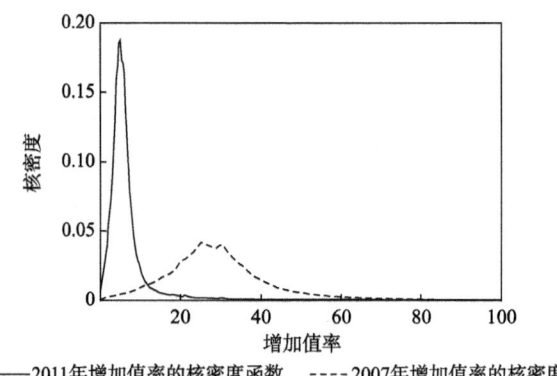

（c） 2007 年和 2011 年增加值率核密度函数

图 4-5　增加值率核密度函数

如图 4-5（b）所示，2003~2007 年，增加值率分布的核密度函数曲线总体向右移动，在稳定的内外部经济环境中，这一时期我国工业企业发展快、产出高，工业企业实现了规模的不断扩张，但增长质量提升的幅度并不大，这表明工业企业资本累积和生产扩张速度要与其自身的经营效率相匹配，与其内部结构相协调，才能实现增长质量的有效提升。

图 4-5（c）显示，与 2007 年相比，2011 年工业企业增加值率分布的核密度曲线出现了较大幅度的左移，且其高峰特征十分明显。我国工业企业增加值率的大幅降低且在低水平高度集中是增长质量明显下降的体现。分年度而言，2007 年，我国工业企业增加值增速进入"过热"区间，在紧缩性财政货币政策与国际金融危机的双重冲击下，2008 年工业企业增长陷入困境，工业企业多项经营与财务指标发出预警信号，工业企业增加值率和利润率迅速下降。2009 年之后，在供求结构失衡、节能减排约束与产业升级压力增大等因素影响下，工业企业增长质量的提升受到限制。

4.3.2　分位数分解方法

在分位数差异分析的基础上，本章采用分位数分解方法，进一步研究中国工业企业增加值率的变动特征。Autor 等（2005）、Melly（2005）提出了分布差异的分位数分解方法，该方法基于分位数回归模型的结果，将因变量差异扩展到各分位上，能够细化不同年份间工业企业增长质量分布变动的结果，该方法的基本原理如下。

假设工业企业增加值率模型形式为

$$Y_{it} = X_{it}\beta_t + e_{it}, \quad e_{it} = F_t^{-1}(\theta_{it}|X_{it}) \tag{4-11}$$

其中，θ_{it} 为残差分布中个体的百分比；$F_t(\cdot)$ 为残差的分布函数。

通过变换，式（4-11）可以表示为如式（4-12）所示形式。

$$Y_{it} = X_{it}\overline{\beta} + X_{it}(\beta_t - \overline{\beta}) + \overline{F}^{-1}(\theta_{it}|X_{it}) + (F_t^{-1}(\theta_{it}|X_{it}) - \overline{F}^{-1}(\theta_{it}|X_{it})) \tag{4-12}$$

其中，$\overline{\beta}$ 为平均回报；$\overline{F}_t(\cdot|X_{it})$ 为平均累计分布函数。

分别定义如下三个部分，令 $Y_{it}^1 = X_{it}\overline{\beta} + \overline{F}^{-1}(\theta_{it}|X_{it})$，$Y_{it}^2 = X_{it}\beta_t + \overline{F}^{-1}(\theta_{it}|X_{it})$，$Y_{it}^3 = X_{it}\beta_t + F_t^{-1}(\theta_{it}|X_{it}) = X_{it}\beta_t + e_{it} = Y_{it}$，则可以将式（4-12）改写为

$$Y_{it} = Y_{it}^1 + (Y_{it}^2 - Y_{it}^1) + (Y_{it}^3 - Y_{it}^2) \tag{4-13}$$

在式（4-13）的基础上，可以得到不同年份（t_1 和 t_2）之间的差异为

$$Y_{it_2} - Y_{it_1} = (Y_{it_2}^1 - Y_{it_1}^1) + ((Y_{it_2}^2 - Y_{it_1}^2) - (Y_{it_2}^1 - Y_{it_1}^1)) + [(Y_{it_2}^3 - Y_{it_1}^3) - (Y_{it_2}^2 - Y_{it_1}^2)] \tag{4-14}$$

其中，等式左边为总变动；等式右边第一项为禀赋差异，第二项为系数差异，第三项为不可观测效应。

4.3.3 工业企业增长质量的分布变动及其分解

基于分位数分解方法，本章将不同年份间各分位上工业企业增加值率的变动进行分解，将解释变量对增加值率变动的影响分为禀赋效应、系数效应和不可观测效应，进而说明不同时期各分位上工业企业增加值率的变动是随时间变化而产生的禀赋差异，还是由投入回报发生变动引起的系数效应，或是由其他因素导致的不可观测效应。本章分别对1998~2003年、2003~2007年和2007~2011年中国工业企业增加值率的分布变动进行分解，得到分解结果如表4-2所示。

表4-2 中国工业企业增加值率的分布差异及其分解

年份	效应及其分解	5%分位数	25%分位数	50%分位数	75%分位数	95%分位数
1998~2003	总变动	2.2392	1.7969	0.4028	-1.0853	-4.7857
	禀赋变动	0.0958	0.1251	0.1887	0.2685	0.3260
	系数变动	0.1763	-0.2054	-0.2496	-0.2469	-0.5694
	不可观测变动	1.9671	1.8772	0.4637	-1.1069	-4.5423
2003~2007	总变动	0.0799	0.4173	0.6948	0.9558	2.1464
	禀赋变动	0.1208	0.1364	0.2073	0.2350	0.3329
	系数变动	0.5532	0.5665	0.5505	0.5506	0.5476
	不可观测变动	-0.5941	-0.2856	-0.0630	0.1702	1.2659
2007~2011	总变动	-8.5118	-17.437	-22.6262	-28.2512	-34.6763
	禀赋变动	-2.8751	-4.1782	-5.3992	-7.2132	-9.7389
	系数变动	-18.3042	-17.6862	-17.0888	-15.8247	-10.8380
	不可观测变动	12.6675	4.4274	-0.1377	-5.2133	-14.0994

1. 1998~2003 年工业企业增长中要素禀赋优势与低回报效应并存

基于表 4-2 中对不同年份增加值率变动的分解结果可得，1998~2003 年，随分位数的不断提升，增加值率总变动的幅度不断缩小且在 75%分位处由正转负，低分位企业的增长质量提升，而高分位企业增长质量下降。相对于 1998 年，2003 年全部分位上我国工业企业增长质量变动分解结果中禀赋变动的值均为正，这一时期工业企业通过"要素驱动"实现增长质量提升的特征明显，要素投入的禀赋优势得到显现。其中，工业企业资本快速积累带动要素生产率增长的同时，工业企业的经营状况显著改善、资产负债率降低等因素对于其增长质量的贡献程度提高。

与禀赋效应不同，表 4-2 显示，除 5%低分位外，1998~2003 年各分位上工业企业增长质量的系数变动都为负值。在这一阶段，我国工业企业规模扩张与规模不经济的现象并存，主要体现在工业企业扭亏为盈和规模扩张的过程中，出现了资产不良与劳动力素质不高等问题，要素的质量没有显著提升。此外，随着市场竞争程度的增强，增加值率越高的企业，由于以加工组装为主的生产模式没有显著改进，在其价值形成过程中高增加值率难以维持。尤其是在部分规模较大企业中，出现了组织管理难度增大、核心技术扩散风险上升等特征，工业企业要素的回报不高甚至出现了一定程度的下降。

2. 2003~2007 年要素投入与要素回报效应均驱动工业企业增长质量提升

2003~2007 年是我国工业企业快速稳定发展的重要时期，由表 4-2 可得，在全部分位上，工业企业增加值率的总变动均为正，工业企业增长质量整体提升，并且，分位越高的工业企业其增长质量提升的幅度越大。特别地，表 4-2 中 2003~2007 年工业企业增长质量差异分解的禀赋效应和系数效应在所有分位点上均是正值，要素投入与要素回报对增长质量的提升效应充分发挥。

就工业企业整体的发展状况分析，2007 年，我国工业企业增加值同比增速为 21.05%，为 10 年以来的最高值，工业企业产品销售率达到 98.14%，规模以上工业企业资产总计突破 35.3 万亿元，是 2003 年的 2.1 倍[①]。这一时期，工业企业效益良好，在提升要素回报等方面取得了显著成效。分企业类别而言，2003 年国务院国有资产监督管理委员会成立后，新的国有资产管理体制与国有企业公司制、股份制改造等均促进了国有企业的持续快速发展。2002 年与 2005 年，政府分别出台了《中华人民共和国中小企业促进法》《国务院关于鼓励支持和引导个体私营等非公有制

---

① 数据来源：中经网统计数据库宏观年度库，https://db.cei.cn/。

经济发展的若干意见》，增强了中小企业作为经济微观基础的市场地位，加大对非公有制经济的支持措施，为私营企业提供平等竞争、公开公正的市场环境。

综合1998~2003年、2003~2007年两个时段工业企业增加值率分布变动的分解结果可得，1998~2007年工业企业增长质量分解中的禀赋变动一直为正，且系数变动由负转正，这与要素选择和要素禀赋结构发生变化紧密相关。在1998~2003年工业企业发展初期，资本要素匮乏，劳动密集型工业企业由于成本较低而具有竞争力，劳动力要素对工业企业价值形成的贡献程度高。同时，资本的回报率较高促进投资增长与资本积累，资本要素投入与回报在工业企业价值增值中的作用充分显现，反映在2003~2007年工业企业增长质量分布变动中，禀赋变动与系数变动贡献均为正值。

3. 2007~2011年负向禀赋效应、低回报效应与工业企业增长质量下降

表4-2中的分解结果表明，与2007年相比，2011年全部分位点上增加值率均大幅下降，且分位增大，差距越大，这表明2011年我国工业企业的增长质量显著降低。并且，2007~2011年，增长质量变动分解的禀赋效应与系数效应均为负值。如前所述，这一方面是外部冲击导致工业企业增长回落的结果，2008~2011年，我国工业企业增加值占GDP的比重由41.48%降低至39.84%，下降了1.64个百分点，规模以上工业企业单位数由426 113家减少至325 609家，缩减了100 504家[①]。此外，工业企业主营业务收入、利润总额增速等主要经营指标增长率明显放缓。另一方面，2007~2011年工业企业增加值率各分解部分为负，也表明我国工业企业"低成本、低质量"的发展模式难以为继。长期以来，我国工业企业中传统的"资本密集型"与"劳动密集型"粗放型增长方式，扭曲了工业企业内部的要素配置结构，在劳动力成本上升、资源能源价格上涨等"高成本"外部因素的影响下，工业企业供过于求、产能过剩问题突出，导致工业企业发展动力不足，工业企业要素投入增长率、要素回报率都有不断下降趋势，我国工业企业进入了深度调整期。

此外，表4-2中2007~2011年不可观测因素对增长质量变动影响的结果显示，不可观测因素对低分位企业增长质量提升具有积极影响，但对于高分位企业增长质量变动的影响为负，高增加值率企业受到内外部冲击时波动程度较大，而"保增长"的政策措施对于维持低增加值率工业企业运营的作用得到发挥。

在工业企业整体增长质量分布特征及其不同年份间变动分析的基础上，本章将全部企业划分为公有制工业企业、非公有制工业企业两大类，采用同一年度内的静态分解、不同年度间的动态分解方法，全面研究两类工业企业增长质量的差异及其变动特征。

[①] 数据来源：国家统计局（http://www.stats.gov.cn/）国家数据（年度数据）。

4.4 公有制与非公有制工业企业增长质量差异的静态分解

4.4.1 静态 OB 分解方法

对于差距静态分解的研究方法,目前国内外文献中应用最为广泛的是 Oaxaca(1973)、Blinder(1973)提出的Oaxaca-Blinder(OB)分解方法。OB 分解关注的是某一时期两个组群之间的因变量差异,该方法将两个群体因变量均值差异分解成两部分:由个体特征和禀赋差异造成的禀赋特征效应、由特征回报差异引起的禀赋收益效应。

在同一年份,本章将公有制工业企业和非公有制工业企业分别用 G 和 F 表示。设两类企业的基本模型形式为

$$Y_i^G = X_i^{TG}\beta_i^G + \varepsilon_i^G , \quad Y_i^F = X_i^{TF}\beta_i^F + \varepsilon_i^F \tag{4-15}$$

其中,X、β 分别为解释变量矩阵和对应的系数向量;ε 为随机误差项。

公有制工业企业和非公有制工业企业增加值率的平均差距可以表示为

$$R = E(Y^G) - E(Y^F) = E(X^G)^T \beta^G - E(X^F)^T \beta^F \tag{4-16}$$

令 $\hat{\beta}^G$ 和 $\hat{\beta}^F$ 分别表示 β^G 和 β^F 的最小二乘估计量,样本均值 $\bar{X}^G$ 和 $\bar{X}^F$ 作为 $E(X^G)$ 和 $E(X^F)$ 的估计,则式(4-16)可以表示为

$$\hat{R} = \bar{Y}^G - \bar{Y}^F = \bar{X}^G \hat{\beta}^G - \bar{X}^F \hat{\beta}^F \tag{4-17}$$

通过增减项,式(4-17)可以改写为

$$\hat{R} = \bar{X}^G \hat{\beta}^G - \bar{X}^F \hat{\beta}^G + \bar{X}^F \hat{\beta}^G - \bar{X}^F \hat{\beta}^F = (\bar{X}^G - \bar{X}^F)\hat{\beta}^G + \bar{X}^F (\hat{\beta}^G - \hat{\beta}^F) \tag{4-18}$$

其中,等式左边为两类企业的增加值率总差异;等式右边分别为禀赋特征效应和收益效应,这两种效应还可以分解到每个或每类解释变量中。

4.4.2 主要年份两类企业增长质量的差异分解与影响因素分析

采用 OB 分解方法,本章将公有制与非公有制工业企业的平均增加值率差异分解为禀赋特征效应和禀赋收益效应两部分,与分位数分解方法得到的禀赋效应与系数效应类似,禀赋特征效应表示由两类企业所具有的不同特征引起的增长质量差异,而禀赋收益效应表示具有两类企业在特征变量上的回报率差异。

选取 4.2 节中的市场势力、要素投入与流转、技术水平与技术偏向三类特征变量作为式（4-15）中的解释变量，基于式（4-15）~式（4-18）的分解步骤，本章得到各年度公有制和非公有制工业企业增加值率差异的 OB 静态分解结果，如表 4-3 所示。

表 4-3 公有制和非公有制工业企业增加值率差异的静态分解结果

差异	1998 年	2003 年	2007 年	2011 年
增加值率总差异	3.605 7	4.763 0	5.384 7	1.453 2
禀赋特征效应	-0.635 9	-0.220 4	-0.015 2	0.069 2
市场势力特征差异效应	-0.000 2	0.002 9	0.037 5	0.013 1
资本特征差异效应	-0.109 1	-0.098 6	-0.079 4	-0.037 9
技术特征差异效应	-0.526 6	-0.124 7	0.026 7	0.094 0
禀赋收益效应	4.241 6	4.983 4	5.399 9	1.384 0
市场势力收益差异效应	0.906 7	0.396 9	-0.432 5	-0.065 4
资本收益差异效应	0.313 4	0.335 5	-0.093 3	1.262 4
技术收益差异效应	-0.173 0	0.107 8	-0.104 1	-0.496 7
常数项	3.194 5	4.143 2	6.029 8	0.683 7

1. 公有制工业企业增长质量高于非公有制工业企业

表 4-3 显示，1998~2011 年公有制工业企业增加值率一直高于非公有制工业企业，其中，1998 年，公有制与非公有制两类工业企业增加值率的总差异为3.605 7，经过 2003 年、2007 年，差异逐渐扩大至 4.763 0 与 5.384 7，2011 年两类企业增加值率之差迅速缩小为 1.453 2。这在一定程度上表明，公有制工业企业增长质量高于非公有制工业企业，1998~2007 年，公有制工业企业增长质量的优势十分明显。

相对于非公有制工业企业而言，公有制工业企业较高的增长质量主要得益于其制度优势。为保持我国国民经济中公有制企业的主体地位与国有企业的主导作用，增强其影响力与控制力，政府在政策制定时难免会存在一定程度的"所有制偏好"，即在企业融资、财税政策优惠、风险分担、技术支持等多个方面给予了公有制企业，特别是国有企业更多支持，因此，政策倾向性保证了其增长质量提升。

2. 各年份中禀赋收益效应大于禀赋特征效应并主导工业企业增长质量差异变动

对比表 4-3 中禀赋收益效应与禀赋特征效应的数值可得，1998~2011 年各年份中，禀赋收益效应均明显大于禀赋特征效应，并且在增加值率总差异中占有绝对份额。以 2007 年为例，禀赋收益效应导致公有制与非公有制两类工业企业的增加值率差异为 5.399 9，远大于禀赋特征效应-0.015 2。2011 年，禀赋收益效应（1.384 0）仍大于禀赋特征效应（0.069 2），但两类效应之间的差距变窄。

上述结果表明，禀赋收益效应主导并扩大了公有制与非公有制两类工业企业的增加值率差距。与要素投入的特征相比，要素回报在增长质量差异中的作用更为重要。对于公有制工业企业而言，企业能够充分协调资源要素的配置，实现结构优化与规模报酬递增，规模经济得以体现，公有制工业企业规模扩张速度快，要素投入成本低且回报高。非公有制工业企业大多都是处于竞争程度高和价值增值低的行业，受企业自身特征限制、市场环境约束，生产经营存在很大的不确定性，加之要素的流动性特征明显，资本累积缓慢并且回报率较低。

3. 不同年份中各因素禀赋特征效应对于增长质量具有差异化贡献

表 4-3 中公有制与非公有制工业企业增长质量差异的禀赋特征效应中，除 1998 年之外的其他年份中，市场势力特征差异效应均为正。据测算，公有制工业企业的行业集中度一直高于非公有制工业企业，这使得公有制工业企业在市场势力上的特征优势会扩大其与非公有制工业企业的增长质量差异。与之相对，公有制工业企业的要素特征方面，其资产流动性往往低于非公有制工业企业，资本丰裕但利用效率相对低，因此资本特征差异对公有制与非公有制工业企业增长质量的差距具有缩小作用。表 4-3 显示，1998~2011 年，禀赋特征效应中资本特征差异效应均为负，维持在-0.109 1 至-0.037 9 之间。

技术特征差异效应对增长质量差异的贡献方面，公有制工业企业凭借其资金与人才优势，通过对引进技术的消化吸收等实现了对非公有制工业企业的赶超，并且技术偏向于资本的程度增强使得资本生产率不断提升，非公有制工业企业生产效率相对优势减弱，技术特征变动对两类企业增加值率差异的影响方向由负向收缩转为正向扩大。如表 4-3 所示，1998 年与 2003 年，增加值率差异分解中的技术特征差异效应分别为-0.526 6、-0.124 7，而在 2007 年和 2011 年，技术特征差异效应分别为 0.026 7、0.094 0。

4. 各因素的收益效应对于增长质量差异的影响由扩大转变为缩小

在增长质量差异的禀赋收益效应中，表4-3中的结果显示，在1998~2003年这一阶段中，市场势力、资本、技术的收益差异效应大多为正，而在2003~2007年这一时期内，市场势力、资本、技术回报差异对增长质量的影响效应基本为负，公有制与非公有制两类工业企业要素回报率之间差距变小的同时，两类企业各因素的收益或回报效应对于增长质量差异的影响方向由扩大转为缩小。

随着我国市场经济的发展和竞争程度的增强，公有制工业企业依靠市场势力能够获得的超额利润或经济利润不断减少，并且非公有制工业企业具有的灵活性使其能够赢得更大的市场空间，因而市场势力的收益差异效应由1998年的0.906 7下降至2011年的−0.065 4。资本或技术收益差异方面，在竞争性市场不断发展的过程中，我国政府对于非公有制工业企业，特别是民营企业在多个领域的准入限制逐渐消除，对其投资规制逐步放宽，在技术创新等方面加大了支持力度，使得资本或技术收益差异对于两类企业间增长质量差距的缩小发挥了积极作用。

需要说明的是，在外部环境变化较大的年份中，技术或资本的收益差异效应会出现一定程度的波动。例如，2011年，与部分陷入经营困境的非公有制工业企业相对照，公有制工业企业的资本优势在"稳增长"过程中的作用再次显现，由表4-3中数据可得，2011年资本收益差异效应对于两类企业增长质量差异的贡献达到1.262 4，为各年度中的最大值。

4.5 公有制与非公有制工业企业增长质量差异的动态分解

4.5.1 动态JMP分解方法

在静态OB分解的基础上，Juhn等（1993）对OB分解方法进行了扩展，通过在均值分解中引入分布工具，使得组间差异的分解可以建立在因变量的整个分布上，将因变量差距分解成更多的维度，并且可以解释差距随时间的变动，该方法称为JMP分解法。JMP分解的重点则在于分析不同时期组群之间因变量差异的动态变化。

在工业企业基本模型（4-11）、公有制工业企业和非公有制工业企业基本模型（4-15）的基础上，考虑不同年份之间的变动特征，对公有制工业企业的模型进行估计，得到估计结果如式（4-19）所示。

$$Y_{it}^G = X_{it}^G \hat{\beta}_t^G + e_{it}^G \quad (4\text{-}19)$$

假定不存在歧视，即非公有制工业企业（F组）在保持其自身禀赋特征的同时，根据公有制工业企业（G组）的模式获得价值增值，则非公有制工业企业增加值率模型中的系数可以采用公有制工业企业要素回报率的最小二乘估计量 $\hat{\beta}_t^G$ 替代，如式（4-20）所示。

$$Y_{it}^F = X_{it}^F \hat{\beta}_t^G + e_{it}^{*F} \quad (4\text{-}20)$$

其中，e_{it}^{*F} 为使用 $\hat{\beta}_t^G$ 而不是 $\hat{\beta}_t^F$ 的残差项，表示非公有制工业企业实际增加值率与按照公有制工业企业要素回报率（$\hat{\beta}_t^G$）获得增加值率的差距。

基于同方差假设，定义 e_{it}^{*F} 的标准化残差为 $v_{it}^{*F} = e_{it}^{*F}/\sigma_t^G$，此时有 $\bar{e}_t^{*F} = \sigma_t^G \bar{v}_t^{*F}$，$\sigma_t^G$ 为式（4-19）中公有制工业企业增加值率方程残差标准差的估计值。

综合式（4-19）和式（4-20），可以得到公有制工业企业与非公有制工业企业增加值率均值的差异为

$$\begin{aligned} D_t &= \bar{Y}_t^G - \bar{Y}_t^F = \left(\bar{X}_t^G - \bar{X}_t^F\right)\hat{\beta}_t^G + \left(\bar{e}_t^G - \bar{e}_t^{*F}\right) \\ &= \left(\bar{X}_t^G - \bar{X}_t^F\right)\hat{\beta}_t^G + \sigma_t^G\left(\bar{v}_t^G - \bar{v}_t^{*F}\right) = \Delta\bar{X}_t\hat{\beta}_t^G + \sigma_t^G\Delta\bar{v}_t \end{aligned} \quad (4\text{-}21)$$

式（4-21）表明，两组企业增加值率的差异可以分解成两个部分，即采用公有制工业企业要素回报率加权的可观测特征差异、组间标准化残差的差异与公有制工业企业残差标准差的乘积。

在不同年份（t_1 和 t_2），差异的变动可以表示为

$$\Delta D_t = D_{t_2} - D_{t_1} = \left(\Delta\bar{X}_{t_2}\hat{\beta}_{t_2}^G - \Delta\bar{X}_{t_1}\hat{\beta}_{t_1}^G\right) + \left(\sigma_{t_2}^G\Delta\bar{v}_{t_2} - \sigma_{t_1}^G\Delta\bar{v}_{t_1}\right) \quad (4\text{-}22)$$

如式（4-22）所示，两组增加值率差距随时间的变动是特征数量变动和残余差异变动之和。通过增减项，可以将式（4-22）进一步分解并简化为

$$\begin{aligned} \Delta D_t &= D_{t_2} - D_{t_1} = \Delta D_{1t} + \Delta D_{2t} + \Delta D_{3t} + \Delta D_{4t} \\ &= \left(\Delta\bar{X}_{t_2} - \Delta\bar{X}_{t_1}\right)\hat{\beta}_{t_2}^G + \Delta\bar{X}_{t_1}\left(\hat{\beta}_{t_2}^G - \hat{\beta}_{t_1}^G\right) \\ &\quad + \sigma_{t_2}^G\left(\Delta\bar{v}_{t_2} - \Delta\bar{v}_{t_1}\right) + \left(\sigma_{t_2}^G - \sigma_{t_1}^G\right)\Delta\bar{v}_{t_1} \end{aligned} \quad (4\text{-}23)$$

其中，右边第一项为禀赋变动产生的效应；第二项为要素回报变动的贡献；第三项为"歧视"产生的差距效应；第四项为不可观测回报率变动的贡献。

4.5.2 不同时期两类企业增长质量的差异分解与变动分析

基于式（4-19）~式（4-23）中的动态JMP分解方法，本章不同年份间公有制与非公有制工业企业平均增加值率差异的变动分解为禀赋变动效应、收益变动效

应、差距效应以及不可观测效应四个部分，分解结果见表 4-4。

表 4-4　公有制和非公有制工业企业平均增加值率差异变动及其 JMP 分解结果

差异变动		1998~2003 年	2003~2007 年	2007~2011 年
总差异变动（ΔD_t）	贡献	1.157 3	0.621 6	-3.931 4
	比重	[100%]	[100%]	[100%]
禀赋变动效应（ΔD_{1t}）	贡献	0.073 1	0.409 9	0.003 4
	比重	[6.32%]	[65.94%]	[-0.09%]
收益变动效应（ΔD_{2t}）	贡献	0.396 3	-0.151 9	0.054 8
	比重	[34.24%]	[-24.44%]	[-1.39%]
差距效应（ΔD_{3t}）	贡献	0.949 7	-0.323 2	-1.362 2
	比重	[82.06%]	[-51.99%]	[34.65%]
不可观测效应（ΔD_{4t}）	贡献	-0.261 8	0.686 8	-2.627 4
	比重	[-22.62%]	[110.49%]	[66.83%]

注：表中括号外的数值表示差距及其分解的值，括号内的数值表示各部分占总差异的比例

从表 4-4 可以得出，1998~2011 年，公有制与非公有制工业企业增加值率总差异的变动量（ΔD_t）逐渐减小，其中，1998~2003 年、2003~2007 年两个时期两类企业增加值率差距的变动量为正值，分别为 1.157 3 和 0.621 6，2007~2011 年两类企业增加值率差距变动量为-3.931 4，公有制与非公有制工业企业增长质量的差距进一步缩小。这在部分程度上表明，我国对于非公有制经济的促进措施有效提升了非公有制工业企业的增长质量，在多样化竞争的背景下，以公有制为基础多种所有制工业企业增长质量协同提升的基本格局逐渐形成。

分时段而言，1998~2003 年公有制与非公有制工业企业增长质量差距的扩大，主要归因于差距效应，其占总差异变动的 82.06%，这表明对于公有制与非公有制工业企业的发展重心不同是增加值率差距变大的主要原因。这一时期，我国将加快国有企业改革发展、扭亏为盈作为中心任务，重点推进国有企业经营机制转变与经济效益提高，而对于非公有制工业企业的发展相对弱化。

2003~2007 年，除不可观测效应外，禀赋变动效应对公有制与非公有制工业企业增长质量差距变动的贡献最大，为 65.94%，收益变动效应与差距效应均为负。这一时期，公有制与非公有制工业企业增长质量差异主要是由两类企业的要素投入增长速度差异导致的。据测算，2003~2007 年，公有制工业企业的资本密集度由 4.801 万元/人增加至 8.338 万元/人，与之相对，非公有制工业企业资本密集度从 4.772 万元/人增加到 5.746 万元/人[①]，两类企业资本深化的速度悬殊使得禀赋变动效应对增长质量差异的影响十分明显。

---

① 数据来源：作者基于中国工业企业数据库计算得到。

2007~2011 年，不可观测效应与差距效应对公有制与非公有制工业企业增长质量差异变动的影响最大，对增加值率总差异变动的贡献分别达到 66.83%、34.65%，远高于两类企业增长质量差距变动缩小的禀赋变动效应（-0.09%）与收益变动效应（-1.39%）。如前所述，2008 年金融危机的冲击是不可观测效应的重要组成部分，其导致公有制与非公有制工业企业增加值率均大幅回落，两类企业增长质量差异缩小。

此外，在外部冲击下，公有制工业企业，特别是作为经济结构调整和增长方式转变推动者的国有企业与中央企业，需要淡化其运行效率，更多地承担社会责任。例如，2010~2011 年在煤炭价格大幅上涨、电价倒挂现象突出的情形下，发电、炼油等行业价格缺口增大导致工业企业亏损严重，而中央企业坚持以"保供电""保供油"措施维持价格稳定并保障市场供给，这也使得公有制与非公有制工业企业增长质量差异进一步收窄甚至由正转负。

4.6 本章小结

本章在中国工业企业整体增长质量分布特点研究的基础上，对公有制和非公有制工业企业增长质量的差异进行静态、动态等多重分解研究，深入分析两类工业企业的增长质量差异及其变动特征，主要研究结论如下。

以工业企业增加值率的核密度函数和分位数分解结果为基础的分析可得，1998~2003 年，我国工业企业增长质量居中的企业占比上升，增加值率低分位与高分位数企业所占比重略微降低，工业企业增长中要素禀赋优势与低回报效应并存。2003~2007 年，增加值率分布的核密度函数曲线总体向右移动，要素投入与要素回报效应均驱动工业企业增长质量提升，但增长质量提升的幅度并不大。与 2007 年相比，2011 年工业企业增加值率大幅下降且在低水平高度集中，负向禀赋效应、低回报效应驱动增长质量明显下降。

同一年度内公有制工业企业、非公有制工业企业增长质量差距的分解结果显示，各年份中由于公有制工业企业的制度优势与政策制定时的"所有制偏好"，公有制工业企业的增长质量高于非公有制工业企业。总体而言，与要素投入的特征相比，要素回报在增长质量差异中的作用更为重要，各年份中禀赋收益效应大于禀赋特征效应，并主导公有制与非公有制两类工业企业增长质量差异变动。具体而言，市场势力、资本和技术等因素的禀赋特征效应对于两类工业企业增长质量具有差异化贡献，各因素的禀赋收益效应对两类工业企业增长质量差异的影响总体上由扩大逐渐转变为缩小。

不同年度间公有制与非公有制两类工业企业增长质量差异的变动特征表明，1998~2011 年，公有制与非公有制工业企业增长质量的差距进一步缩小，以公有制为基础多种所有制工业企业增长质量协同提升的基本格局逐渐形成。分时段而言，1998~2003 年以国企改革为发展重心产生的差距效应导致公有制与非公有制工业企业增长质量差距扩大。2003~2007 年，公有制与非公有制工业企业增长质量差异则主要是由两类工业企业的要素投入增长速度，特别是资本深化速度差异导致的。2007~2011 年，国际金融危机冲击产生的不可观测效应、国有企业承担更多社会责任的差距效应对公有制与非公有制工业企业增长质量差异变动的影响最大。

随着我国经济逐渐进入新常态时期，工业企业长期以来注重规模扩张的发展模式弊端不断显现，因此，工业企业应努力摆脱过度依赖资源消耗的"外延型增长"，转向以提高生产效率为中心的"内涵型增长"。其中，加速推进工业企业生产活动由价值链低端向中高端转移，加大工业企业价值增值幅度，提升工业企业增长质量，是工业企业实现由"粗放式"向"集约型"生产方式转变的关键。

我国公有制工业企业发展，特别是国有工业企业改革中，应以提高增长质量为中心，以释放企业改革红利、提高企业资本运营效率为目标，不断健全公有制工业企业经营管理体制。其中，对于全部公有制工业企业应实行分类管理，按照主业突出的原则，在外部推进公有制工业企业的产业布局与结构优化，在内部以要素配置结构优化带动运营效率提升与生产能力增长，内外部因素共同作用实现增长质量的稳步推进。

非公有制经济在工业企业整体增长质量提升中具有重要作用。由于非公有制工业企业中存在规模小、收益差、抗风险能力不足等内在局限性，政府应在市场准入、融资贷款、政策扶持等方面给予非公有制工业企业平等待遇，真正消除由所有制歧视等导致各种隐性壁垒，切实保证非公有制工业企业平等使用生产要素、公平参与市场竞争，进而实现要素合理回报的权利。特别地，应着重激发非公有制工业企业的活力和创造力，促使其在产品创新、技术引进和工业升级中发挥积极作用。

公有制与非公有制工业企业在要素投入回报或要素结构配置等方面各有所长，通过实现公有制资本、非公有制资本的相互融合，大力发展混合所有制工业企业，有利于公有制与非公有制工业企业间取长补短、相互促进，进而实现结构平衡与效率优化。在混合所有制工业企业形成与发展的过程中，还应依据相关企业的发展情况，科学合理地确定其禀赋特征或禀赋收益对于价值形成的贡献程度，确定正向主导因素并加以强化，形成多种所有制工业企业高质量协同发展的良好局面。

第二篇 动力转换篇

第5章　从数量型人口红利到质量型人力资本红利

中国经济已经进入由"高速增长"转向"中高速增长"的新常态时期，传统的经济增长动力发生了深刻变化，其中，人口结构的变化，特别是实际参与经济活动人口数的下降，被认为是影响中国经济增长的重要因素。人口红利的消减与老龄化进程的加速，引发了人们对经济增长动力不足，甚至出现经济增速大幅下滑的担忧[1]。为解决日益凸显的人口结构失衡问题，也为保持经济的稳定和可持续增长，我国政府密集调整了人口和计划生育政策，自2013年启动实施"单独二孩"政策，仅隔两年多之后，2016年1月又开始实施"全面二孩"政策。

需要注意的是，截至2015年5月，全国符合"单独二孩"的1 100万对夫妇中，仅有145万对提出了再生育的申请，抚养成本上升、社会保障体系不健全等因素导致人们的生育意愿降低[2]。即使是在"全面二孩"生育政策调整后，新出生人口要成长为劳动力人口，还需要16年或者更长的时间，中国人口红利消失的趋势已经不可逆转。

实际上，生育率下降、劳动年龄人口减少、人口老龄化等都是社会发展的必然结果，因此，数量型人口红利的消失使得劳动密集型优势减弱、传统要素对于经济增长的驱动力下降是新常态时期中国经济发展的阶段性特征。然而，人口结构的变化中劳动力质量的提高与高素质劳动力占人口比重的上升，将进一步释放"新人口红利"，即形成质量型的人才红利或人力资本红利。人力资本红利的形成和扩大，成为缓解人口红利消失对我国经济的不利影响，助力中国经济实现中高速增长、迈向中高端水平的关键。

有关人口红利对于经济发展影响的研究，国内外学者大多都认为人口总量的

---

[1] 人口红利指的是一个劳动力资源丰富、抚养负担较轻，人的数量优势有利于经济发展的黄金时期。

[2] 资料来源：《卫生计生委：全国145万对夫妇提出再生育申请 单独两孩政策效果显现》，http://www.gov.cn/xinwen/2015-07/10/content_2895221.htm。

增长或者人口增速的提高会对经济增长产生正向促进作用。较早的研究如 Bloom 等（2001）指出生产性人口的增加、劳动力供给的加大给各国，特别是发展中国家提供了一个经济快速发展的机会窗口。此后，关于人口红利对经济增长影响的解释大多集中于要素供给和产品需求两个方面：一是人口红利增大了劳动力供给，增加了储蓄并形成资本，因此，在供给侧提供了经济生产所必需的要素投入并促进了经济增长（Mason and Sidney, 2002; Modigliani and Cao, 2004; 蔡昉, 2010; 孟令国等, 2013）；二是人口红利还增加了对于消费、投资、进出口的需求，从而在需求侧拉动了生产规模的扩张和经济规模的扩大（Higgins and Williamson, 1997; Lee and Mason, 2007; Ferrero, 2010; 唐代盛和邓力源, 2012; 陆旸和蔡昉, 2014）。

越来越多的学者注意到，对人口红利的研究一般仅关注了人口数量，而通过提高人口质量、实现人力资本的累积是推动经济增长更为重要的方式，这一点已经在内生增长理论中得到了反复验证。人力资本对于经济增长影响的研究主要分为两种观点，一方面，人力资本具有高收益率，能够缓解劳动力短缺或劳动力不足，即要素短缺问题（Fougere and Merette, 1999; Chakraborty, 2004; 蔡昉, 2011; Whalley and Zhao, 2013）；另一方面，人力资本的提升更有助于增大要素的边际产出，实现技术进步（Lindh and Malmberg, 1999; Andersson and Konrad, 2001; 汤向俊, 2006; 张凤林, 2006; Sequeira, 2007; Tsai et al., 2010; Acemoglu and Dell, 2010; 车士义等, 2011; 钱雪亚, 2011）。

现有的研究一般分别研究人口红利、人力资本红利对于经济增长的作用，实际上，人口红利与人力资本红利所反映的都是人口结构的特征，两者具有统一的性质，本章将数量型人口红利与质量型人力资本红利纳入一个完整的分析框架中，从人口结构视角研究中国经济增长动力的演变机制。并且，国内外文献对于人口红利与人力资本红利对于经济增长的差异化影响效应的关注不多，本章采用门限面板数据模型，基于中国地市级面板数据，分析不同经济发展阶段、不同类型城市中人口红利、人力资本红利对于经济增长影响的差异程度与变动趋势，给出新常态下增强经济内生发展动力的政策建议。

5.1 中国人口结构变动的典型事实

5.1.1 人口年龄结构变化

在中国经济结构转型的进程中，人口结构也发生了显著变化。最为明显的是人口中劳动力数量的变化，在计划生育政策约束、生活压力增大等多重因素的影响下，出生率下降与老龄化加速使得近年来中国人口结构中劳动力人口占比下降、抚养比上升的特征凸显。

2010 年以后，我国人口红利消失的特征进一步显现，2010~2014 年，我国 15~64 岁人口占总人口的比重由 74.53%下降至 73.4%，总抚养比由 34.17%上升至 36.14%。特别是，2012 年以来，劳动年龄人口数开始出现绝对数量的下降，更成为人口红利消失的有力证据。截至 2014 年末，全国 15~64 岁人口数为 100 469 万人，相比 2013 年的 100 582 万人减少了 113 万人[①]。

5.1.2　人口质量结构变化

除了人口年龄结构的变化之外，中国人口结构中高学历、高素质劳动力占人口比重的上升形成了人力资本红利。1985~2012 年，全国劳动力人口的平均受教育年限从 5.96 年上升到 9.91 年，全国劳动力人口中大专及以上受教育程度人口占比从 0.01 上升到 0.14[②]。特别是自 1999 年以来，中国普通高中教育和高等教育的快速发展，为人力资本总量的累积和人力资本红利的形成打下了坚实的基础。2000~2014 年，我国高中和大学本专科毕业生数量迅速增长，其中 2014 年普通本专科毕业生数达到 659.37 万人，约为 2000 年 94.98 万人的 7 倍。截至 2014 年，我国高等教育毛入学率达到 37.5%，各类高等教育在学总规模达到 3 559 万人，数量居世界第一位[③]。

科技人员与研发投入方面，我国研发人员总量保持高速增长的同时，就业人口增长率却在逐年下降。2008~2012 年全国研发人员总量增长了 65.2%，而就业人口仅增长了 1.5%。因此，人口红利与人力资本红利形成了"此消彼长"的鲜明对比。我国人口科技素质继续上升。2008~2012 年，我国每万人口中科技人力资源数由 354 人上升至 514 人，年均增长 9.8%。此外，2005 年，研究机构研发人员中具有博士、硕士学位的比重分别为 6.5%和 18.1%，2012 年上述两个比重为 14.5%和 29.5%，分别提高了 8 个百分点和 11.4 个百分点。研发人员中高学历人员比重不断提高，是人力资本红利逐渐形成和创新能力逐步提升的另一重要事实[④]。

---

① 数据来源：中经网统计数据库宏观年度库，https://db.cei.cn/。
② 数据来源：《中国人力资本报告 2015》，中央财经大学人力资本与劳动经济研究中心，http://humancapital.cufe.edu.cn/rlzbzsxm/zgrlzbzsxm2015.htm。
③ 数据来源：《我国各类高等教育在校生规模达 3 559 万人居世界第一》，http://www.gov.cn/xinwen/2015-12/04/content_5020179.htm。
④ 数据来源：中国科技统计年鉴（2009~2013 年）。

5.1.3 人口结构变化对于经济增长影响的机理分析

基于供给侧的分析可得，人口红利对于中国经济增长的影响主要体现在劳动供给方面。劳动力作为生产函数中的一种要素投入，其投入数量与使用效率都会对经济增长产生重要影响。具体体现在：要素投入方面，在人口结构扭曲、人口红利消失的影响下，劳动力投入减少，且抚养比上升使得储蓄率下降和资本累积速度减缓，对产出产生不利影响；要素成本方面，劳动力供过于求的情形逐渐发生逆转，使得劳动低成本的传统优势不复存在，要素成本上升进一步加大了经济的下行压力；要素效率等方面，在经济结构、产业结构深度调整的背景下，劳动力投入的边际收益递减效应、劳动力要素配置的错位等问题凸显，人口红利对于中国经济增长的贡献程度开始降低。

经济增长也不能再依赖于劳动力密集的粗放型发展模式，而应转向以人力资本拉动的效率型驱动模式，人力资本红利取代人口红利逐步成为经济增长的新动力来源。与普通劳动力要素相比，人力资本形成所需要的时间过程更长，人力资本投资的收益具有不确定性，但当人力资本的积累效应显现时，人力资本投入的回报则具有长效性和持续性。

作为劳动力质量的代表，人力资本可以创造出比普通劳动力更多的产出和价值，因此，人力资本的累积及高水平人才数量的持续增长，可以折算为成倍的普通劳动力，缓解劳动力占比下降、劳动力要素投入减少对于经济增长的不利影响。此外，与普通劳动力随着年龄增长出现精力、体力下降现象不同，除了知识陈旧等原因导致人力资本贬值外，人力资本能够在一定程度上打破生命周期规律的约束，人力资本中的知识和技能能够得到充分利用和不断改进，从而使得其折旧率较低、收益率较高。

作为技术进步的推动要素，人力资本中所蕴含的知识存量和创新思想是技术水平提高的主要渠道。基于人力资本所实现的技术进步，短期内不仅可以减弱边际收益递减效应，长期中还可能使得社会的生产可能性边界向外扩张，实现创新驱动的经济增长。并且，人力资本含量的提高本身就是劳动力要素生产效率的改进，劳动生产率提升可以提高居民收入水平，扩大总需求，带动消费的增长从而促进经济发展，实现供给侧的要素效率提高与需求侧的消费水平上升共同促进的经济增长。

作为一种特殊的资本，人力资本在经济增长中的作用还体现在其"外部性"上。人力资本既可以与物质资本相脱离单独发挥作用，也能够与物质资本相结合，实现共同资本累积。因此，人力资本在实现自身累积的过程中，其所包含的重新配置资源的能力，可以进行资源，特别是物质资本的重新有效配置，对资本的利用更为充分,从而获得更高的产出。

从人口年龄结构和人口质量结构两个方面,基于要素投入和要素效率两个视角,得到逐渐消失的人口红利与不断形成的人力资本红利对经济增长的影响机制,如图 5-1 所示。

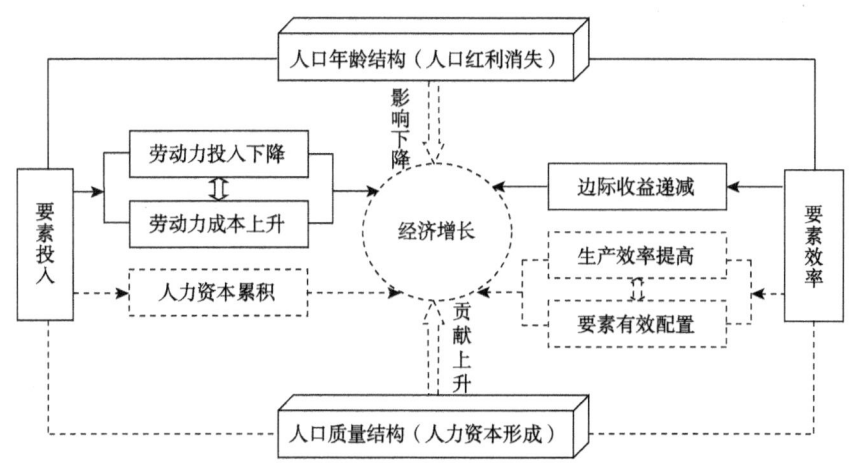

图 5-1 人口结构变动对经济增长影响的机理分析图

5.2 人口结构变动与经济增长的理论框架

除了人口年龄结构的变化之外,中国人口结构中高学历、高素质劳动力占人口比重的上升形成了人力资本红利。为准确描述人力资本红利逐渐形成及其扩散效应,本章在 Trostel(1993)的基础上,在一个中央计划者经济中构建了一般均衡模型分析人力资本对于经济增长的影响,模型的具体形式如下。

5.2.1 生产部门

企业雇用劳动力 L、租用资本 K 进行最终产品 Y 的生产。为了研究需要,本章将总的劳动力 L 分为普通劳动力 L_1、高技能劳动力 L_2 两部分,人力资本 H 定义为高技能劳动力 L_2 的技术水平,人力资本与高技能劳动力充分结合投入生产过程中。不失一般性地,本章采用规模报酬不变的科布-道格拉斯生产函数描述企业生产行为,即

$$Y_t = AL_{1,t}^{\alpha}\left(H_t L_{2,t}\right)^{\beta} K_t^{1-\alpha-\beta} \tag{5-1}$$

其中，$L=L_1+L_2$；$\alpha<\beta$，表示高技能劳动力的边际产出大于普通劳动力的边际产出。

定义高技能劳动力与总劳动力的比率，即总劳动力中高技能劳动力的比重为 v，即

$$\frac{L_2}{L} = v \tag{5-2}$$

其中，v 为人力资本的丰裕程度。

根据式（5-2），可以得到普通劳动力和高技能劳动力分别为 $L_1=(1-v)L$ 和 $L_2=vL$，将 L_1 和 L_2 代入式（5-1）中得

$$Y_t = A(1-v)^\alpha v^\beta H_t^\beta L_t^{\alpha+\beta} K_t^{1-\alpha-\beta} \tag{5-3}$$

5.2.2 代表性家庭

代表性家庭的目标是效用最大化，一般通过选择消费和闲暇来实现该目标，其目标函数可以表示为

$$\max \sum_{t=0}^{\infty} \gamma^t \left[\ln C_t + \chi \ln(1-L_t-E_t) \right] \tag{5-4}$$

其中，γ 为贴现因子；C_t 为家庭的总消费；E_t 为家庭用于接受教育、实现人力资本积累的时间；χ 为消费与闲暇的替代参数。

代表性家庭的收入约束方程如式（5-5）所示。

$$C_t + I_{K,t} \leqslant Y_t \tag{5-5}$$

其中，$I_{K,t}$ 为代表性家庭的物质投资。

物质资本的动态积累方程为

$$K_{t+1} = (1-\delta_K)K_t + I_{K,t} \tag{5-6}$$

其中，δ_K 为物质资本的折旧率。

类似地，假定人力资本的折旧率为 δ_H，得到人力资本的动态积累方程如式（5-7）所示。

$$H_{t+1} = (1-\delta_H)H_t + I_{H,t} \tag{5-7}$$

其中，$I_{H,t}$ 为人力资本投资。

人力资本投资的决定方程如式（5-8）所示。

$$I_{H,t} = BE_t^\theta \tag{5-8}$$

其中，B 为人力资本生产率；θ 为教育的边际收益。

代表性消费者效用最大化的拉格朗日函数为

$$L = \sum_{t=0}^{\infty} \gamma^t \left\{ \begin{array}{l} \ln C_t + \chi \ln(1 - L_t - E_t) + \lambda_{K,t} \left[Y_t - C_t - K_{t+1} + (1 - \delta_K) K_t \right] \\ + \lambda_{H,t} \left[B E_t^\theta + (1 - \delta_H) H_t - H_{t+1} \right] \end{array} \right\} \quad (5\text{-}9)$$

对模型中的参数进行校准后，求解式（5-9），可以得到模型的稳态[①]。

5.2.3 数值模拟结果

1. 高技能劳动力占比上升与经济增长

高技能劳动力与总劳动力的比率是本章研究的重点，本章模拟了高技能劳动力占比（v）对产出（Y）的影响，如图 5-2 所示。结果显示，随着高技能劳动力占比的上升，经济产出不断增加。作为劳动力质量的代表，高技能劳动力可以创造出比普通劳动力更多的产出和价值，因此，高水平人才数量的持续增长，可以折算为成倍的普通劳动力，缓解劳动力占比下降、劳动力要素投入减少对于经济增长的不利影响。

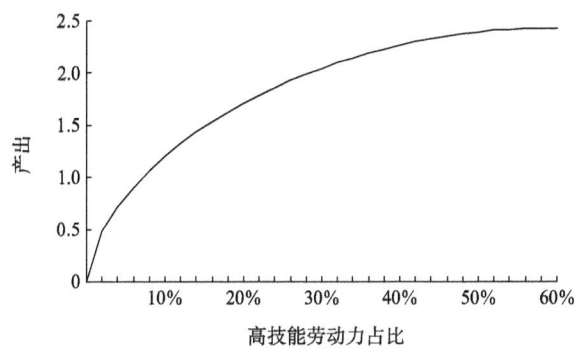

图 5-2 高技能劳动力占比上升对经济增长的影响

2. 人力资本的收益提高与经济增长

本章进一步假设高技能劳动力相对于普通劳动力在产出中的份额，或者人力资本的收益（β）逐渐提高，对应的产出变动情况如表 5-1 所示。

表 5-1 人力资本收益变化对人力资本积累和产出的影响

参数	0.35	0.40	0.45	0.50	0.55
人力资本 H	7.064	7.656	8.199	8.703	9.169
产出 Y	2.218	2.553	2.956	3.440	4.018

---

① 由于篇幅限制，模型的求解过程从略，如有需要，可向作者索取。

作为技术进步的推动要素，人力资本中所蕴含的知识存量和创新思想是技术水平提高的主要渠道。基于人力资本所实现的技术进步，短期内不仅可以减弱边际收益递减效应，长期中还可能使得社会的生产可能性边界向外扩张，实现创新驱动的经济增长。并且，人力资本含量的提高本身就是劳动力要素生产效率的改进，劳动生产率提升可以提高居民收入水平、扩大总需求，带动消费的增长从而促进经济发展。

5.3 数据来源、指标选择与变量测算

为全面、细致地考察人口红利、人力资本在经济增长中的差异化效应及其变动特征，本章从《中国城市统计年鉴》《中国区域经济统计年鉴》中搜集并整理了 2002~2013 年中国 248 个城市共 12 年的地市级平衡面板数据[①]。在面板数据的变量表示中，采用下标 i 代表城市（$i=1,2,\cdots,248$），t 代表年份（$t=2002$，$2003,\cdots,2013$）。

5.3.1 经济增长因变量

与国内外文献中经济增长变量的一般表示方法类似，本章收集了 2002~2013 年中国各城市的名义人均地区生产总值数据，并计算了地区生产总值平减指数（1996 年为基期）[②]对名义人均地区生产总值数据进行平减，计算得到各城市的实际人均地区生产总值变量，作为经济增长的代表，记为 $pgdp_{it}$。

5.3.2 人口红利

一般而言，人口红利指的是劳动人口占总人口的比重较大、抚养比较低，丰富的劳动力资源为经济增长和经济发展创造了有利的人口条件，即经济增长的红利。借鉴这一思想，本章收集了中国各城市年末单位从业人员数（L_{it}）与年末总人口数（$popu_{it}$），将两者的比值作为人口红利的代表变量，记为 $dedi_{it}$。

[①] 由于部分城市数据缺失较多，本章在实证模型估计中将其剔除。
[②] 由于篇幅限制，本章中没有给出地区生产总值平减指数的计算过程与计算结果，如有需要，可向作者索取。

5.3.3 人力资本

在人力资本的测度方面,一般有三种方法:基于人力资本特征的指标测度,如采用平均教育年限、各学历层次劳动力比重等指标代表人力资本;基于成本的方法,即从教育投入、卫生保健投入的视角,参照物质资本的理论方法测度人力资本;基于收入的方法,如测算人力资本产生终生收益作为人力资本的代表等。但是,在中国地市级层面,缺乏上述方法计算所需的基本数据。本章借鉴朱平芳和徐大丰(2007)、李海峥等(2010)有关人力资本的计算方法,以收入法为基准进行人力资本的测算。设定生产函数为

$$Y_{it} = K_{it}^{1-\theta} (A \cdot H)_{it}^{\theta} \tag{5-10}$$

其中,Y_{it}、K_{it}分别为产出和物质资本投入;$A \cdot H$为技术与人力资本,代表劳动增进型技术进步。

假定人力资本与劳动力投入关系为$H_{it} = \text{hc}_{it} \cdot L_{it}$,人力资本$\text{hc}_{it}$的工资$w_{it}(\text{hc})$为其边际产出,即

$$w_{it}(\text{hc}) = \theta \cdot k_{it}^{1-\theta} \cdot (A \cdot \text{hc})_{it}^{\theta} \tag{5-11}$$

其中,$k_{it} = K_{it}/L_{it}$为人均物质资本。单位人力资本的效率工资,即不包含人力资本的工资水平的计算公式为

$$w_{it}(1) = \theta \cdot k_{it}^{1-\theta} \tag{5-12}$$

将A视为常量并作为人力资本的度量单位,经处理后,将工资$w_{it}(\text{hc})$与工资$w_{it}(1)$的比值作为人均人力资本或人力资本丰裕程度度量,如式(5-13)所示(朱平芳和徐大丰,2007)。

$$\text{hc}_{it} = \left[w_{it}(\text{hc}) / w_{it}(1) \right]^{1/(2\theta)} \tag{5-13}$$

本章收集了各城市职工平均工资,计算了以1996年为基期的CPI并对其进行平减,得到实际工资作为$w_{it}(\text{hc})$;采用固定资产投资价格指数平减后的资产合计、年末从业人员数等指标计算了各城市的人均实际变量k_{it},求得单位人力资本的效率工资$w_{it}(1)$;收集了各地区收入法生产总值、劳动者报酬等数据,计算劳动者报酬份额作为θ,最终计算得到各城市人力资本的数据[①],记为hc_{it}。

[①] 在计算过程中,由于缺乏地市级CPI、固定资产投资价格指数、收入法生产总值中的劳动者报酬等数据,本章借鉴国内相关研究中的处理方法,采用地市所在省(自治区、直辖市)的相应指标进行替代。

5.3.4 控制变量

除了人口红利、人力资本之外,参照吕冰洋和毛捷(2014)等文献中有关经济增长的其他影响因素的选取方法,本章在经济增长模型中加入了影响经济增长的其他控制变量。

1. 政府干预

参照严成樑和龚六堂(2009)的研究,本章采用各城市地方财政支出(G_{it})占地区生产总值的比重代表政府干预变量,记为 fir_{it}。

2. 市场化进程

目前国内有关市场化进程的研究中,一般采用的都是樊纲等(2011)计算的中国各省(自治区、直辖市)市场化进程指数,该指数基于政府与市场的关系、非国有经济的发展等5个方面23个指标进行合成,是解释中国体制变革的一个重要制度变量。但是,该指数没有地市级的数据,并且其使用了大量的调查数据,由于缺少大量指标,本章无法根据该方法进行地市级市场化指数的计算。因此,在樊纲等(2011)的指标体系的基础上,经查阅国内外文献,参照汪锋等(2006)的研究方法,基于中国市场化进程中的体制改革与对外开放两个最重要方面,同时考虑数据的可得性,本章收集并计算了中国各城市工业总产值中港澳台与外资企业所占比重、城镇就业人员中非国有经济就业人员所占比重、当年实际使用外资占地区生产总值的比重三个指标,以简洁且全面地体现中国市场化进程的经济效率提高、经济改革深化和经济制度变迁等主要特征,基于面板主成分分析方法提取第一主成分,得到市场化进程变量,记为 mar_{it}。

3. 产业结构

基于产业经济学相关理论可得,产业结构与经济增长具有紧密关系,本章收集了各城市第二产业增加值占地区生产总值的比重 $indr_{it}$,用于表示产业结构变量。

4. 资本劳动比

资本劳动比变量一方面是资本密集程度的表示,用于反映资本深化程度,另一方面也是经济结构的重要代表。本章将各城市固定资产、流动资产合计作为资本变量(K_{it})并采用固定资产投资价格指数进行平减,再与年末单位从业人员数(L_{it})求比值计算得到资本劳动比 klr_{it}。

5. 投资率

投资是中国经济增长的重要拉动力,本章将各城市固定资产投资额(不含农户)(I_{it})与地区生产总值求比值,计算得到投资率变量 $invr_{it}$。

综合上述变量的描述,得到表5-2。

表5-2 人口红利、人力资本对经济增长影响的变量测算

变量类别	变量名称	符号	指标选取与变量测算方法
因变量	经济增长	$pgdp_{it}$	采用地区生产总值平减指数对人均地区生产总值进行平减得到
解释变量	人口红利	$dedi_{it}$	年末单位从业人员数/年末总人口数 $dedi_{it} = L_{it}/popu_{it}$
	人力资本	hc_{it}	采用朱平芳和徐大丰(2007)等的方法测算 $hc_{it} = [w_{it}(hc)/w_{it}(1)]^{1/(2\theta)}$
控制变量	政府干预	fir_{it}	地方财政支出占地区生产总值的比重 $fir_{it} = G_{it}/$地区生产总值
	市场化进程	mar_{it}	基于汪锋等(2006)的方法测算 对企业市场化和对外开放程度的三个指标提取主成分
	产业结构	$indr_{it}$	第二产业增加值占地区生产总值的比重
	资本劳动比	klr_{it}	平减后的资本变量/年末单位从业人员数 $klr_{it} = K_{it}/L_{it}$
	投资率	$invr_{it}$	固定资产投资额(不含农户)/地区生产总值 $invr_{it} = I_{it}/$地区生产总值

在构建计量经济模型之前,本章对各变量进行了平稳性检验,为保证各变量为同阶单整,本章将人力资本、资本劳动比两个变量进行了取对数处理。此外,协整检验结果表明,各变量之间存在协整关系,符合建立计量经济模型的条件。

5.4 人口红利、人力资本对经济增长非对称影响的实证分析

5.4.1 门限面板数据模型构建

在理论分析的基础上,本章构建门限面板数据模型进行实证分析。人口红利、人力资本对经济增长的影响,在很大程度上受到经济和社会制度的影响。例如,在经济发展的过程中,户籍制度、市场势力等制约了商品和劳动力的自由流动,致使部分人口没有形成有效的劳动力,人力资本需求与供给结构性错配的现象突出,限制了人口红利、人力资本在中国经济增长中的作用。

与此同时,中国经济不断发展的过程,实际上也是市场化持续推进的过程。

市场化改革发挥了积极的资源配置效应，使得经济效率大幅提升，是我国经济和社会制度变迁的集中体现，对于人口红利、人力资本作用的实现也具有重要影响。因此，本章选取市场化进程（mar_{it}）为门限变量，研究在市场化程度变迁与中国经济发展的不同阶段中，人口红利和人力资本对于经济增长的非对称效应。

本章首先采用2002~2013年全部样本进行估计，然后以2008年国际金融危机为界限将样本分为两个时期，即采用2002~2008年、2009~2013年两个时段进行估计。采用上述三个时期样本进行经济增长估计时，门限值个数的检验结果表明三次回归中均存在两个门限值γ_1和γ_2，因此，可以构建门限面板数据模型如式（5-14）所示。

$$\mathrm{lnpgdp}_{it} = \begin{cases} \alpha_{0i} + \delta_1 \mathrm{dedi}_{it} + \eta_1 \mathrm{lnhc}_{it} + \alpha_1 \mathrm{fir}_{it} + \alpha_2 \mathrm{mar}_{it} + \alpha_3 \mathrm{indr}_{it} + \alpha_4 \mathrm{lnklr}_{it} + \alpha_5 \mathrm{invr}_{it} + \mu_{it}, & \mathrm{mar}_{it} \leq \gamma_1 \\ \alpha_{0i} + \delta_2 \mathrm{dedi}_{it} + \eta_2 \mathrm{lnhc}_{it} + \alpha_1 \mathrm{fir}_{it} + \alpha_2 \mathrm{mar}_{it} + \alpha_3 \mathrm{indr}_{it} + \alpha_4 \mathrm{lnklr}_{it} + \alpha_5 \mathrm{invr}_{it} + \mu_{it}, & \gamma_1 < \mathrm{mar}_{it} \leq \gamma_2 \\ \alpha_{0i} + \delta_3 \mathrm{dedi}_{it} + \eta_3 \mathrm{lnhc}_{it} + \alpha_1 \mathrm{fir}_{it} + \alpha_2 \mathrm{mar}_{it} + \alpha_3 \mathrm{indr}_{it} + \alpha_4 \mathrm{lnklr}_{it} + \alpha_5 \mathrm{invr}_{it} + \mu_{it}, & \mathrm{mar}_{it} > \gamma_2 \end{cases}$$
（5-14）

其中，α_{0i}、$\delta_1 \sim \delta_3$、$\eta_1 \sim \eta_3$、$\alpha_1 \sim \alpha_5$ 为待估参数；μ_{it} 为随机扰动项。

5.4.2 门限面板数据模型的估计结果

基于2002~2013年、2002~2008年和2009~2013年三个时段样本，得到经济增长模型的估计结果如表5-3所示。

表5-3 人口红利与人力资本对经济增长影响模型分时段估计结果

变量名称及符号		估计系数	全部样本（2002~2013年）	第Ⅰ时期（2002~2008年）	第Ⅱ时期（2009~2013年）
人口红利（dedi_{it}）	区制1（$\mathrm{mar}_{it} \leq \gamma_1$）	$\hat{\delta}_1$	0.027*** (14.54)	0.003 (1.09)	0.027*** (10.93)
	区制2（$\gamma_1 < \mathrm{mar}_{it} \leq \gamma_2$）	$\hat{\delta}_2$	0.014*** (11.92)	0.018*** (12.66)	0.018*** (6.75)
	区制3（$\mathrm{mar}_{it} > \gamma_2$）	$\hat{\delta}_3$	0.008*** (5.73)	0.015*** (10.15)	0.007** (2.04)
人力资本（lnhc_{it}）	区制1（$\mathrm{mar}_{it} \leq \gamma_1$）	$\hat{\eta}_1$	0.600*** (34.84)	0.563*** (27.84)	0.515*** (14.94)
	区制2（$\gamma_1 < \mathrm{mar}_i \leq \gamma_2$）	$\hat{\eta}_2$	0.631*** (35.45)	0.535*** (26.11)	0.545*** (13.68)
	区制3（$\mathrm{mar}_{it} > \gamma_2$）	$\hat{\eta}_3$	0.638*** (33.34)	0.526*** (24.38)	0.758*** (17.49)
政府干预（fir_{it}）		$\hat{\alpha}_1$	-0.001 (-0.55)	-0.001 (-1.25)	0.009*** (4.47)
市场化进程（mar_{it}）		$\hat{\alpha}_2$	0.017** (2.48)	0.025*** (3.18)	0.011 (0.80)
产业结构（indr_{it}）		$\hat{\alpha}_3$	0.010*** (14.25)	0.013*** (14.52)	0.019*** (9.50)

续表

变量名称及符号	估计系数	全部样本 （2002~2013年）	第Ⅰ时期 （2002~2008年）	第Ⅱ时期 （2009~2013年）
资本劳动比（lnklr$_{it}$）	$\hat{\alpha}_4$	0.560*** (65.85)	0.565*** (45.28)	0.277*** (13.28)
投资率（invr$_{it}$）	$\hat{\alpha}_5$	0.001*** (3.16)	0.001*** (3.98)	−0.0002 (−0.36)
第1个门限值（γ_1）		0.796	−0.384	2.542
第2个门限值（γ_2）		2.595	2.498	2.943
拟合优度 R^2		0.891	0.849	0.565
样本数		2 976	1 736	1 240

和*分别代表在0.05和0.01显著性水平下显著

注：括号内为 t 值，门限值对应的为 F 值

在估计结果表 5-3 中，两个门限值 γ_1 和 γ_2 将市场化进程分成三个区制，即 mar$_{it}$≤γ_1 对应于市场化程度相对较低的区制 1，γ_1<mar$_{it}$≤γ_2 对应于中市场化程度区制 2，mar$_{it}$>γ_2 对应于市场化程度相对较高的区制 3，门限值的估计结果如表 5-3 所示。

5.4.3　2002~2013 年人口红利趋于消失，人力资本红利逐渐形成

如表 5-3 所示，2002~2013 年全部样本的估计结果表明，在市场化程度由低到高的区制 1、区制 2 和区制 3 中，人口红利（dedi$_{it}$）对经济增长的影响系数由 0.027 减小到 0.014 再变化至 0.008。总体而言，2002~2013 年随着市场化进程的加速，人口红利对于经济增长的促进作用逐渐减弱，这与大多数发达国家经济增长初期和中期的事实相符合，生育率下降，人口老龄化加快，劳动年龄人口增速逐渐放缓，实际参与经济的劳动力数量开始减少，人口红利消失的特征较为明显。

在市场化程度由低到高变迁的区制 1 到区制 3 中，人力资本（lnhc$_{it}$）对经济增长的影响系数由 0.6 逐渐增大至 0.638。总体而言，2002~2013 年，随着市场化程度的加深，人口红利与人力资本在经济增长中的作用呈现了"此消彼长"的关系，人力资本对于经济增长的促进作用不断显现使得人力资本红利逐渐形成。中国经济增长的动力已经开始由数量型的人口红利向质量型的人力资本红利转换。

5.4.4　人口红利对于经济增长具有先上升后下降的倒"V"形影响

分时段的估计结果表明，由表 5-3 可得，2002~2008 年区制 1 中人口红利变量

（dedi$_{it}$）的估计系数不显著，区制 2 和区制 3 中估计系数变为显著，并维持在 0.015~0.018，这一时期人口红利对于经济增长的贡献开始显现。人口的数量优势、低成本优势是人口红利的主要来源。具体而言，人口红利通过以下三种途径显著促进了经济增长。

一是大规模的劳动力要素投入，为生产领域劳动密集型的"中国制造"提供了低成本的要素投入。2002~2008 年，我国 15~64 岁人口占总人口的比重由 70.3%上升至 72.7%，劳动年龄人口占总人口比重大，使得经济活动中的劳动力参与率较高，劳动力资源的充分利用带来了经济的高速发展。

二是较低的人口抚养比带来了高储蓄率和高投资率。2002~2008 年，我国总抚养比由 42.25%下降至 37.36%，降低了近 5 个百分点，劳动人口投入所产生的经济效益远超过抚养人口的社会消耗，不但形成了"人口红利窗口"时期，而且由于需要赡养的老人和孩子数量较少，劳动人口的抚养负担较轻还提高了社会储蓄率，增加了生产性投资和资本积累，提供了经济快速增长阶段所急需的资本要素。

三是劳动力流动带来了劳动力配置效率的大幅提升。随着市场化进程的推进和城乡二元户籍控制的松动，农村地区大量剩余劳动力由生产率较低的农业部门，走向生产率较高的城市工业和服务业部门。据测算，2008 年我国"农民工"占第二产业和第三产业就业人口的比重高达 46.5%，其中建筑业占到了近 80%[①]。人口向更高效率产业和更发达区域的转移，提升了分工协作水平和劳动生产率，进而带来了经济增长红利。

与 2002~2008 年显著不同，表 5-3 中的估计结果显示，2009~2013 年人口红利（dedi$_{it}$）对经济增长的影响系数由 0.027 降低到 0.018 再减小至 0.007，人口红利在促进经济增长中的作用进入下降期。实际上，人口红利与人口债务是相对应的，在 2008 年之前人口红利对经济增长产生积极贡献的同时，不断下降的生育率、持续加速的人口老龄化使得人口负债已经逐渐累积。

人口红利消失从多个方面影响到中国经济的持续增长，并减弱了经济可持续增长的内在动力。一方面，劳动力的负担上升，特别是生育、抚养子女的成本快速上升，使得居民的储蓄增速减缓，并且，根据生命周期理论，当成年型社会趋向于老年型社会时，老龄化负担呈累进式加重的趋势，加大了消费性人口比例，降低了生产性人口比例，致使我国经济增长中的劳动力要素出现了相对短缺。

例如，随着我国市场化进程和城镇化进程的加速，自 2004 年开始，我国部分东部沿海省市出现了劳动力短缺的"用工荒"，此后"用工荒"的程度进一步加剧。2009 年，全国农民工监测调查结果显示，全国外出农民工总量 14 533

---

① 数据来源：《"人口零增长"的喜与忧》，http://views.ce.cn/view/ent/201007/30/t20100730_21670138.shtml。

万人，增速为 3.5%，农村剩余劳动力数量逐渐减少，进一步通过城镇化能够转移出的农村劳动力已经十分有限。2009 年，在东部地区务工的外出农民工约为 9 076 万人，同比下降 8.9%，占全国外出农民工人数的 62.5%，比 2008 年降低 8.5 个百分点[①]。

劳动力的短缺及刘易斯拐点的出现，改变了长期以来我国劳动力低成本的状况，农民工工资水平普遍上涨，劳动力成本上涨对于制造业和出口行业的竞争力产生了不利影响，成为中国经济增速放缓的原因之一。国家统计局公布的数据显示，2013 年我国城镇非私营单位就业人员年平均工资 51 474 元，同比名义增长 10.1%；城镇私营单位就业人员年平均工资 32 706 元，同比名义增长 13.8%。2013 年全国有 27 个地区上调最低工资标准，平均增幅为 17%，20 个地区制定了工资指导线，基准线普遍在 14%左右[②]。

另一方面，劳动力成本快速上升的同时，劳动生产率并没有出现大幅提升，因而进一步减少了劳动投入的边际收益。劳动年龄人口在向老年人口转变的过程中，由缺少人口补充导致的年龄结构"老化"本身就影响到劳动生产率。此外，劳动年龄人口下降还会使储蓄率和资本投入增速变慢，资本生产率和资本积累增速放缓。

5.4.5 人力资本对于经济增长的影响呈现先减弱后增强的"V"形特征

表 5-3 中分时段的估计结果显示，2002~2008 年区制 1 至区制 3 中人力资本变量（$lnhc_{it}$）的估计系数虽然均显著为正，但是由 0.563 下降至 0.526，人力资本对于经济增长的贡献程度出现了略微减弱的特征。这一时期，在国家实行高等学校扩张和高等教育大发展的初级阶段，高校培养的大量毕业生进入就业市场，在劳动力市场不完善、劳动保障制度不健全等背景下，劳动力结构与产业结构匹配错位、失衡现象导致的结构性失业问题十分突出。具体而言，由于处于工业化的中期，产业结构中仍以第二产业为主导，部分工业行业特别是劳动密集型行业对低水平劳动力的需求较大，对高素质劳动力的吸纳能力不强，致使部分人力资本被浪费，人力资本在经济增长中的贡献出现了短暂的下降。

从人力资本的累积到获取人力资本的收益，实现其对于生产率的提升再到对

---

① 数据来源：《2009 年农民工监测调查报告》，http://www.stats.gov.cn/ztjc/ztfx/fxbg/201003/t20100319_16135.html。

② 数据来源：《2013 年单位就业人员工资水平继续保持增长》，http://www.cssn.cn/jjx/jjx_bg/201405/t20140528_1188370.shtml。

经济增长的促进作用，具有一定的时滞效应。其中，教育是实现人力资本累积的主要方式，不但人力资本需要经过连续不断的多次教育投资行为才能形成，使得人力资本形成的时间过程本身比物质资本要长，而且投资周期的延长增大了人力资本收益的风险性和不确定性。

人力资本与物质资本有效结合，才能充分体现人力资本的价值。我国高等学校对人才进行培养的过程中，更为注重的是理论基础与专业知识，对于专业技能和实践能力的培养方面存在一定的不足。进入工作岗位后，高校毕业生才能够将包含理论知识的人力资本与具有实践价值的物质资本相结合，以提高劳动效率、推动技术创新和技术进步为途径，增加人力资本投入的边际产出进而实现向生产力的转化。在这一过程中，人力资本投入对经济产出的贡献还没有充分显现。

2009~2013年，人力资本对于经济增长的贡献作用持续增强，如表5-3所示，这一时期在市场化程度较高的区制3中，人力资本（$lnhc_{it}$）对经济增长的影响系数为0.758，明显高于区制1中的影响系数0.515，教育发展的外部性不断体现，丰富的人力资本在多个方面实现了对经济增长的溢出效应。

人力资本累积首先会直接导致劳动人口本身生产效率的提高，然后会间接推动物质资本的不断更新并促进资本要素利用效率的改善，从而提升整体经济效率以实现宏观经济的增长绩效。人力资本的累积及其实现的效率提升或技术进步，还可以抵消甚至改变要素投入的边际收益递减规律，提高劳动和资本要素生产能力并向外扩展经济的生产可能性边界。

更为重要的是，在促进经济增长的过程中，我国的人力资本还具有相当的数量优势和成本优势。2013年，我国研发人员折合全时当量达到353.3万人年，同比增长8.8%，其中研究人员148.4万人年，占42.0%，中国已经成为科技人力资本最为丰富的国家之一。同时，2013年，我国科学研究和技术服务业人均工资虽然达到了76 602元[①]，但是仍远低于美国、日本、英国等发达国家的水平，因此，高数量和低成本优势使得人力资本红利在未来一段时期内还将延续。

高端人力资本的成本优势，尤其是研发活动中的研发低成本优势，为我国提高研发强度、对先进技术的追赶和超越提供了有利条件，为经济实现可持续增长提供了内生动力。研发投入方面，继2012年我国研发经费突破万亿元之后，2013年研发经费投入额为11 846.6亿元，同比增长15%，研发经费投入强度达到2.08%，首次超过了2%的临界水平（陈磊，2014）。在研发投入和科技成果快速增长的同时，科技成果转化进一步实现了大幅提升，2013年全国技术市场中合同成交金额为7 469.1亿元，同比增长16%，万人输出技术成交额为536.98万元，比

---

① 数据来源：《中国科技统计年鉴2014》（中国统计出版社，2014年）。

2012 年的 437.03 增长了 22.87%。最后，2009~2012 年，GDP 与人力资本总量的比率基本呈上升趋势，人力资本的平均生产效率在逐渐提高[①]。

在 2002~2008 年和 2009~2013 年两个时期，人口红利对经济增长呈现先上升后下降的倒 "V" 形影响，与人力资本对经济增长影响先减弱后增强的 "V" 形特征相对比，进一步验证了经济增长的内在动力已经由人口数量转向人口质量，由人口红利转向人力资本红利。

5.5 不同类型城市人口红利、人力资本对经济的差异化影响

中国的各个城市间存在很大差别，特别是在不同规模、不同发展水平的城市中，人口红利、人力资本对于经济增长的影响可能存在较大差异。

5.5.1 不同规模城市中人口红利与人力资本对经济增长的影响

首先将城市按照规模分组，衡量城市规模的变量一般为人口数，采用各城市年末人口数（$popu_{it}$）作为城市规模的代表变量，参照 2014 年公布的《国务院关于调整城市规模划分标准的通知》，选取年末人口数为 300 万人和 500 万人为标准对城市进行分组，将 $popu_{it}$ 大于等于 500 万人的城市划分为大城市，将 $popu_{it}$ 大于 300 万人且小于 500 万人的城市划分为中等规模城市，$popu_{it}$ 小于等于 300 万人的城市界定为小城市。

在该部分，本章采用 2002~2013 年全部样本和广义最小二乘方法估计经济增长模型（5-15）。

$$\ln pgdp_{it} = \hat{\rho}_{0i,k} + \hat{\rho}_{1,k}\text{dedi}_{it} + \hat{\rho}_{2,k}\text{lnhc}_{it} + \hat{\rho}_{3,k}\text{fir}_{it} + \hat{\rho}_{4,k}\text{mar}_{it} \\ + \hat{\rho}_{5,k}\text{indr}_{it} + \hat{\rho}_{6,k}\text{lnklr}_{it} + \hat{\rho}_{7,k}\text{invr}_{it} + \mu_{it,k} \quad (5\text{-}15)$$

其中，$k=1$ 代表大城市，$k=2$ 代表中等城市，$k=3$ 代表小城市；$\hat{\rho}_{0i,k}$、$\hat{\rho}_{1,k} \sim \hat{\rho}_{7,k}$ 为参数估计量；$\mu_{it,k}$ 为随机扰动项。

三组规模不同的城市中，人口红利、人力资本对经济增长影响的估计结果如表 5-4 所示。

[①]《中国人力资本报告 2015》，中央财经大学中国人力资本与劳动经济研究中心，http://humancapital.cufe.edu.cn/rlzbzsxm/zgrlzbzsxm2015.htm。

表 5-4　不同规模城市中人口红利与人力资本对经济增长影响的估计结果

变量名称及符号	估计系数	大城市（$k=1$）	中等城市（$k=2$）	小城市（$k=3$）
人口红利（$dedi_{it}$）	$\hat{\rho}_{1,k}$	0.024*** （14.67）	0.030*** （16.88）	0.014*** （9.96）
人力资本（$lnhc_{it}$）	$\hat{\rho}_{2,k}$	0.590*** （20.95）	0.597*** （21.56）	0.602*** （18.74）
政府干预（fir_{it}）	$\hat{\rho}_{3,k}$	-0.007*** （-3.81）	-0.002*** （-2.62）	-0.002 （-0.74）
市场化进程（mar_{it}）	$\hat{\rho}_{4,k}$	0.050*** （5.93）	0.011 （1.29）	0.055*** （5.64）
产业结构（$indr_{it}$）	$\hat{\rho}_{5,k}$	0.009*** （7.46）	0.015*** （13.28）	0.008*** （5.62）
资本劳动比（$lnklr_{it}$）	$\hat{\rho}_{6,k}$	0.615*** （46.03）	0.547*** （38.36）	0.595*** （38.49）
投资率（$invr_{it}$）	$\hat{\rho}_{7,k}$	-0.0002 （-0.59）	0.0002 （0.73）	0.001*** （2.59）
拟合优度 R^2		0.901	0.913	0.857
样本数 N		1 075	889	1 012

***代表在 0.01 显著性水平下显著
注：括号内为 t 值

表 5-4 显示，在三种不同规模的城市中，小城市人口红利（$dedi_{it}$）对于经济增长的影响系数为 0.014，低于中等城市的 0.030 和大城市的 0.024。近年来，我国大中型城市，特别是在大城市快速扩张和城镇化加速推进的同时，小城市却呈现了平稳发展与城镇化缓慢递进的典型特征。相比之下，大城市和中等城市生育率偏低，小城市由于生活成本低和生活压力小，生育意愿还相对较高，并且大中型城市城镇化水平的快速提高使得其对于人口、劳动力的吸纳能力不断增强，小城市特别是其中的乡村为其提供了源源不断的劳动力，创造了大规模低成本的劳动供给。根据第六次全国人口普查的结果，2010年，中小城市相对集中的河南、安徽、江西、湖南、湖北中部五省向外省迁出人口共计 3 715.5 万人，占全国跨省流动人口的 43.3%（刘玉，2014）。人口的"乡村→城镇""小城市→大城市"的迁移推迟了大中型城市人口红利消失的时间。

小城市人口大量流向了大中型城市的同时，"空巢化"使其人口抚养比较高、剩余劳动力转化为有效劳动力的比例不断降低。并且，在劳动力流动和城镇化推进的过程中，大中型城市劳动力要素的供求关系发生了重要变化，部分劳动密集型行业或服务业中"用工荒"现象凸显，城乡劳动力需求大于供给的缺口逐渐扩大，所形成的城市间工资差进一步增强了劳动力迁移的动机，加速了小城市劳动力向大中型城市的转移。

此外，流向大城市、中等规模城市的人口和劳动力不但是生产者而且是消费者，拉动了消费需求以及对经济增长贡献较大的房地产需求等，以高消费、高投资带动高增长，释放了人口红利。将大城市、中等城市进行比较可得，由于大城市劳动力投入已经呈现了一定的边际收益递减特征,中等规模城市中的人口红利特征更为明显。

根据表 5-4 中的估计结果,不同规模城市人力资本变量($lnhc_{it}$)的估计系数比较接近,大城市、中等城市和小城市人力资本对于经济增长的影响系数在 0.590~0.602。城市规模明显不是影响我国经济增长中人力资本作用发挥的重要因素。

不同于部分劳动密集型行业中劳动需求大于供给的情形,高端劳动力市场上结构性矛盾较为突出,人力资本供大于求的特征比较明显,这也成为人力资本流动性程度较高的一个主要原因。人力资本在不同规模的城市之间流动时,追求的是其价值的实现,即投入的边际收益相等。当大城市中人力资本的比较优势不足时,其转移到中小城市仍然可以获得更好的回报。因此,不同规模城市中人力资本对于经济增长的贡献程度相当。

5.5.2 不同发展水平城市中人口红利与人力资本对经济增长的影响

本章再将城市按照经济发展水平分组,根据经济发展阶段理论,国内外文献中一般采用实际人均地区生产总值变量($pgdp_{it}$)作为经济发展水平的代表变量,根据中国各城市的实际发展状况,本章选取 $pgdp_{it}$ 为 20 000 元和 12 000 元两个界限值对城市进行分组,将 $pgdp_{it}$ 高于 20 000 元的城市划分为发达城市,将 $pgdp_{it}$ 低于 12 000 元的城市划分为欠发达城市,在两个界限值之间的划分为中等发达城市。

在该部分,本章采用广义最小二乘方法,基于 2002~2013 年全部时间样本估计经济增长模型(5-16)。

$$lnpgdp_{it} = \hat{\beta}_{0i,j} + \hat{\beta}_{1,j}dedi_{it} + \hat{\beta}_{2,j}lnhc_{it} + \hat{\beta}_{3,j}fir_{it} + \hat{\beta}_{4,j}mar_{it} \\ + \hat{\beta}_{5,j}indr_{it} + \hat{\beta}_{6,j}lnklr_{it} + \hat{\beta}_{7,j}invr_{it} + \varepsilon_{it,j}$$

(5-16)

其中,$j=1$ 代表发达城市,$j=2$ 代表中等发达城市,$j=3$ 代表欠发达城市;$\hat{\beta}_{0i,j}$、$\hat{\beta}_{1,j} \sim \hat{\beta}_{7,j}$ 为参数估计量;$\varepsilon_{it,j}$ 为随机扰动项。

不同经济发展水平城市中人口红利、人力资本对经济增长影响的估计结果列于表 5-5。

表 5-5 不同发展水平城市中人口红利与人力资本对经济增长影响的估计结果

变量名称及符号	估计系数	发达城市($j=1$)	中等发达城市($j=2$)	欠发达城市($j=3$)
人口红利($dedi_{it}$)	$\hat{\beta}_{1,j}$	0.018*** (14.08)	0.014*** (10.39)	0.017*** (9.05)
人力资本($lnhc_{it}$)	$\hat{\beta}_{2,j}$	0.573*** (16.75)	0.299*** (13.13)	0.571*** (21.89)
政府干预(fir_{it})	$\hat{\beta}_{3,j}$	−0.009*** (−2.84)	−0.007*** (−5.00)	−0.002** (−1.91)

续表

变量名称及符号	估计系数	发达城市（$j=1$）	中等发达城市（$j=2$）	欠发达城市（$j=3$）
市场化进程（mar_{it}）	$\hat{\beta}_{4,j}$	0.030*** （3.71）	0.030*** （4.68）	0.026*** （3.18）
产业结构（$indr_{it}$）	$\hat{\beta}_{5,j}$	0.001 （0.56）	0.001 （1.33）	0.011*** （11.87）
资本劳动比（$lnklr_{it}$）	$\hat{\beta}_{6,j}$	0.541*** （31.25）	0.349*** （20.80）	0.469*** （32.42）
投资率（$invr_{it}$）	$\hat{\beta}_{7,j}$	0.001 （1.21）	0.0001 （0.29）	0.001 （1.49）
拟合优度 R^2		0.708	0.712	0.879
样本数 N		1 072	801	1 103

和*分别代表在 0.05 和 0.01 显著性水平下显著

注：括号内为 t 值

如表 5-5 所示，在发达、中等发达和欠发达三种不同经济发展水平城市中，人口红利（$dedi_{it}$）对于经济增长影响的估计系数维持在 0.014~0.018，均十分显著，且差异不大，表明我国各种经济发展程度的城市中人口红利对于经济增长的贡献近似，这主要是不同经济发展水平城市中劳动力流动与产业转移所导致的平衡现象。

我国大部分发达城市集中于东部地区，欠发达城市多位于西部地区。在老龄化方面，东部地区的人口年龄结构已经由"成年型"向"老年型"转变，但西部地区人口老龄化进程慢于东部，2011 年，在尚未进入老龄化社会的省区市中，西部省区市的比重高达 71.43%（姚慧琴和徐璋勇，2013），就人口年龄结构而言，东部发达城市的人口红利应小于西部欠发达城市，但同时西部大批劳动力转移到东部，补偿了东部地区劳动力资源的供给，因此实现了经济增长中发达地区与欠发达地区之间人口红利的平衡。

农民工的流动是劳动力"自西向东"流动模式的重要体现。从流向上分析，2012 年，在东部地区务工的农民工为 1.698 亿人，占农民工总量的 64.7%。并且，东部地区，特别是发达城市农民工以就地就近转移为主，中西部地区相对欠发达城市的农民工以外出为主，从构成上可见，2012 年，东部地区农村户籍劳动力中农民工占 54.9%，其中本地农民工占 34.7%，比外来农民工的 20.2% 高出 14.5 个百分点。

与劳动力的流动方向相反，产业"由东向西"的梯度转移，创造了中西部城市对劳动力的大量需求。从就业地区农民工的增长速度来看，流向中西部地区中等发达和欠发达城市的农民工人数增速明显快于东部地区，2012 年，在中部地区、西部地区务工的农民工数量增速分别为 6.0% 和 6.2%，比 2011 年分别提高了 0.3 个和 0.4 个百分点，而东部地区务工农民工数量增速为 2.7%，相比 2011 年下降了 0.7 个百分点（蔡昉，2013）。

人力资本对经济增长的影响方面，根据表 5-5 中的结果可得，不同经济发展水平城市人力资本变量（$lnhc_{it}$）的估计系数存在明显差异，其中，发达城市和欠发达城市人力资本对于经济增长的影响系数分别为 0.573 和 0.571,而中等发达城市人力资本对经济增长的影响系数仅为 0.299。欠发达城市人力资本对经济增长的影响与发达城市十分接近,这主要是因为两类城市在经济增长的不同阶段中,欠发达城市人力资本的高边际产出和发达城市人力资本的集聚效应现象较为突出,与中等发达城市人力资本的较低贡献形成了鲜明对比。

在欠发达城市中,人力资本的投入相对不足,人力资本积累首先会直接导致劳动人口本身生产效率的提高,然后会间接推动物质资本的不断更新并促进资本要素利用效率的改善。具体而言,中西部一些欠发达城市较快的经济增长和较大的创新空间,产生了对人力资本的巨大需求,该类城市人力资本的稀缺性使得其投入的边际收益很高,对技术进步的促进作用十分显著。并且,人力资本投入还可以产生一系列的溢出效应,对于新技术扩散、科技知识向生产力的转化等起到了积极推动作用,使得人力资本投资在欠发达地区的收益率与发达地区大体相同,这一点与李海峥等(2013)的结论基本一致。

发达城市具有健全的社会保障制度、医疗保险制度,能够为高端人才提供良好的基础设施和信息资源等公共服务,因而成为大规模优秀人才的集聚地。根据全国第六次人口普查的数据计算可得,2010 年,北京、上海、天津、重庆四个直辖市大学文化程度人口累计接近 1 600 万人,占全国总数的 11.5%[①]。在发达城市中,人才集聚使得人力资本实现了较快累积,形成了人力资本的规模优势和规模经济,人力资本的累积可以抵消甚至改变要素投入的边际收益递减规律,提高劳动和资本要素生产能力并向外扩展经济的生产可能性边界,发挥人力资本对于经济效率提升和产出增长的作用。因此,在欠发达城市和发达城市中,人力资本对于经济增长的贡献均十分显著且作用较大,两类城市中实现了人力资本红利。

在人力资本配置的过程中,中等发达城市成为人力资本"空心化"的"人才洼地",在原有投入的人力资本边际产出已经稳定的情况下,由于工作环境等各方面的限制,难以吸引高端人力资本,由于缺乏较大力度的科技支撑和智力支持,难以实现产业结构优化升级、经济跨越式发展与人力资本累积的良好循环,因此,中等发达城市所汲取的人力资本红利要低于发达城市与欠发达城市。

5.6 本章小结

本章基于中国地市级面板数据和门限面板数据模型,分析了人口红利与人力资本红利对于经济增长影响的差异程度和变动趋势,研究了新常态下中国经济增

[①] 数据来源:http://www.stats.gov.cn/tjsj/pcsj/rkpc/6rp/indexch.htm。

长的动力转换机制。结论认为，2002~2013年，随着市场化进程的加速和经济发展阶段的变迁，劳动力的短缺及刘易斯拐点的出现导致劳动力的数量优势、低成本优势逐渐消失，与此同时，教育发展的外部性不断体现，人力资本的累积提升了劳动生产率和整体经济效率，在一定程度上减弱了要素投入边际收益递减规律的影响，推动经济的生产可能性边界向外扩展，人力资本红利取代人口红利，逐步成为经济增长的新动力来源。

基于不同类型城市的分析可得，在大中型城市快速扩张和城镇化加速推进的同时，小城市呈现了平稳发展与城镇化缓慢递进的特征，小城市特别是其中的乡村为大中型城市提供了源源不断的劳动力，创造了大规模低成本的劳动供给，推迟了大中型城市人口红利消失的时间。在经济增长过程中，发达城市人力资本的集聚效应和欠发达城市人力资本的高边际产出特征均十分明显，中等发达城市的人力资本"空心化"特征使得其人力资本红利要低于发达城市与欠发达城市。

人口红利的逐渐消失，使得劳动力逐渐成为稀缺资源，不再具备大规模投资扩张拉动经济增长的基础，传统的经济增长动力难以为继，潜在增长率下降导致经济增速放缓。人力资本红利的进一步释放，对于提高经济增长质量，增强经济发展的内生动力具有重要意义。特别是，在供给侧改革的过程中，更应着重关注劳动力供给中人力资本要素的合理配置和有效利用，提高经济效率。具体措施如下。

第一，以制度红利保障人力资本红利的实现。进一步实现人力资本红利要以新的制度红利为保障，打破体制壁垒，破除人才流动的制度性障碍，让市场在人力资本的配置中起决定性作用，实现人力资本由低效率部门向高效率部门的转移，充分发挥人力资本在长期效率提升和技术进步中的作用。并且，应深化改革人力资本投入制度和人力资本要素分配制度，深入改革绩效管理制度，形成以激励为主，兼顾包容性的人力资本收入分配结构，有效刺激高端人才创新创业的积极性。

第二，将学前教育纳入义务教育体系，打好人力资本质量提升的基础。提高人力资本质量是保持人力资本红利持续发挥的关键所在，而教育又是提高人才质量的主要途径。在我国当前的教育体系中，学前教育这一环节仍相对薄弱。国内外学者的研究均表明，学前教育是人才培养最为基础和最为关键的阶段，这一时期教育投资的回报最高，并且其机会成本最低。中央和地方政府应加大对学前教育的财政支出力度，尽快将学前教育纳入义务教育体系，解决学前教育资源分配不均的问题，实现学前教育公共服务均等化，以完善的教育制度提升人力资本质量。

第三，重点进行中等发达城市人力资本红利的挖掘。在实施区域经济开发的过程中，中等发达城市的发展往往容易被忽略，尤其是可能成为"人才洼地"。而中等发达城市是统筹城乡一体化、推进城镇化的关键环节和重要支点，因此，应在产业结构调整和产业梯度转移的过程中,加快制定中等发达城市人才引进政策,发挥中等发达城市的宜居环境等比较优势,保证人力资本投资主体的高收益,推动中等发达城市由"人才洼地"向"人才成本洼地""人才收益高地"转变,以人才集聚激发中等发达城市经济增长的内生动力,最终实现整体经济的长期可持续发展。

第6章 人力资本的经济增长效应：交互效应与传导路径

随着知识经济时代的到来，特别是在发达国家和城市中，经济增长的关键性因素已经由劳动和资本等传统要素转向人才和技术等创新要素（Galor and Moav，2004），人力资本对经济增长的贡献率超过40%。根据新经济增长理论可知，人力资本是具有丰富知识和专业化技术的劳动力，对于全要素生产率的提高具有推动作用，逐渐成为影响创新水平和创新能力的关键因素。人力资本除了自身具有高收益率之外，还能够通过促进技术进步在一定程度上打破要素边际收益递减的规律，提升传统资源和要素的收益率，进而决定城市未来的发展潜力。

作为资源和要素的集聚地，城市自然就成为人才的承载地。一个城市要实现经济增长的关键是促进人力资本的累积和建设创新型城市已经成为共识。创新型城市定义为主要依靠科技、人才等要素驱动发展的城市，其中人才是创新活动的基础和主体。在世界范围内，许多城市都利用优惠政策和优越环境吸引高端人才向其集聚，以增强城市未来发展的内在动力（Reiner et al.，2017）。发达国家创新型城市（如波士顿、东京、伦敦等）发展的经验表明，要突破城市经济增长的瓶颈并实现城市的跨越式发展，就必须实现人力资本累积与经济快速发展的循环累积。对于资源枯竭型城市、地理优势不明显或发展水平较低的城市而言，走出人力资本存量低与经济增长速度慢的"低水平陷阱"，是其在短时间内缩短与发达城市差距的重要方式。

需要注意的是，在创新型城市建设的过程中，人力资本对于城市经济增长的影响呈现出多渠道、异质性的特征。一方面，人力资本不但能够对城市经济增长产生直接的促进作用，而且通过提高城市的全要素生产率水平间接推动经济产出增长；另一方面，人力资本对城市经济增长作用贡献的大小，还与城市的发展水平以及制度环境之间存在紧密关联，即城市特征与人力资本的交互可能会放大或缩小人力资本对经济增长的影响效应。此外，城市在吸引人才集聚时，需要为其进行必要的配套和成本支出，人力资本投资可能会加重城市的经济负担。因此，人力资本对于经济增长影响的传导路径需要重新梳理，其在经济增长中的有效性也需要进一步验证。

与其他国家相比，中国的城市类型和城市等级的多样化程度高，城市人力资本的水平存在很大差异，这就为不同类型城市人力资本在经济增长中作用的检验提供了现实依据。在2006年中国提出建设创新型国家目标之后，超过200个城市提出了建设创新型城市的计划，为探索创新型城市建设的有效路径提供了丰富的样本。特别是，近年来中国部分城市生育率下降和人口老龄化的现象十分突出，城市经济增长中劳动密集型和要素驱动型模式的优势减弱，即人口红利逐渐消失。人力资本的累积成为能否缓解部分城市人口红利消失对经济增长的不利影响，进而实现经济可持续发展和高质量增长的关键。在创新型城市建设的过程中检验人力资本的经济增长效应，不但对于其他城市经济结构转型和增长动力转换具有重要的参考价值，而且对于发展中国家建设创新型城市具有广泛的借鉴意义。

6.1 人力资本对经济增长影响的研究综述

在新古典模型中物质资本对经济增长的解释能力出现不足后，Schultz（1961）指出了人力资本可能是造成经济产出幅度高于物质资本投入幅度的主要原因，这也成为人力资本理论框架形成的标志，紧接着 Uzawa（1965）、Becker 和 Chiswick（1966）丰富了人力资本的微观理论基础。内生增长理论将人力资本视为经济增长的内生要素，推动了人力资本与经济增长关系研究的重大进展（Romer，1986；Lucas，1988）。很多学者又从实证角度验证了人力资本分布状况和不平等程度对经济增长的影响，不断丰富了人力资本与经济增长关系的研究体系（Becker et al.，1990；Mankiw et al.，1992；Murthy and Chien，1997；Castello and Domenech，2002；Giannini，2003；Park，2006）。

在内生增长理论的框架下，人力资本对于经济增长的多渠道正向促进作用已经得到反复验证（Aghion and Howitt，1992；Acemoglu，1996；Strulik，2005；Azam and Ahmed，2015；Benos et al.，2017；Ogundari and Awokuse，2018）。例如，人力资本具有高收益率，能够缓解劳动力短缺或劳动力不足，直接促进经济产出增加（Audretsch and Keilbach，2004；Whalley and Zhao，2013）；人力资本的提升还有助于增大资本、劳动等其他要素的边际产出，通过模仿和创新实现技术进步，进而有利于经济增长（Andersson and Konrad，

2001；Vandenbussche et al.，2006；Sequeira，2007；Tsai et al.，2010；Acemoglu and Dell，2010）；人力资本对经济产出和技术进步的共同推动还能够产生复合效应，扩大其对经济增长的影响。

然而，部分学者的检验结果却表明，人力资本对经济增长不存在显著影响甚至会产生负向影响（Benhabib and Spiegel，1994；Islam，1995；de la Fuente and Doménech，2006）。人力资本无效性的主要原因有人力资本的专用性程度过高、人力资本配置不当以及人力资本与物质资本的耦合程度不足等（Murphy and Topel，2016）。在此基础上，经济增长中人力资本的异质性效应，即各种类型人力资本对不同国家或不同时期经济增长的差异化影响效应的研究不断丰富（Judson，2002；Mamuneas et al.，2006；Fleisher et al.，2010）。Durlauf 和 Johnson（2010）研究发现，人力资本与经济增长之间存在非线性关系，只有在满足一定的临界条件时，人力资本对于经济增长的促进作用才会显现，即人力资本对经济增长的影响存在门槛效应（Kourtellos et al.，2015；Ahsan and Haque，2017）。

现有文献对于人力资本和经济增长关系的研究大多以国家或企业为样本（Campbell et al.，2012；Manuelli and Seshadri，2014；Lee J W and Lee H，2016），在城市范围内对这一问题的关注度明显不足。实际上，城市人力资本与工资、全要素生产率之间存在紧密联系（Rauch，1993；Glaeser et al.，1995；Glaeser and Saiz，2004；Moretti，2004；Bacolod et al.，2009；Kiuru and Inkinen，2017），人力资本是促进城市经济增长的重要因素。特别是，Eaton 和 Eckstein（1997）、Elvery（2010）指出人力资本的生产率随着城市规模的增大而上升，即与小城市相比，大城市中技术性劳动力的回报率更高。类似地，Gille（2015）指出经济增长中人力资本作用的大小还取决于经济发展水平和发展阶段。此外，人力资本在城市中还存在着工资溢价的问题（Glaeser and Maré，2001；Yankow，2006），城市为人力资本支付更多的工资，可能会在一定程度上对城市经济增长产生不利影响。

综合上述文献可得，有关人力资本对于经济增长直接影响的研究已经较为丰富，但是在人力资本对经济增长影响的间接效应、交互效应等异质性分析方面尚有欠缺。主要体现在两个方面：第一，内生增长理论的核心是人力资本首先作用于技术创新，然后间接影响经济增长（Romer，1990a），即技术在人力资本促进经济增长中处于中介地位，并且在创新型城市建设中技术效率的作用进一步得以凸显（Kummitha and Crutzen，2017），研究人力资本的经济增长效应不可避免地需要考虑生产率因素。本章将对人力资本影响生产率进而作用于经济增长的程度进行测度，对这一传导路径的显著性进行检验。第二，城市规模的扩张会引致人力资本集聚并提高其生产率，进而产生交互效应（Venables，2011）。除了城市规模之外,其他因素(如劳动力市场的分割程度)对于人力资本的流动偏好及其作用的发挥存在显著影响(Démurger et al.,2009),人力资本与产业专业化水平的交互也会使得人力资本集聚并发挥在经济增长中的贡献等(Teixeira and Queirós,2016)。本章将重点研究创新型城市建设中人力资本与城市特征的交互及其对经济增长影响的传导路径,拓展经济增长中人力资本作用异质性的研究范围。

在本章中,首先对城市人力资本和生产率水平等进行合理测度,然后综合城市经济增长和生产率的多种影响因素建立模型,以交互效应和传导路径为核心全面分析人力资本对经济增长的多维度和多渠道影响。本章剩余部分的结构安排如下:6.2 节对人口政策调整、人力资本形成等现象进行了描述;6.3 节为研究设计,对数据来源和变量的计算方法进行了说明,并给出了本章的研究框架;6.4 节是实证分析,通过构建面板数据联立方程模型对城市人力资本在经济增长中的有效性及其影响渠道进行了验证;6.5 节是进一步的思考;6.6 节是本章小结。

6.2 人口政策、老龄化与人力资本形成

目前,我国劳动力人口数量在逐渐下降同时劳动力平均年龄持续上升,严重的少子化和快速老龄化相叠加,人口结构已出现一定程度的扭曲现象。一些学者认为,中国的刘易斯拐点已经到来,人口红利逐步消失。本章首先从人口生育政策的变迁、人口红利逐渐消退、老龄化问题等五个方面来分析上述特征。

6.2.1 中国人口生育政策的变迁

从 1949 年中华人民共和国成立至改革开放之前,我国的生育模式主要是家庭分散决策,生育权主要集中在家庭和个人手中。在这一时期,城镇化水平、教育程度、医疗技术普及度均不高。在农村实行自给自足小农户的生育模式,自然经济程度高,生育以及抚养孩子的生活成本低,并且农户受到"多子多福""养儿防老"等传统思想的影响,生育率较高,这也为此后中国经济增长中的人口红利的形成奠定了基础。同时,在城镇,工资由国家计划给定,妇女整体文化水平以及生育子女所放弃的机会成本低,受到的可能性约束不高,使得出生率大幅上升。总体而言,在改革开放之前,我国处于高生育率、高出生率的"发散"式人口增长阶段。

自 1978 年改革开放之后,我国开始实行计划生育政策,生育的数量由政府集中管理。加之人们生活水平、文化知识的普遍提高,总人口数量逐渐放慢了增长

的步伐。近年来,我国人口总和生育率降低,2013年11月通过并开始实施"单独二孩"政策,但是受限于公众的收入、幸福感及社会保障不完善等因素,并没有出现生育率的大幅上升。2014年末,中国人口总数达到13.68亿人,总和生育率仅为1.5%~1.65%[1],已经低于世代更替水平,即总人口既不增加也不减少的水平。截至2015年5月底,尽管全国有1 100万对符合政策的夫妻,但仅有145万对提出了再生育申请。换言之,符合生育"单独二孩"而未生育的占比约达90%。因此,我国可能会掉入"低生育陷阱",这对于仍处于发展中阶段的中国经济而言将会成为未来发展的阻力。

6.2.2 人口红利逐渐消退

除了生育率不高外,中国劳动力人口占总人口的比重逐渐下降,也成为人口红利逐渐消退的一个重要事实。自2012年开始,我国劳动年龄人口总量首次出现下降,我国15~64岁劳动年龄人口占比开始回落。此后,2013~2014年,劳动年龄人口每年都有一定数量的减少,且劳动年龄人口占比呈递减趋势。2014年,我国16岁以上至60岁以下的劳动年龄人口为91 583万人,比2013年末减少371万人[2]。

在劳动力市场需求逐渐扩大的背景下,劳动力人口总量的逐年下降以及平均年龄的逐步上升,形成了一定程度的劳动力供不应求的局面。国家统计局2015年4月发布的《2014年全国农民工监测调查报告》显示,我国农民工总量仍在继续增加,但增速却在持续回落,且40岁以下农民工比重持续下降,由2010年的65.9%下降到2014年的56.5%。2011年、2012年、2013年和2014年农民工总量增速分别比上年回落1.0个、0.5个、1.5个和0.5个百分点[3],其中外出农民工人数增速比本地农民工人数增速回落幅度更大。

劳动力供给方面,全国岗位空缺与求职人数之间的缺口在2008年底触底反弹,并且在2010年一季度求人倍率首次破1,站上1.04的高点。进一步,在2014年第一季度达到1.11,空岗数大于求职人数,劳动力供大于求的特征明显。同时,以0~14岁人口所占的比重为例,1982年该数值为33.6%,2014年仅为16.5%,远低于世界27%的平均水平。预计在2021年之后,20世纪六七十年代第三次人口高峰出生劳动力会陆续退出,根据目前的低生育率推算,我国劳动力总量将呈悬崖式下降,特别是2030年之后,由于后备劳动力急剧大幅减少,将遇到严重的劳动力危机。

---

[1] 来源:《我国总和生育率为1.5%至1.65% 并未跌入低生育率陷阱》,http://www.xinhuanet.com/politics/2015-07/10/c_1115886591.htm。
[2] 来源:中经网统计数据库宏观年度库和作者计算。
[3] 来源:《2014年全国农民工监测调查报告》,http://www.stats.gov.cn/tjsj/zxfb/201504/t20150429_797821.html。

6.2.3 老龄化问题开始凸显

20世纪80年代以来,我国老年人口数量稳步增长,1982~2012年,65岁及以上人口数量由4 991万人增加到12 714万人,年均增加257.4万人,老年人口占比从4.9%增加到9.4%,年均增加0.15个百分点,到2014年65岁及以上人口占比达到10.1%,中国已经进入老龄化社会。从衡量人口年龄结构的抚养比指标来看,我国人口结构正在发生深刻变化。1982~2010年,我国总的抚养比整体呈下降趋势,从62.6%下降至34.2%,2011年和2012年该指标分别为34.4%和34.9%,该指标保持持续增长状态[1],显示出全社会的人口抚养负担正在加重。其中,老年人口抚养比从8.0%上升至12.7%。目前,日益加重的老龄化使得我国人口结构已经严重扭曲、人口红利消失,并导致劳动力供求发生逆转,劳动低成本的优势不复存在,要素成本上升进一步加大了经济的下行压力。由劳动力密集的粗放型发展模式向人力资本拉动的效率型驱动模式转变,是新常态下中国经济实现稳增长的重要内容。

6.2.4 国家教育投入持续上升

教育是使我国丰富的人口资源变为具有竞争力的人力资本的主要推动力,只有加大教育投入,才能促进人力资本的形成,从而对我国经济的增长做出贡献。2001~2010年,我国公共财政教育投入从约2 700亿元增加到14 200亿元,年均增长20%,高于同期财政收入的年均增长速度。2011年,为了加大教育投入、拓宽经费来源,国务院出台了《国务院关于进一步加大财政教育投入的意见》,且在2012年教育投入占GDP的比重达到4.28%,比2011年的3.93%增加了0.35个百分点,超额完成之前提出的4%的目标,成为我国教育历史上的里程碑[2]。近年来国家财政性教育经费占总教育投资的80%以上,教育投资已成为财政支出的最大分支。但是,与发达国家相比,我国教育投入不足,财政教育经费占GDP的比重仍然偏低,为此随后我国又提出了教育投入至少应占财政支出20%的指标,进一步促进教育的发展。教育促进社会的公平稳定与和谐,为了使得人人都能享受到受教育的权利,缩小教育差距,我国的助学制度不断完善,建立了家庭经济困难学生资助体系,实现从学前教育到研究生教育各个阶段全覆盖,每年资助金额近

---

[1] 来源:徐光瑞,韩力,《我国人口老龄化现状及成因分析》,http://www.cssn.cn/dybg/gqdy_sh/201404/t20140409_1061267.shtml.

[2] 来源:《中国教育经费统计年鉴2013》和作者计算。

1 000 亿元，资助学生近 8 000 万人次[①]。同时，针对边远地区的教育，提出了"国培计划"和"振兴计划"等，以提高边远地区农村人口的综合素质。继续实施"支援中西部地区招生协作计划"，在东部地区高校安排专门招生名额，面向中西部地区招生。教育部还要求部属高校公开招生名额分配原则和办法，严格控制属地招生比例，合理确定分省招生计划，调出的指标主要用于中西部及入学机会偏低的地区。为了培养大批技术人员，促进职业教育的发展，国家对所有农村、城市涉农专业学生和家庭经济困难学生普及了中等职业教育免费，以教育来促进公平、创新与发展。由此可见，国家不仅对教育加大经济投入，更是在政策上促进各个地区教育事业的发展。

6.2.5　人力资本形成的基础

人力资本是经济发展的决定性因素，只有通过人才能将生产资料转换为生产力，从而推动经济的发展。我国有着丰富的人口资源，但这并不意味着我国人力资本充足，只有通过教育投入才能将我国的人口资源转换为人力资本。"十二五"期间，我国加快推进各级各类教育发展，努力实现更高水平的普及教育，切实保障人民群众受教育的权利。入学率与升学率大幅度上升，2014 年，高等教育大众化水平逐步提升，毛入学率达到 37.5%，比 2009 年提高 13.3 个百分点。高中阶段教育入学机会进一步扩大，毛入学率达到 86.5%，比 2009 年提高 7.3 个百分点。九年义务教育巩固率达到 92.6%，比 2009 年提高 1.8 个百分点，小学净入学率达到 99.8%、初中毛入学率达到 103.5%，同时学前教育入园难的问题也得到了缓解，2014 年学前教育三年毛入园率达到 70.5%，比 2009 年提高 19.6 个百分点，提前 6 年实现教育规划纲要确定的 2020 年 70% 目标[②]。

与此同时，在线教育行业迅速扩张，增速保持在 20% 以上，2014 年规模达到 1 000 亿~1 300 亿元。由于在线教育的低成本以及时间的灵活性，更多的人可以进一步接受教育。上千万老年人通过老年大学、远程教育等形式继续学习，各类人员参与社区教育等各类学习活动达上亿人次。截至 2010 年底，拥有初中及以上学历人口占比已经达到 61.8%，而文盲率降至 6.1%。不仅如此，我国高中和大学毕业生数量迅速增长，大学以上学历人员比重不断提高，职业技术学校的发展使得中高级技工也逐渐增多，人口素质上升。教育投入的加大，进一步促进了人力资本的形成。

---

① 来源：《2013 年两会政府工作报告》，http://www.xinhuanet.com//2013lh//2013-03/18/c_115064553.htm。
② 来源：《辉煌"十二五"：我国教育事业迈上新台阶》，http://theory.people.com.cn/n/2015/1013/c40531-27690478.html。

6.3 数据来源与变量选取

本章中的数据主要来自国家统计局公布的《中国城市统计年鉴》和《中国区域经济统计年鉴》，我们搜集并整理了 2003~2015 年中国 284 个城市（市辖区）共 13 年的面板数据，采用下标 i 代表城市 $(i=1,2,\cdots,284)$，t 表示年份 $(t=2003, 2004,\cdots,2015)$。

6.3.1 核心变量

1. 城市人力资本的测算

在人力资本的测度方面，现有的文献中一般采用三种方法，即教育年限法、成本法和收入法进行估算（Gibson et al., 2003；Slottje, 2010）。其中，以收入法衡量的人力资本，不但在不同城市不同时期之间的可比性较强，而且与其他方法相比，更为准确地体现了人力资本的质量，被认为是较为合理的人力资本测算方法。

参照 Mulligan 和 Sala-i-Martin（1997）的研究，在本章中，我们依据要素的边际生产力工资理论，采取收入法进行城市人力资本 hc_{it} 的测算。具体步骤如下。

首先，设定人力资本为 1 的城市生产函数，估计得到城市单位人力资本的工资，并将其作为没有教育经历和工作经验、从事最简单生产活动劳动者的收入，即城市单位人力资本的基准工资，记为 $w_{it}(1)$。

其次，收集各城市的职工平均工资，经价格平减后将其作为城市人力资本拥有者的工资，记为 $w_{it}(hc)$。

最后，根据公式 $hc_{it}=\left[w_{it}(hc)/w_{it}(1)\right]^{1/(2\theta)}$ 计算得到第 i 城市第 t 年的人力资本，其中 θ 为城市生产函数中劳动的份额参数。

2. 城市生产率的估计

在本章中，采用面板随机前沿生产率模型测度城市的全要素生产率水平（Jondrow et al., 1982；Greene, 2005），作为创新型城市技术水平的代表。假定城市产出存在随机前沿面或最优产出水平，即

$$\text{GDP}_{it}^{*}=f(X_{it},\gamma)+\xi_{it} \tag{6-1}$$

其中，GDP_{it}^* 为城市的最优产出；X_{it} 为投入要素向量，包括资本 K_{it}、劳动 L_{it} 和土地 T_{it} 三种要素，$X_{it}=(K_{it},L_{it},T_{it})$；$\gamma$ 为参数向量；ξ_{it} 为随机扰动项。

城市的实际产出与最优产出之间可能会发生偏离，即出现非效率部分或产出损失 ψ_{it}，则实际产出与最优产出之间的关系为

$$\text{GDP}_{it} = \text{GDP}_{it}^* - \psi_{it} = f(X_{it},\gamma) + \xi_{it} - \psi_{it} \tag{6-2}$$

设 $\varepsilon_{it}=\xi_{it}-\psi_{it}$，在对 ξ_{it} 和 ψ_{it} 的分布进行假设，并采取极大似然方法估计式（6-2）后，计算得到城市的生产率 CTE_{it} 为

$$\text{CTE}_{it} = \exp\left[-E(\psi_{it}\mid\varepsilon_{it})\right] \tag{6-3}$$

3. 城市经济发展水平

与大多数文献一致，本章收集了 2003~2015 年中国 284 个城市的人均地区生产总值数据（名义值），并计算了地区生产总值平减指数（以 1996 年为基期）对其进行平减，计算得到实际的城市人均地区生产总值，作为经济增长变量以代表城市的经济发展水平，记为 pgdp_{it}。

6.3.2 控制变量

1. 城市规模

一般而言，人口数是划分城市规模的主要标准，本章选取中国各城市的全部常住人口数，用于代表城市规模，记为 CS_{it}。

2. 政府与市场

（1）市场化进程变量。在创新型城市建设中，一个城市的市场化和开放程度与劳动力流动和人力资本集聚紧密相关，本章基于中国市场化进程中的体制改革与对外开放两个方面，收集了中国各城市工业总产值中港澳台和外资企业的占比、城镇就业人员中私营和个体从业人员的占比、当年实际使用外资占地区生产总值的比重指标，基于面板主成分分析方法提取第一主成分得到各城市的市场化进程变量，记为 mar_{it}。

（2）政府干预变量。与市场化不同，政府干预可能会对城市生产率具有一定的负向影响，本章采用各城市地方财政支出占地区生产总值的比重代表政府干预变量，记为 fir_{it}。

3. 产业因素

（1）产业结构变量。城市的整体产业结构与经济增长之间存在紧密联系，本章计算了中国各城市第二产业增加值占地区生产总值的比重作为产业结构变量，记为 $indr_{it}$。

（2）产业专业化和多样化变量。参照 Duranton 和 Puga（2000）的方法，本章选用城市中就业人数最多的行业，计算该行业年末从业人员数占城市总年末从业人员数的份额作为城市产业专业化程度的度量，记为 Spe_{it}；借鉴赫芬达尔指数的计算方法，以城市中各行业就业占城市总就业的份额为基础可以计算得到城市产业多样化指数，记为 Div_{it}。专业化和多样化还可以作为城市产业内集聚和跨产业集聚的表示，是城市产业特征的重要体现形式。

4. 要素特征

（1）资本劳动比变量。资本劳动比不但可以用于反映城市的资本深化程度，而且是城市整体要素结构的重要表示变量，本章将各城市固定资产和流动资产之和作为资本变量 K_{it}，求其与城市年末从业人员数 L_{it} 的比值，计算得到城市的资本劳动比 klr_{it}。

（2）投资产出比变量。对于处于工业化进程中的中国而言，要素驱动型增长方式尚未发生根本转变，投资仍然是中国城市经济增长重要的拉动力之一。本章计算了各城市固定资产投资额与地区生产总值的比值，作为投资产出比即投资率变量 $invr_{it}$。

6.3.3 交互项设置

（1）城市规模×人力资本。根据城市经济学的相关理论可得，城市规模的扩张能够增加就业机会，进而吸引劳动力和人才向其集聚，这不但有助于知识的传播和交流、发挥人力资本的正外部性，而且有利于形成城市人才集聚的规模经济效应，提高人力资本在经济增长中的贡献程度。当然，城市规模的过度扩张产生的拥挤、环境恶化和舒适度下降等还可能对人力资本具有挤出效应等，因此，本章在研究城市人力资本对经济增长的影响时，加入了城市规模与人力资本的交互项。

（2）市场化程度×人力资本。人力资本在经济增长中作用的发挥，在很大程度上受到经济社会制度的影响。对于中国及其他实施市场化改革的国家而言，市场化推进了资源的有效配置并促进劳动力等要素充分流动，使得经济效率大幅提升。特别是，一个城市的市场化程度较高意味着城市的创新制度较为健全，因而能够提供更为充足的创新资源和创新机会，城市的创新需求与人力资本供给的匹配程度更高，人力资本也就较能发挥其在经济增长中的作用。因此，本章将市场化程度与人力资本的交互项作为经济增长的重要影响因素。

6.3.4 研究框架

在上述变量的基础上，本章将分析创新型城市建设中人力资本对经济增长的直接、间接和交互三类影响，不但考虑生产率在人力资本和经济增长中的中介作用，而且选取与人力资本的经济增长效应紧密相关的城市规模与市场化程度因素，按照"人力资本→经济增长""人力资本→城市生产率→经济增长""人力资本×城市规模或市场化程度→经济增长"的研究思路展开分析，研究框架如图6-1所示。

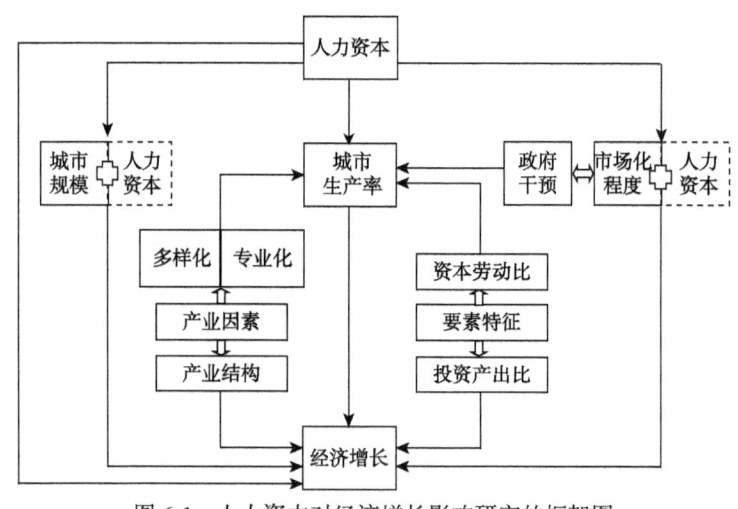

图 6-1 人力资本对经济增长影响研究的框架图

6.4 多维视角下人力资本对经济增长的影响效应研究

6.4.1 城市人力资本对经济增长的影响效应研究

1. 面板联立方程模型构建与估计

由于人力资本与经济增长之间存在着错综复杂的关系，且受到多种因素的影响，采用单方程模型进行两者关系的估计可能会出现内生性等问题。因此，根据框架图 6-1，设定了城市人力资本对经济增长影响的面板联立方程模型，如式（6-4）所示。

$$\begin{cases} \ln pgdp_{it} = \alpha_0 + \alpha_1 CTE_{it} + \alpha_2 \ln hc_{it} + \alpha_3 \ln CS_{it} + \alpha_4 mar_{it} + \alpha_5 indr_{it} + \alpha_6 invr_{it} \\ \qquad\qquad + \alpha_7 \ln CS_{it} \times \ln hc_{it} + \alpha_8 mar_{it} \times \ln hc_{it} + \mu_{1,it} \\ CTE_{it} = \beta_0 + \beta_1 \ln hc_{it} + \beta_2 klr_{it} + \beta_3 fir_{it} + \beta_4 Spe_{it} + \beta_5 Div_{it} + \mu_{2,it} \end{cases} \quad (6-4)$$

其中，各变量解释如 6.3 节所示；$\alpha_1 \sim \alpha_8$、$\beta_1 \sim \beta_5$ 为待估参数，α_0 和 β_0 为截距项；$\mu_{1,it}$ 和 $\mu_{2,it}$ 为随机扰动项；第一个方程为城市经济增长方程，第二个方程为城市的生产率方程。

本章分别采用普通最小二乘法（ordinary least squares，OLS）、两阶段最小二乘法（two stage least squares，2SLS）和三阶段最小二乘法（three stage least squares，3SLS）对模型（6-4）进行估计，得到估计结果如表 6-1 所示。

表 6-1 城市人力资本对经济增长影响的估计结果

变量	(1) OLS	(2) OLS	(3) OLS	(4) 2SLS	(5) 2SLS	(6) 2SLS	(7) 3SLS	(8) 3SLS	(9) 3SLS
经济增长方程（因变量：$\ln pgdp_{it}$）									
CTE_{it}	0.395*** (14.48)	0.442*** (15.67)	0.416*** (14.98)	0.526*** (6.59)	0.590*** (6.70)	0.580*** (6.93)	0.494*** (6.53)	0.536*** (6.41)	0.536*** (6.75)
$\ln hc_{it}$	−0.128*** (−10.31)	−0.453*** (−8.17)	−0.122*** (−9.78)	−0.145*** (−9.10)	−0.550*** (−7.05)	−0.141*** (−9.05)	−0.145*** (−9.58)	−0.468*** (−6.33)	−0.142*** (−9.63)
$\ln CS_{it}$	−0.362*** (−16.25)	−0.731*** (−11.21)	−0.365*** (−16.44)	−0.382*** (−15.21)	−0.841*** (−9.32)	−0.390*** (−15.36)	−0.359*** (−15.13)	−0.725*** (−8.49)	−0.362*** (−15.10)
mar_{it}	−0.015*** (−2.86)	−0.152*** (−2.98)	−0.152*** (−4.19)	−0.017*** (−3.23)	−0.018*** (−3.36)	−0.197*** (−4.64)	−0.015*** (−2.97)	−0.015*** (−3.04)	−0.158*** (−3.94)
$indr_{it}$	0.012*** (19.10)	0.012*** (19.69)	0.012*** (18.84)	0.011*** (15.68)	0.012*** (16.64)	0.011*** (14.89)	0.012*** (17.52)	0.012*** (18.54)	0.012*** (16.93)
$invr_{it}$	0.037** (2.46)	0.054*** (3.62)	0.042*** (2.85)	0.072*** (2.86)	0.096*** (3.45)	0.087*** (3.33)	0.044* (1.83)	0.059** (2.26)	0.051** (2.08)
$\ln CS_{it} \times \ln hc_{it}$	—	0.076*** (6.02)	—	—	0.095*** (5.76)	—	—	0.076*** (4.87)	—
$mar_{it} \times \ln hc_{it}$	—	—	0.032*** (3.82)	—	—	0.041*** (4.33)	—	—	0.033*** (3.65)
C	13.323*** (73.66)	14.707*** (50.39)	13.346*** (73.94)	13.594*** (56.90)	15.325*** (33.68)	13.680*** (56.43)	13.421*** (59.31)	14.781*** (34.31)	13.466*** (58.70)
R^2	0.961 8	0.962 3	0.962 0	0.961 4	0.961 9	0.961 5	0.961 5	0.962 0	0.961 6
生产率方程（因变量：CTE_{it}）									
$\ln hc_{it}$	0.258*** (24.89)	0.258*** (24.89)	0.258*** (24.89)	0.258*** (24.89)	0.258*** (24.89)	0.258*** (24.89)	0.259*** (26.31)	0.259*** (26.37)	0.259*** (26.32)
klr_{it}	0.002*** (10.03)	0.002*** (10.03)	0.002*** (10.03)	0.002*** (10.03)	0.002*** (10.03)	0.002*** (10.03)	0.002*** (10.76)	0.002*** (10.84)	0.002*** (10.76)

续表

变量	(1) OLS	(2) OLS	(3) OLS	(4) 2SLS	(5) 2SLS	(6) 2SLS	(7) 3SLS	(8) 3SLS	(9) 3SLS
生产率方程（因变量：CTE_{it}）									
fir_{it}	−1.203*** (−22.73)	−1.203*** (−22.73)	−1.203*** (−22.73)	−1.203*** (−22.73)	−1.203*** (−22.73)	−1.203*** (−22.73)	−1.199*** (−23.93)	−1.197*** (−23.88)	−1.198*** (−23.92)
Spe_{it}	−14.691*** (−3.42)	−14.691*** (−3.42)	−14.691*** (−3.42)	−14.691*** (−3.42)	−14.691*** (−3.42)	−14.691*** (−3.42)	−13.608*** (−3.35)	−13.445*** (−3.31)	−13.526*** (−3.34)
Div_{it}	51.559** (2.01)	51.559** (2.01)	51.559** (2.01)	51.559** (2.01)	51.559** (2.01)	51.559** (2.01)	47.596** (1.96)	45.282* (1.87)	47.236* (1.95)
C	−41.423** (−2.07)	−41.423** (−2.07)	−41.423** (−2.07)	−41.423** (−2.07)	−41.423** (−2.07)	−41.423** (−2.07)	−38.355** (−2.03)	−36.554* (−1.93)	−38.076** (−2.02)
R^2	0.825 3	0.825 3	0.825 3	0.825 3	0.825 3	0.825 3	0.825 3	0.825 2	0.825 3
N	3 001	3 001	3 001	3 001	3 001	3 001	3 001	3 001	3 001

*、**和***分别代表在 0.1、0.05 和 0.01 显著性水平下显著

注：括号内为 t 值

根据表 6-1 可得，在面板联立方程模型的两个方程，即经济增长方程和生产率方程中全部变量的系数均是显著的，方程的拟合优度很高，在一定程度上反映了模型设定的合理性。6.4 节将主要基于 3SLS 的估计结果，重点对城市经济增长中人力资本的影响效应进行分析。

2. 城市经济增长中人力资本的直接和间接影响效应

城市人力资本对经济增长的直接影响体现在其作为生产要素投入生产过程中，间接影响则体现为人力资本通过推动生产率提高进而促进经济产出增长。人力资本对于经济增长的促进作用在理论上已经得到高度认同，但是实证研究结论却与理论不完全一致。表 6-1 显示，在城市经济增长方程中人力资本变量的估计系数显著为负，即人力资本对经济增长的直接影响为负。同时，人力资本对城市生产率具有显著的正向影响，城市生产率对经济增长也具有显著的促进作用，即人力资本通过生产率中介对经济增长的间接影响为正。

在仅考虑人力资本作为生产要素的属性，不考虑其对生产率的提升效应时，中国城市人力资本对经济增长的直接影响系数显著为负。主要原因在于，人力资本在中国创新型城市经济增长中可能具有"阈值效应"，即只有当人力资本丰裕度达到一定的临界水平时，其才能发挥对经济增长的直接促进作用。然而，当前中国城市中人力资本的水平仍然偏低，导致人力资本在经济增长中的直接贡献没有得到显现。根据中央财经大学发布的《中国人力资本指数报告》的结果可得，2010~2015 年中国 GDP 与人力资本的比率维持在 0.1 左右，这反映出人力资本对 GDP 的贡献程度不高。

除了人力资本总体水平较低之外，中国城市人力资本的结构层次也不高，即

人力资本处于较低层次阶段，接受高等教育的劳动力占比仍然偏低。2013年，中国每万名劳动力中研发人员为45人年，而同期日本、法国分别为132人年和147人年。人力资本提升滞后于经济增长，也是其直接效应不显著的一种解释。随着中国城市经济增长水平的提高，初等和中等教育型人力资本对于经济增长的促进作用越来越小，而高等教育型人力资本对于经济增长的积极影响更为突出，特别是当创新型城市建设中对技术创新的需求超过对技术应用的需求时，人力资本层次较低对于经济增长的制约作用开始凸显。

此外，中国的城市具有典型的多元化特征，不同类型城市经济增长的驱动因素之间存在很大差异，只有当人力资本与城市经济增长因素，如城市的要素禀赋结构、产业结构等具有很好的匹配度或者适应性时，才能体现出人力资本在经济增长中的显著作用和直接贡献。表6-1中城市人力资本对于经济增长的直接影响为负，在部分上也可能是中国城市人力资本与其他要素总体匹配度不高的外在体现，因此优化人力资本的配置以实现与城市其他特征的耦合十分重要。

人力资本投入还可能会成为城市经济增长中的一种"负担"。城市在教育、人才引进等人力资本投入方面的财政支出加大，占用了本应用于其他方面特别是经济建设的财政支出，因而减弱了财政支出在促进经济增长方面的生产性功能，导致经济增长速度减缓。人力资本的投资和累积，除了应与城市现有的财政收支状况和公共资本投入水平等相适宜之外，各城市还应根据自身的实际经济发展水平和要素禀赋结构，选择合适的人力资本投资水平。

与人力资本对经济增长的直接效果在数据中得不到检验相对照，在城市经济增长中人力资本通过显著提升生产率进而间接促进经济产出，这一结果与内生增长理论中的观点是一致的。实际上，人力资本投入的作用是能够产生递增的收益，减弱或消除物质资本或普通劳动力的边际收益递减效应，进而促进长期的经济增长。中国创新型城市经济增长中人力资本更多表现出的是一种间接贡献，这一点在大多数文献中都得到了验证。

3. 城市经济增长中人力资本的交互效应分析

创新型城市经济增长中人力资本作用的发挥，并不是无条件的，而是受到多种因素的影响。对于中国而言，城市规模、经济制度与市场开放程度对于人力资本的经济增长效应具有十分重要的影响。因此，本章在模型（6-4）的城市经济增长方程中，加入了城市规模、市场化程度与人力资本的交互项。在表6-1的3SLS估计结果中，城市规模与人力资本的交互项、市场化程度与人力资本的交互项的系数估计值分别为0.076和0.033，且均在0.01的显著性水平下显著，这表明城市规模、市场化程度能够有效促进人力资本在创新型城市经济增长中作用的发挥。

根据表 6-1 中的估计结果，绘制了城市规模与人力资本交互、市场化程度与人力资本交互对于经济增长影响效应的图形，即 $0.076 \times \ln CS_{it}$ 和 $0.033 \times mar_{it}$ 的曲线形状，如图 6-2 和图 6-3 所示。

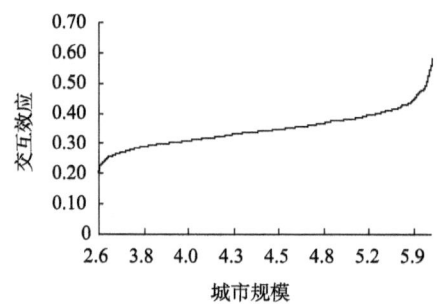

图 6-2　经济增长中城市规模与人力资本交互效应

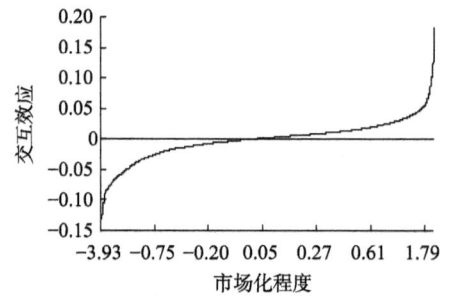

图 6-3　经济增长中市场化程度与人力资本交互效应

城市规模大，在一定程度上是城市的容纳能力强、就业机会多和基础设施完善的代表，能够吸引大量的人才向其集聚，从而增大人力资本存量。实际上，人力资本作为经济发展的一种资本要素与物质资本具有一定的互补性，其作用的发挥必须与物质资本保持合适的比例关系。换言之，人力资本与物质资本的累积应当是并行的，人力资本的累积不仅需要人力资本本身的投入增长，还需要物质资本投入也随之增加。与中小城市相比，大城市中充足且迅速累积的物质资本更能够实现对人力资本累积的有效支撑，人力资本使物质资本更有效率，两者共同形成经济增长的推动力。如图 6-2 所示，随着城市规模扩大，城市规模与人力资本交互对经济增长的促进作用逐渐增大。

此外，大城市中人力资本存量的提高，还扩大了知识和技术的交流或共享网络，提供了最新技术和前沿知识的模仿与学习机会，因而在创新型城市建设中有助于形成人力资本的规模效应和人力资本的正外部性。并且，人力资本水平的提高，增大了人才之间竞争的压力，形成了人力资本累积的竞争效应，促使人力资本拥有者不断更新现有知识，提高人力资本质量以增强自身的竞争力，使得人力资本在城市经济增长中发挥更大的作用。

人力资本并不一定会全部流向规模大的城市中，除了城市规模之外，人力资本在经济增长中作用的发挥还与人力资本承载者所处的制度环境有着紧密联系，而市场化程度是城市制度环境的重要体现。根据图 6-3 可得，在市场化程度较低时，市场化与人力资本的交互对经济增长的影响为负。随着市场化程度的提高，两者的交互效应由负转正，对于经济增长的贡献逐渐显现。原因在于，一方面，在市场化程度高的城市中，劳动力市场的分割程度较低，高市场化程度打破了人才流动的制度性障碍，促进人力资本的优化配置并使其价值能够得到合理体现，激发经济增长中人力资本的潜在比较优势转化为现实的竞争优势。另一方面，市场化程度与人力资本之间具有相互反馈效应，即一个城市市场化程度的提高能够为人力资本提供更为广阔的平台，而人力资本的累积会推动城市市场化进程的加快，两者能够形成良性互动和正反馈效应，形成能够适应和改变制度能力的人力资本。因此，市场化程度高的城市中人力资本除了具有更高的边际产出之外，还具有更快的累积速度，进而使得人力资本对于创新型城市经济增长的促进作用得以凸显。

6.4.2 城市人力资本对经济增长的传导路径研究

1. 面板联立方程模型的标准化回归结果

在 6.3 节的基础上，将所有变量标准化后，再次构建城市人力资本与经济增长的面板联立方程模型（6-5）。其中，标准化回归模型中变量和系数均加上标（′），以与模型（6-4）相区别。

$$\begin{cases} \ln pgdp'_{it} = \alpha'_0 + \alpha'_1 CTE'_{it} + \alpha'_2 \ln hc'_{it} + \alpha'_3 \ln CS'_{it} + \alpha'_4 mar'_{it} + \alpha'_5 indr'_{it} + \alpha'_6 invr'_{it} \\ \qquad\qquad + \alpha'_7 \ln CS'_{it} \times \ln hc'_{it} + \alpha'_8 mar'_{it} \times \ln hc'_{it} + \mu'_{1,it} \\ CTE'_{it} = \beta'_0 + \beta'_1 \ln hc'_{it} + \beta'_2 klr'_{it} + \beta'_3 fir'_{it} + \beta'_4 Spe'_{it} + \beta'_5 Div'_{it} + \mu'_{2,it} \end{cases} \quad (6\text{-}5)$$

在本章中，采用 3SLS 方法重新对模型（6-5）进行估计，得到面板联立方程模型的标准化回归结果，具体见表 6-2。

表 6-2 面板联立方程模型的标准化回归结果

变量	(10)	(11)	(12)
经济增长方程（因变量：$\ln pgdp'_{it}$）			
CTE'_{it}	0.163*** （6.53）	0.177*** （6.41）	0.177*** （6.75）
$\ln hc'_{it}$	−0.078*** （−9.58）	−0.066*** （−8.77）	−0.076*** （−9.63）

续表

变量	(10)	(11)	(12)
经济增长方程（因变量：lnpgdp$'_{it}$）			
lnCS$'_{it}$	−0.356*** (−15.13)	−0.373*** (−14.96)	−0.359*** (−15.10)
mar$'_{it}$	−0.021*** (−2.97)	−0.021*** (−3.04)	−0.009 (−1.25)
indr$'_{it}$	0.189*** (17.52)	0.195*** (18.54)	0.187*** (16.93)
invr$'_{it}$	0.023* (1.83)	0.032** (2.26)	0.028** (2.08)
lnCS$'_{it}$×lnhc$'_{it}$	—	0.031*** (4.87)	—
mar$'_{it}$×lnhc$'_{it}$	—	—	0.019*** (3.65)
C	1.685*** (16.13)	1.450*** (14.35)	1.726*** (16.09)
R^2	0.961 5	0.962 0	0.961 6
生产率方程（因变量：CTE$'_{it}$）			
lnhc$'_{it}$	0.421*** (26.31)	0.422*** (26.37)	0.421*** (26.32)
klr$'_{it}$	0.210*** (10.76)	0.211*** (10.84)	0.210*** (10.76)
fir$'_{it}$	−0.426*** (−23.93)	−0.425*** (−23.88)	−0.426*** (−23.92)
Spe$'_{it}$	−0.110*** (−3.35)	−0.108*** (−3.31)	−0.109*** (−3.34)
Div$'_{it}$	0.105** (1.96)	0.100* (1.87)	0.105* (1.95)
C	−0.998** (−2.29)	−0.946** (−2.17)	−0.995** (−2.29)
R^2	0.825 3	0.825 2	0.825 3
N	3 001	3 001	3 001

*、**和***分别代表在 0.1、0.05 和 0.01 显著性水平下显著

注：括号内为 t 值

对比表 6-2 和表 6-1 可得，标准化回归结果与表 6-1 中 3SLS 回归结果的估计系数符号、显著性和拟合优度一致，仅在系数估计值方面有所不同。标准化回归中系数估计值是可相加、可乘的，不同系数值之间的大小可以进行比较。

2. 城市人力资本对经济增长的传导路径测算

在这一部分，基于表 6-2 的标准化回归结果，测算并比较了人力资本对经济增长的直接、间接及交互影响效应，以及不同影响效应的传导路径，测算结果如表 6-3 所示。

表 6-3　城市人力资本对经济增长影响的传导效应

影响效应类型	传导路径	系数	测算结果
直接影响	人力资本→经济增长	$\hat{\alpha}_2'$	[-0.066, -0.078]
间接影响	人力资本→城市生产率→经济增长	$\hat{\beta}_1' \times \hat{\alpha}_1'$	[0.069, 0.075]
交互影响	人力资本×城市规模→经济增长	$\hat{\alpha}_7'$	0.031
	人力资本×市场化程度→经济增长	$\hat{\alpha}_8'$	0.019

在表6-3中，城市经济增长中人力资本的直接效应、交互效应根据表6-2标准化回归结果中的估计系数直接确定，间接效应则由标准化回归结果中系数估计值相乘得到。如前所述，人力资本既直接影响经济产出，又通过推动技术进步间接影响经济增长。表 6-3 中的测算结果表明，"人力资本→经济增长"传导的直接负向效应位于-0.066~-0.078，"人力资本→城市生产率→经济增长"传导的间接正向影响则处于 0.069~0.075，两类效应呈现出正负相抵的特点。这表明人力资本并不是通过自身的累积和回报，而是通过发挥其在技术进步和生产率提升中的作用实现对经济增长的贡献，因此在创新型城市建设中，应重点关注人力资本对于生产率提升的间接效应。

在城市经济增长中，人力资本与物质资本、制度环境相结合达到对经济增长促进的目标。换言之，城市规模、市场化程度可以分别通过增大人力资本存量、改善人力资本配置，与人力资本产生交互效应。表 6-3 中的结果显示，"人力资本×城市规模→经济增长"传导的交互效应约为 0.031，明显大于"人力资本×市场化程度→经济增长"的交互效应 0.019。实际上，城市规模、市场化程度与人力资本的交互，可以认为分别代表人力资本的规模效应与结构效应两个方面。与市场化程度提高带来的人力资本结构优化相比，人力资本的规模效应对于中国创新型城市经济增长而言更为重要。因此，在促进人力资本与其他要素结合发挥对经济增长贡献的过程中，应首先考虑扩大城市规模并促进人力资本存量提高，然后发挥市场化进程作为人力资本转变为创新产出"催化剂"的作用。

6.4.3　稳健性检验

1. 更换生产率的测度方法

本章基于 Battese 和 Coelli（1988）的生产率测度方法，在式（6-1）和式（6-2）的基础上，采用式（6-6）重新进行中国各城市生产率的测度，即

$$\text{CTE}_{it}^{\#} = E\left[\exp-\left(\psi_{it} \mid \varepsilon_{it}\right)\right] \tag{6-6}$$

采用 $\text{CTE}_{it}^{\#}$ 替换 CTE_{it}，再次采用 3SLS 进行模型（6-4）的估计，得到估计结

果如表 6-4 所示。

表 6-4　稳健性检验 1：更换生产率的测度方法

变量	(13)	(14)	(15)
经济增长方程（因变量：lnpgdp$_{it}$）			
CTE$_{it}^{\#}$	0.495*** (6.52)	0.537*** (6.41)	0.537*** (6.75)
lnhc$_{it}$	−0.145*** (−9.57)	−0.469*** (−6.33)	−0.142*** (−9.63)
lnCS$_{it}$	−0.359*** (−15.13)	−0.725*** (−8.49)	−0.362*** (−15.10)
mar$_{it}$	−0.015*** (−2.96)	−0.015*** (−3.03)	−0.158*** (−3.94)
indr$_{it}$	0.012*** (17.52)	0.012*** (18.54)	0.012*** (16.93)
invr$_{it}$	0.044* (1.83)	0.059** (2.25)	0.051** (2.07)
lnCS$_{it}$×lnhc$_{it}$	—	0.076*** (4.88)	—
mar$_{it}$×lnhc$_{it}$	—	—	0.033*** (3.66)
C	13.419*** (59.36)	14.783*** (34.29)	13.464*** (58.75)
R^2	0.9615	0.9620	0.9616
生产率方程（因变量：CTE$_{it}^{\#}$）			
lnhc$_{it}$	0.258*** (26.35)	0.259*** (26.41)	0.258*** (26.35)
klr$_{it}$	0.002*** (10.76)	0.002*** (10.85)	0.002*** (10.77)
fir$_{it}$	−1.196*** (−23.95)	−1.194*** (−23.90)	−1.194*** (−23.94)
Spe$_{it}$	−13.583*** (−3.36)	−13.424*** (−3.32)	−13.502*** (−3.35)
Div$_{it}$	47.372* (1.96)	45.083* (1.86)	47.016* (1.95)
C	−38.175** (−2.03)	−36.394* (−1.93)	−37.899** (−2.02)
R^2	0.8261	0.8261	0.8261
N	3001	3001	3001

*、**和***分别代表在 0.1、0.05 和 0.01 显著性水平下显著

注：括号内为 t 值

由表 6-4 可得，在采用新的生产率变量 CTE$_{it}^{\#}$ 进行模型（6-4）的估计时，得到的估计结果与表 6-1 中 3SLS 的估计结果十分近似，这表明回归结果并没有因为核心变量测度方法的改变而发生明显变化，验证了面板联立方程模型估计结果的稳健性。

2. 剔除直辖市和省会城市样本

考虑到城市类型的异质性，如直辖市、省会城市在基础设施条件和资源配置能力等方面显著优于普通地级城市，建设创新型城市的速度更快，因而更容易吸引人才流入并形成人力资本集聚，城市人力资本的丰裕度不同对生产率和经济增长的影响也存在差异。本章将 284 个城市中的直辖市和省会城市样本删除，采用 3SLS 重新进行了模型（6-4）的估计，得到的估计结果见表 6-5。

表 6-5　稳健性检验 2：更换城市样本

变量	（16）	（17）	（18）
经济增长方程（因变量：$lnpgdp_{it}$）			
CTE_{it}	0.631*** (8.33)	0.702*** (8.33)	0.682*** (8.48)
$lnhc_{it}$	−0.187*** (−11.35)	−0.685*** (−7.83)	−0.188*** (−11.52)
$lnCS_{it}$	−0.367*** (−14.60)	−0.941*** (−9.22)	−0.370*** (−14.52)
mar_{it}	−0.019*** (−3.61)	−0.019*** (−3.75)	−0.161*** (−3.90)
$indr_{it}$	0.012*** (16.47)	0.012*** (17.44)	0.011*** (15.94)
$invr_{it}$	−0.013 (−0.53)	0.017 (0.63)	−0.006 (−0.25)
$lnCS_{it} \times lnhc_{it}$	—	0.119*** (6.29)	—
$mar_{it} \times lnhc_{it}$	—	—	0.033*** (3.53)
C	12.478*** (59.44)	14.952*** (28.57)	12.509*** (58.85)
R^2	0.960 0	0.961 0	0.959 9
生产率方程（因变量：CTE_{it}）			
$lnhc_{it}$	0.274*** (27.37)	0.275*** (27.50)	0.273*** (27.37)
klr_{it}	0.002*** (11.75)	0.002*** (11.93)	0.002*** (11.71)
fir_{it}	−0.930*** (−15.95)	−0.921*** (−15.76)	−0.927*** (−15.94)
Spe_{it}	−10.046** (−2.23)	−9.681** (−2.15)	−9.874** (−2.20)
Div_{it}	−7.180 (−0.16)	−14.649 (−0.32)	−11.328 (−0.25)
C	4.180 (0.12)	9.957 (0.28)	7.392 (0.21)
R^2	0.831 7	0.831 7	0.831 7
N	2 686	2 686	2 686

和*分别代表在 0.05 和 0.01 显著性水平下显著

注：括号内为 t 值

对比表 6-5 与表 6-1 中 3SLS 的估计结果可得，除个别系数外，各估计系数的符号和显著性变化不大，特别是表 6-5 中城市人力资本变量对生产率和经济增长影响系数的估计结果与表 6-1 中的结果具有高度一致性，因此佐证了本章中实证分析的可信性。

6.5 关于人力资本在经济增长中作用的进一步思考

20 世纪 60 年代，美国经济学家舒尔茨和贝克尔首先创立了人力资本理论体系，并指出在经济增长中，人力资本的作用大于物质资本的作用，且人力资本的核心是提高人口素质。与物质资本不同，人力资本表现在蕴含于人身体中的各种生产知识、劳动与管理技能和健康素质的存量总和。从西方国家经济快速发展的进程中，均可以看出人力资本是经济发展的决定性因素，人具有创造性、创新性，并具有更大的增值潜能，对 GDP 有更高的贡献率。

基于经济学理论，在给定生产函数时，主要投入要素是物质资本与劳动力，在技术水平不变的情况下，当生产要素投入一定量之后就会出现边际收益递减效应。与之相对，人力资本是"活"资本，随着人力资本积累效应的显现，生产过程技术水平得以提高，边际收益递减效应得以减缓的同时，知识存量增长所蕴含的生产能力将推动长期规模效益递增的实现。在人力资本的作用下，社会的生产可能性边界以较快的速度向外扩张，所以人力资本是经济发展的强大推动力。随着中国经济的快速增长，投资和物质资本的作用在逐渐下降的同时，人力资本在驱动经济增长中的作用越来越突出。

另外，劳动力对经济增长的贡献可以归于劳动者的数量和劳动者的质量，劳动者质量提高的过程就是人力资本积累的过程。对我国而言，劳动力数量的增加对经济带来的人口红利已经消失，而人力资本对经济的贡献却逐渐加大。在新常态时期和高质量发展阶段，人力资本在经济增长中的作用主要体现在以下三个方面：第一，人力资本投资可以提高劳动生产率，改善劳动者的精神素质、知识能力素质并使劳动者可以较快地学习新工艺、新方法，适应新技术、新机器，将知识转换为生产力，从而推动经济发展；第二，人力资本投入可以改善要素质量，提高劳动者素质，进而可以提高居民收入水平，从而扩大总需求，带动消费的增长从而促进经济发展；第三，人力资本的增长提高了重新配置资源的能力，进行资源的重新配置会产生高水平的均衡效率。这种"配置能力"并不仅限于企业家，还包括那些提供劳动力的其他人，教育投入等人力资本提高了重新配置资源的能力，推动了未来经济的发展。目前，我国处于结构转换的关键时期，应加大人力资本投入，提高资源配置效率，从而增强经济发展的内在动力。

教育是实现人力资本累积的主要方式和重要途径。在过去十余年间，经济快速发展的同时，教育行业也在迅速发展。在蓬勃发展的教育事业背后，教育资源错配现象并不罕见。城乡教育支出差距大，农村相关消费低，教育资源不足，使得农村学生接受教学的条件差，导致不公平现象的发生。在教育需求旺盛但供给管制的影响下，公共教育资源稀缺的问题日益突出，教育投资主要依赖于国家财政支出，民间资本受到垄断和管制，无法自由流向教育，即民办学校同时受国家政策和资金的限制，教育投入严重不足，这些问题使得人力资本的形成受到一定的阻碍。

公共教育制度缺乏必要的市场竞争，应对这一问题，唯一的出路是走市场化道路。为了贯彻落实《国家中长期教育改革和发展规划纲要（2010-2020年）》，2013 年的《教育法律一揽子修订草案（征求意见稿）》取消了"一切教育机构不得营利"的规定，赋予了民办学校与公办学校同等的地位与权利，从而促进了民办教育产业化的形成。同时，可以在教育竞争的主体趋向于多样化的背景下，逐渐形成不同层次的教育，使得资源可得到合理的配置。特别是在"互联网+"教育的背景下，现代信息技术给各个年龄段的人提供自身学习的机会，这样的技术降低了成本并在时间上赋予了充分的灵活性，这也会成为未来教育发展的方向。

我国现在处于低生育率陷阱时期，这给经济发展带来潜在的威胁。人口老龄化严重，未来劳动力供给不足，上述问题都亟待解决。全面进行养老模式改革，试行运用社会资本来投资运营公办养老机构，或者将养老基金由国家统一管理，进行投资利用等，加大社会福利，才能减缓劳动力不足对经济的冲击。

6.6 本章小结

本章选取中国城市数据，在测度人力资本、城市生产率等基础上构建了面板联立方程模型，以交互效应和传导路径为核心，按照"人力资本→经济增长""人力资本→城市生产率→经济增长""人力资本×城市规模或市场化程度→经济增长"的思路，全面分析了创新型城市建设中人力资本对经济增长的直接、间接及交互影响，得到主要研究结论如下：城市人力资本对经济增长的直接影响显著为负，但人力资本通过提升生产率进而对经济增长具有显著的正向促进作用，中国城市经济增长中人力资本更多表现出的是一种间接贡献。

城市规模与市场化程度对于经济增长中人力资本效应的发挥具有显著影响，

其中城市规模扩大及其伴随的人力资本存量的提高，有助于形成经济增长中人力资本的规模效应和人力资本的正外部性。随着市场化程度的提高，经济增长中人力资本与市场化程度的交互效应由负转正，对于经济增长的贡献逐渐显现。与市场化程度提高带来的人力资本结构优化相比，城市扩张形成的人力资本规模效应对于中国城市经济增长而言更为重要。

由于数据来源等限制，本章的研究还存在一定的不足之处，对于城市人力资本在经济增长中作用的研究可以在更多层次和更多维度下展开。例如，对于人力资本的分类可以更为细化，充分考虑不同层次人力资本对于经济增长影响的差异性，以及人力资本的分布失衡或配置不当对经济增长的阻碍作用等。针对城市经济增长中人力资本的贡献，还可以深入分析其是否具有门槛特征、结构变化或平滑转换特征等，进一步完善城市经济增长中人力资本效应的研究体系。

第 7 章 研发驱动中国技术进步的有效性和异质性研究

研发投入是促进全要素生产率提升进而驱动经济增长的关键要素。2012 年 11 月，党的十八大报告中把实施创新驱动发展战略摆在国家发展全局的核心位置，具有高研发投入和知识密集特征的高技术产业，是推动技术创新和实现创新驱动的重要力量。2000~2012 年，我国大中型高技术企业研发经费内部支出由 111.04 亿元上升至 1 491.49 亿元，增长了 12.43 倍，2012 年高技术产业研发经费占当年制造业研发总投入的比重达到了 26.3%（国家统计局等，2013）。目前，在高质量发展的框架中，创新发展也是其中的重要组成部分和关键要素，创新发展理念居于五大发展理念之首。

高技术产业研发经费在持续快速增长的同时，有关研发投入的有效性，即研发在全要素生产率增长和技术进步中的作用问题成为学者争论的焦点，这主要体现在以下两个方面：一是目前我国高技术产业的增加值率仍然很低，在一些年份甚至呈现下降特征，如 2012 年高技术产业增加值率仅为 23.67%，比 2011 年的 24.30%下降了 0.63 个百分点；二是高技术产业研发"高投入、低产出"现象突出、科技成果转化率低，科技部的监测结果显示，2013 年全国仅有 9 个省区市科技活动产出指数高于 50%，同时，2013 年我国高新技术产业化指数为 50%，比 2012 年下降 8.12 个百分点[①]。

作为高技术产品生产和知识创造中的投入要素，研发也服从边际收益递减的一般规律。测算结果表明，高技术产业研发资源丰富的东部地区，全要素生产率增长已经呈现明显的减缓趋势，2012 年东部地区全要素生产率增速为 7.4%，低于中部地区的 11.7%[②]。同时，由于研发投入还能够促进技术进步，在一定程度上又能减弱边际收益递减的影响，上述两种效应的共同作用使得研发投入与全要素生

---

① 《2013 全国科技进步统计监测报告》（中国科学文献出版社，2014 年）。
② 作者根据数据包络分析方法中的 Malmquist 生产率指数计算得到。

产率增长的关系可以划分为不同阶段，呈现出差异化的变动特征。

在研发对全要素生产率增长影响的实证研究方面，国内外学者的研究结论主要可分为正向的"促进论"和负向的"无效论"两类。其中，大多数学者认为研发对全要素生产率提升具有积极影响（Hu，2001；Jefferson et al.，2006；周亚虹等，2012；李晓钟和王倩倩，2014）。与之相对，一些学者的研究发现，由于研发存在时滞性和高风险等特征，其对全要素生产率增长的影响并未得到充分显现（Verspagen，1995；李小平和朱钟棣，2006；李宾，2010）。实证结果的分歧使得有关研发投入对全要素生产率增长非线性和非对称影响的研究成为必要，Coccia（2009）、Yeh 等（2010）分别构建了包含研发投入二次项的多项式模型、以研发强度为门限的面板回归模型，分析了研发投入与生产率增长之间的倒"U"形关系。

对于研发驱动全要素生产率增长中结构变化及非对称效应的问题，国内学者的研究还相对较少。在国内外文献的基础上，本章分区域研究研发投入驱动全要素生产率提升的有效性，以高技术产业为例，对研发投入与全要素生产率增长的关系进行合理评价，并在以下三个方面进行了扩展：①基于内生增长框架，进行研发投入与全要素生产率增长的理论描述和动态分析；②基于未知断点的检验方法（杨海文和王丹华，2013），准确识别高技术产业全要素生产率增长中的结构变化；③采用面板门限回归方法，检验结构变化的显著性，研究不同区制中研发对全要素生产率增长的非对称影响。

本章剩余部分的结构如下：7.1 节是研发累积与全要素生产率增长的理论描述；7.2 节是数据来源、变量选取以及描述性统计分析；7.3 节是研发驱动全要素生产率增长的结构变化检验与门限面板数据模型构建；在此基础上，7.4 节进行了研发驱动全要素生产率提升的异质性分析；7.5 节是本章小结。

7.1 研发累积与全要素生产率增长的理论描述

高技术产业从事商品生产和知识创造两类生产活动，其中，知识创造又主要体现在研发累积和技术进步中。本章在 Grossman 和 Helpman（1993）、Aghion 和 Howitt（1992）的 R&D 模型的基础上，加入研发累积的门限特征，分析全要素生产率的动态变化，构建高技术产业研发与全要素生产率的内生增长理论模型。

7.1.1 高技术产业中研发资本累积与全要素生产率增长的理论描述

知识生产过程中，全要素生产率增长可视为新知识产出，即高技术产业的全要素生产率增长是新知识生产的结果。一般而言，全要素生产率增长方程设定为式（7-1）。

$$\dot{A}(t) = R(t)^{\beta} \cdot H(t)^{\gamma} \cdot A(t)^{\theta} \qquad (7\text{-}1)$$

其中，$\dot{A}(t)$、$A(t)$分别为高技术产业的知识增量和存量，代表全要素生产率增长和技术水平；$R(t)$和$H(t)$为高技术产业的研发资本存量和人力资本投入；β、γ则为全要素生产率增长的研发和人力资本弹性；参数θ反映了当前技术水平对于全要素生产率增长或新知识生产的贡献，通常情形下 $0<\theta<1$。

在式（7-1）的基础上，求得全要素生产率（技术水平）$A(t)$的增长率$g_A(t)$如式（7-2）所示。

$$g_A(t) = \dot{A}(t)/A(t) = R(t)^{\beta} \cdot H(t)^{\gamma} \cdot A(t)^{\theta-1} \qquad (7\text{-}2)$$

将式（7-2）两边取对数，再求关于时间 t 的微分，可以得到$g_A(t)$的增长率式（7-3）。

$$\frac{\dot{g}_A(t)}{g_A(t)} = \beta \cdot g_R(t) + \gamma \cdot h + (\theta - 1) \cdot g_A(t) \qquad (7\text{-}3)$$

其中，$g_R(t)$为高技术产业研发资本的增长率。本章中假定高技术产业人力资本的增长率不变，并将其设定为外生参数 h。

在稳态时，$g_A(t)$恒定，即$\dot{g}_A(t)=0$。结合式（7-3），可以得到高技术产业全要素生产率的均衡增长率g_A^*，如式（7-4）所示。

$$g_A^* = \frac{\beta}{1-\theta} \cdot g_R^* + \frac{\gamma \cdot h}{1-\theta} \qquad (7\text{-}4)$$

其中，g_R^*为稳态时研发资本的增长率。

研发累积是高技术产业技术进步的重要推动力，本章进一步从新知识生产的投入视角分析研发的增长特征。可以证明，在满足利润最大化的条件下，能够解出高技术产业研发资本的累积方程式（7-5）。

$$\dot{R}(t) = s \cdot Y(t) - d \cdot R(t) \qquad (7\text{-}5)$$

其中，$\dot{R}(t)$为高技术产业研发资本的增长；参数 s 为高技术产业产出$Y(t)$中用于研发投入的比例；d 为研发资本的折旧率。

为简化起见，本章假定高技术产业产品生产过程满足科布-道格拉斯生产函数，如式（7-6）所示。

$$Y(t) = A(t) \cdot K(t)^{\alpha_1} \cdot L(t)^{\alpha_2} \qquad (7\text{-}6)$$

其中，$K(t)$、$L(t)$分别为高技术产业的实物资本和普通劳动力投入；α_1和α_2分别为高技术产业产出的资本弹性和劳动弹性。与式（7-1）相一致，高技术产业的全要素生产率（技术水平）也为内生化的 $A(t)$。

综合式（7-5）和式（7-6），求得高技术产业研发资本的增速 $g_R(t)$ 为

$$g_R(t)=\frac{\dot{R}(t)}{R(t)}=\frac{s\cdot Y(t)-d\cdot R(t)}{R(t)}=s\frac{A(t)\cdot K(t)^{\alpha_1}\cdot L(t)^{\alpha_2}}{R(t)}-d \quad (7-7)$$

与全要素生产率增长中式（7-3）的处理方式类似，求解 $g_R(t)$ 的增长率 $\dot{g}_R(t)/g_R(t)$，并令 $\dot{g}_R(t)$ 等于 0，得出均衡状态下研发资本增速 g_R^* 与全要素生产率增长率 g_A^* 的关系表达式（7-8）。

$$g_A^* = g_R^* - (\alpha_1\cdot k + \alpha_2\cdot l) \quad (7-8)$$

其中，k 和 l 为高技术产业中实物资本和普通劳动力投入的增长率。

式（7-4）、式（7-8）分别为 $\dot{g}_A(t)=0$ 和 $\dot{g}_R(t)=0$ 时高技术产业研发和技术的增长路径，两方程构成了对研发资本累积与全要素生产率增长的理论描述。

7.1.2 高技术产业研发累积与全要素生产率增长的动态分析

将式（7-4）与式（7-8）对比分析可得，稳态中研发累积和全要素生产率增长的动态关系主要是由两条增长路径的斜率 $\beta/(1-\theta)$ 和 1 的大小确定的。具体而言，当 $\beta/(1-\theta)>1$，即 $\beta+\theta>1$ 时，研发累积和全要素生产率提升的增长路径发散，没有收敛到稳态；在 $\beta/(1-\theta)=1$ 的状态下，两条增长路径呈现平行关系；只有当 $\beta+\theta<1$ 时，知识生产系统中研发和全要素生产率的增长率才会收敛到均衡增长路径。如图 7-1 所示，三条虚线为 $\dot{g}_A(t)=0$ 时，$\beta+\theta$ 大于、等于和小于 1 对应的路径，实线为 $\dot{g}_R(t)$ 等于 0 时的增长路径。

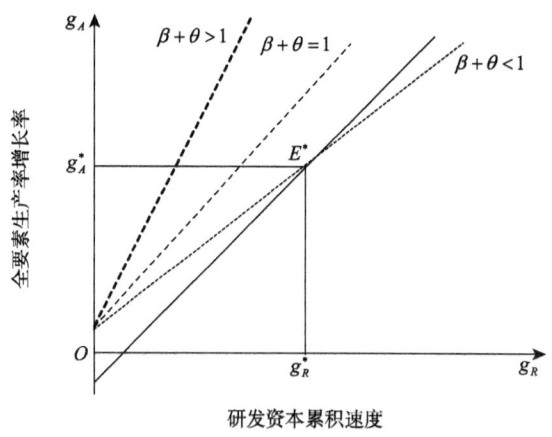

图 7-1 研发累积与全要素生产率提升的均衡增长路径

为进一步确定均衡路径以及稳态的存在性，需对参数 β 和 θ 的变动规律进行深入分析。如式（7-1）所述，β、θ 分别为新知识生产的研发存量和技术水平弹性，与边际收益紧密相关。本章以 β 为例进行说明，在边际收益递减规律作用下，高技术产业研发投入边际收益 MR 的图形可表示为图 7-2。同时，技术进步还会使得研发的边际收益曲线上移，从而减小边际收益的下降幅度，如图 7-2 中虚线所示。

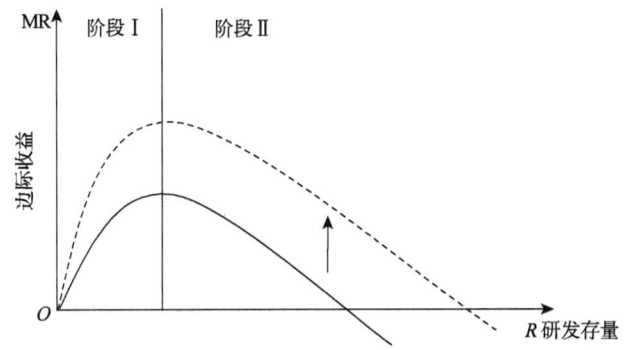

图 7-2　技术进步作用下高技术产业研发的边际收益变动

图 7-2 显示，研发的边际收益可以划分为上升和下降两个阶段。由于知识产出的研发弹性 β 为边际收益（dY/dR）与研发产出比（R/Y）的乘积，在假定研发产出比不变的情形下，参数 β 与研发边际收益的变动趋势相同[①]。新知识生产的技术水平弹性 θ 与 β 的情形类似，两个参数先增大后减小，会使得 $\beta+\theta<1$ 增大为 $\beta+\theta\geqslant 1$，此后再缩小至 $\beta+\theta<1$，从而高技术产业中的研发累积与全要素生产率增长呈现"收敛→发散→收敛"的变动规律。

如前所述，弹性系数 β 主要是随着研发投入的增长而发生变化的，因此，可以采用研发变量作为门限，将高技术产业的全要素生产率增长划分为多个区制。例如，假定研发变量存在两个门限值 R' 和 R''，则高技术产业的研发累积可以分为三个区制：$0<R(t)\leqslant R'$（区制 1）、$R'<R(t)\leqslant R''$（区制 2）、$R(t)>R''$（区制 3），不同研发累积区制对应差异化的全要素生产率增长特征。

关于人力资本、实物资本、普通劳动力增速对高技术产业研发累积与全要素生产率增长的动态影响，本章假定三者增速均有所提升，在存在收敛的稳态下，式（7-4）和式（7-8）表示的增长路径会发生平移。如图 7-3 所示，人力资本增速 h 提高会使得 $\dot{g}_A(t)=0$ 曲线上移，实物资本或普通劳动力增速（k 或 l）

[①] Romer（1990b）指出，实践中资本产出比在长期内没有表现出明确的上升或下降倾向，为便于分析，本章将研发产出比设定为固定的常数。一般情况下，无论研发产出比如何变动，高技术产业研发累积与全要素生产率增长的动态变化也符合图 7-1 中的收敛、平行与扩散三种情形。

提升则推动 $\dot{g}_R(t)=0$ 下移。图 7-3 表明，在三种要素增长的作用下，均衡点由 E_0 变动至 E_1，对应的研发和技术增速分别从 g_R^0 和 g_A^0 增加到 g_R^1 和 g_A^1，通常情况下，$g_R^1 > g_R^0$ 并且 $g_A^1 > g_A^0$，因此，高技术产业实现了更为快速的研发累积和全要素生产率增长。

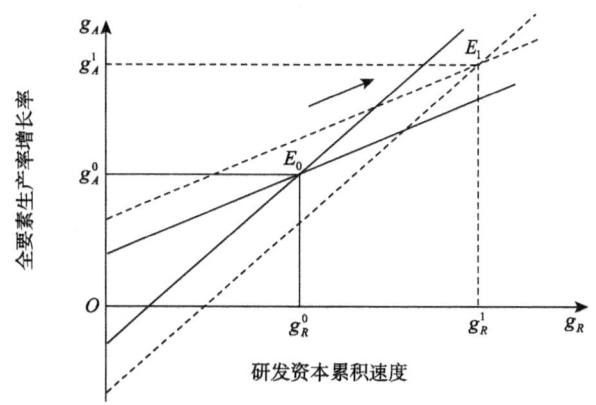

图 7-3　人力资本等要素对均衡增长路径的动态影响

7.2　数据来源、变量选取与描述性统计分析

7.2.1　数据来源、变量选取与估算

本章中采用的数据来源于《中国高技术产业统计年鉴》（2002~2012 年）中全国 28 个省区市 1996~2012 年共 17 年的年度数据（i=1~28，t=1996~2012），由于青海、西藏和新疆三个省区数据缺失较多，在分析中未选入。此外，参照国家统计局通常的划分标准，可将全国划分为东部、中部和西部三个地区①。

由于《中国高技术产业统计年鉴》公布的均为名义数据，而在建立模型时应采用实际值，因此需要进行平减以消除价格因素的影响。本章计算了全国和各省区市的地区生产总值平减指数、固定资产投资价格指数和研发价格指数共三类价格指数，分别对高技术产业总产值变量、固定资本形成和研发经费支出变量进行平减。其中，研发价格指数由 CPI 和固定资产投资价格指数加权合成

---

① 东部地区包括北京、天津、河北、辽宁、上海、江苏、浙江、福建、山东、广东、海南 11 个省市；中部地区包括山西、吉林、黑龙江、安徽、江西、河南、湖北、湖南共 8 个省份；西部地区由内蒙古、广西、重庆、四川、贵州、云南、陕西、甘肃、宁夏 9 个省区市组成。

（权重分别为 0.55 和 0.45），三种价格指数均以 1996 年为基期。

1. 全要素生产率增长的测算

数据包络分析是一种效率测度的重要非参数方法，该方法基于线性规划方法构建前沿面和设定距离函数，实现对个体效率相对有效性的评价。数据包络分析中的 Malmquist 生产率指数方法可以计算相邻时期全要素生产率的变动，Malmquist 生产率指数的计算公式如式（7-9）所示。

$$M_i\left(x^{t+1}, y^{t+1}; x^t, y^t\right) = \sqrt{\left[\frac{D_i^t\left(x^{t+1}, y^{t+1}\right)}{D_i^t\left(x^t, y^t\right)}\right]\left[\frac{D_i^{t+1}\left(x^{t+1}, y^{t+1}\right)}{D_i^{t+1}\left(x^t, y^t\right)}\right]} \quad (7\text{-}9)$$

其中，$D_i^t(x^t, y^t)$ 为 i 省（自治区、直辖市）第 t 时期高技术产业的距离函数；x^t、y^t 分别为 i 省（自治区、直辖市）第 t 时期的高技术产业生产中投入和产出。

Malmquist 生产率指数测度了第 t 到 $t+1$ 时期高技术产业全要素生产率的变化，可用于表示全要素生产率的环比增长，其中，Malmquist 生产率指数大于 1 的部分表示与上一期相比该时期全要素生产率的增长率。与国内外文献中直接采用 Malmquist 生产率指数作为全要素生产率增长变量不同，本章基于张宇（2007）的方法，将基期（第 1 期）至上一期（第 $t-1$ 期）的 Malmquist 生产率指数累乘能够得到本期（第 t 期）的全要素生产率累积增长率，记为 TFP 或 $\dot{A}$。

将各省区市高技术产业实际总产值作为产出变量，高技术产业资本存量（基于实际固定资本形成和永续存盘法求得）和劳动力（年末从业人员数）作为投入要素，采用数据包络分析 DEAP2.1 软件计算 Malmquist 生产率指数，进而求得各省区市全要素生产率的累积增长率数据。

2. 研发存量估算与人力资本变量选择

与投资形成固定资本类似，高技术产业中的研发投入也可以累积形成研发存量，本章中高技术产业的研发变量均采用研发存量值。国内外文献中广泛采用永续存盘法计算研发存量，计算公式为

$$R_{it} = \text{RI}_{it} + (1-\delta) \cdot R_{it-1} \quad (7\text{-}10)$$

其中，R_{it}、RI_{it} 分别为 i 省（自治区、直辖市）第 t 年的研发存量和研发流量（研发经费支出）。借鉴张同斌等（2011）的方法，研发的折旧率 δ 设定为 15%。研发经费支出采用研发支出价格指数平减后，用于计算研发资本，以 1996 年为基期。

人力资本方面，考虑到数据的可得性，本章采用高技术产业研发人员折合全时当量代表人力资本水平变量，记为 H_{it}。

3. 技术水平的测度

由于全要素生产率增长率已经通过 Malmquist 生产率指数测算得到，求解技术水平的关键在于各省区市初期技术水平的测算。本章采用传统的索洛残差法对初期技术水平进行估算。将式（7-6）两边取对数，得到每一省份 i，初期（$t=1$）1996 年高技术产业的生产函数为

$$\ln Y_{i1} = \ln A_{i1} + \alpha_1 \ln K_{i1} + \alpha_2 \ln L_{i1} + \mu_i \quad (7\text{-}11)$$

其中，$i=1\sim28$；Y_{i1}、K_{i1}、L_{i1} 分别为初期各省区市高技术产业的实际总产值、实际资本存量和劳动力投入；A_{i1} 为初期的技术水平；μ_i 为随机扰动项。

对模型（7-11）进行估计，得到参数估计值 $\hat{\alpha}_1$ 和 $\hat{\alpha}_2$ 后，根据式（7-12）求得 i 初期的技术水平 A_{i1}。

$$A_{i1} = {Y_{i1}} \Big/ {K_{i1}^{\hat{\alpha}_1} \cdot L_{i1}^{\hat{\alpha}_2}} \quad (7\text{-}12)$$

将初始水平乘以每一期全要素生产率的累积增长率 TFP，可以求得当前的技术水平 A_{it}。

本章采用面板数据的 Fisher-ADF 检验方法对各变量进行了单位根检验，采取 Pedroni 协整检验方法对各变量的组合进行了协整关系检验。结果表明，各变量的对数序列均为一阶单整序列，并且各变量之间存在协整关系，可以用于构建门限面板数据模型。

7.2.2　描述性统计分析

在计算得到的全国各省区市高技术产业全要素生产率累积增长率的基础上，本章计算了全国及东、中、西部全要素生产率累积增长率的核密度函数。通过对核密度函数位置及形态的分析，能够对我国及各地区高技术产业全要素生产率的增长水平和分布特征进行直观描述。

对图 7-4~图 7-6 中核密度曲线虚线的分析可得，就全国而言，1996~2012 年，全国大部分省区市高技术产业全要素生产率累积增长率略高于 1，虽然增速不高，但增长特征明显，有少数省区市实现了持续快速增长，核密度函数呈现明显的偏态拖尾分布特征。

分地区来看，图 7-4 显示，相对于全国的全要素生产率累积增长率核密度函数，东部地区核密度函数明显向右平移，总体上东部地区各省市高技术产业的全要素生产率累积增长率高于全国水平，并且，核函数的"厚尾"现象表明该地区中全要素生产率快速增长的省市比重较高，东部地区全要素生产率增长的领先特征充分显现。

第7章 研发驱动中国技术进步的有效性和异质性研究 ·137·

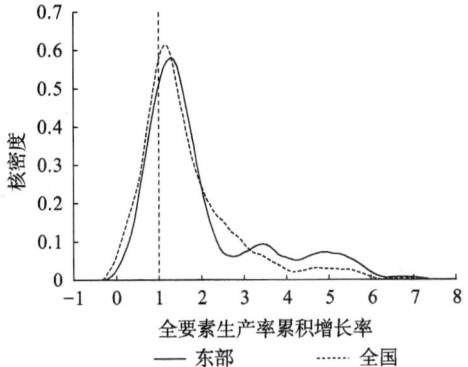

图 7-4 全要素生产率增长的核密度曲线

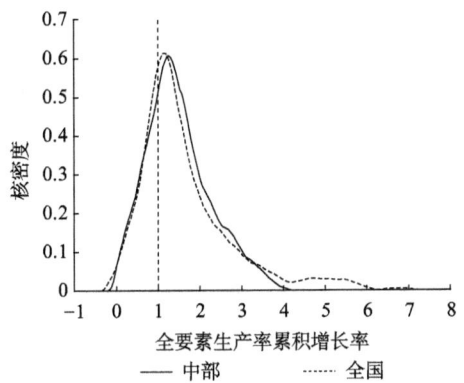

图 7-5 全要素生产率增长的核密度曲线

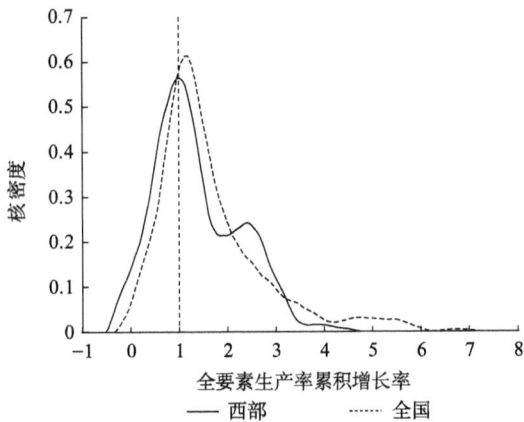

图 7-6 全要素生产率增长的核密度曲线

对比图 7-5 中实线与虚线可得，中部地区高技术产业全要素生产率累积增速的核密度函数与全国最为接近,特别是核密度函数峰的形态类似。不同的是,中部地区各省份全要素生产率累积增速均低于 4,与全国的核密度函数相比具有典型的"截尾"特征,全要素生产率积累增速的分布集中使得方差更小,因此,中部地区各省份高技术产业全要素生产率增长的差异较小。

就西部地区而言,由图 7-6 可得,与全国全要素生产率累积增速的核密度函数相比,该地区核密度函数整体向左平移,高技术产业全要素生产率增长落后于全国水平。并且,西部地区高技术产业全要素生产率累积增速的核密度函数不是严格的"单峰"曲线,在全要素生产率累积增速大于 2 小于 3 的区间内出现了另一个峰,其呈现出"双峰"的形态。这表明,一些西部省区市的全要素生产率增长特征较为突出。例如,作为西南地区研发中心的四川和西北地区研发中心的陕西,相对于 1996 年,2010~2012 年两省高技术产业全要素生产率累积增速均在 2 以上。

全国及各地区高技术产业全要素生产率增长的差异,使得分区域建立模型,进行结构变化检验和增长异质性的分析成为必要。

7.3 研发驱动技术进步的结构变化检验与门限面板数据模型构建

7.3.1 全要素生产率增长结构变化的 Quandt-Andrews 检验

本章首先以全要素生产率累积增速(TFP_{it})为研究对象,选取研发存量(R_{it})、人力资本(H_{it})和滞后一期技术水平(A_{it-1})作为影响因素[①],将全要素生产率增长方程式(7-1)两边取对数,加入截距项(α)和随机扰动项(μ_{it}),构建线性面板数据模型(7-13):

$$\ln \dot{\text{TFP}}_{it} = \alpha + \beta \ln R_{it} + \gamma \ln H_{it} + \theta \ln A_{it-1} + \mu_{it} \quad (7\text{-}13)$$

全要素生产率增长的断点检验是确定其结构变化存在性的关键步骤和重要参考。传统的断点检验方法为 Chow 检验,其基本原理为,假设整个样本(由 N 个个体组成)可以分割成为两个子样本(个数分别为 n_1 和 n_2),残差平方和记为 RSS,模型的待估参数为 k 个,可以构造 F 统计量为

[①] 参照国内外大多数文献的处理方法,考虑到技术水平对全要素生产率增长影响的滞后性,同时为减弱模型估计中内生性的影响,本章选取上一期技术水平 A_{it-1} 构建面板模型。

$$F = \frac{\left(\mathrm{RSS}_N - \left(\mathrm{RSS}_{n_1} + \mathrm{RSS}_{n_2}\right)\right)/k}{\left(\mathrm{RSS}_{n_1} + \mathrm{RSS}_{n_2}\right)/(n_1 + n_2 - 2k)} \sim F_{[k,(n_1+n_2-2k)]} \quad (7\text{-}14)$$

由于进行 Chow 检验时需要首先设定分割点，这使得其应用受到较大局限。Andrews（1993）提出了未知变点结构变化检验的 Quandt-Andrews 方法，假定在区间$[\tau_1,\tau_2]$内共 m 个样本点，可进行多次 Chow 检验并将其汇总成为三个统计量，对是否存在结构变化进行检验。Quandt-Andrews 检验中统计量的具体形式如式（7-15）、式（7-16）和式（7-17）所示。

最大值统计量：

$$\max F = \max_{\tau_1 \leqslant \tau \leqslant \tau_2} F(\tau) \quad (7\text{-}15)$$

指数统计量：

$$\exp F = \ln\left(\frac{1}{m}\sum_{\tau=\tau_1}^{\tau_2}\exp\left(\frac{1}{2}F(\tau)\right)\right) \quad (7\text{-}16)$$

平均值统计量：

$$\mathrm{avg}\, F = \frac{1}{m}\sum_{\tau=\tau_1}^{\tau_2} F(\tau) \quad (7\text{-}17)$$

按照 7.2 节中的区域划分方法，通过计算式（7-15）~式（7-17）中 Quandt-Andrews 检验的统计量，得到结构变化的检验结果如表 7-1 所示。

表 7-1　各地区全要素生产率增长的结构变化检验结果

检验方法	原假设 H_0：模型中不存在结构变化				
	检验统计量	全国	东部	中部	西部
Quandt-Andrews 结构变化检验方法	最大似然比 F 统计量	9.325** (0.036)	9.262** (0.037)	10.037** (0.026)	0.750 (1.000)
	指数似然比 F 统计量	2.665** (0.023)	2.633** (0.024)	3.498*** (0.008)	0.102 (1.000)
	平均似然比 F 统计量	3.684** (0.025)	3.085** (0.041)	6.323*** (0.002)	0.197 (0.942)

和*分别代表在 0.05 和 0.01 的显著性水平下拒绝原假设

注：括号内为 p 值

表 7-1 中的结果表明，全国、东部和中部地区三个 F 统计量均在 0.05 或 0.01 的显著性水平下，拒绝了不存在结构变化的原假设，全要素生产率的增长并不稳定。西部地区全要素生产率增长的结构变化不显著。如 7.1 节中所述，研发累积是促进全要素生产率增长的重要因素，也是导致其结构变化的主要原因，因此，可根据研发变量划分不同区制，构建门限面板数据模型，进行分区制中研发驱动全要素生产率增长的非对称研究。

7.3.2 研发驱动全要素生产率增长模型的门限面板数据模型构建与门限效应检验

在模型（7-13）的基础上，以研发存量对数（lnR）为门限变量，以两个门限值（λ_1 和 λ_2）为例，分 $\ln R \leqslant \lambda_1$、$\lambda_1 < \ln R \leqslant \lambda_2$ 和 $\ln R > \lambda_2$ 三个区制，建立全国及各地区的门限面板数据模型（7-18），门限值的个数及具体数值需进一步检验确定。

$$\ln T\dot{F}P_{it,j} = \begin{cases} \alpha + \beta_1 \ln R_{it,j} \left(\ln R_{it,j} \leqslant \lambda_{1,j} \right) + \gamma \ln H_{it,j} + \theta \ln A_{it-1,j} + \mu_{it,j} \\ \alpha + \beta_2 \ln R_{it,j} \left(\lambda_{1,j} < \ln R_{it,j} \leqslant \lambda_{2,j} \right) + \gamma \ln H_{it,j} + \theta \ln A_{it-1,j} + \mu_{it,j} \\ \alpha + \beta_3 \ln R_{it,j} \left(\ln R_{it,j} > \lambda_{2,j} \right) + \gamma \ln H_{it,j} + \theta \ln A_{it-1,j} + \mu_{it,j} \end{cases} \quad (7\text{-}18)$$

其中，$j=0,1,2,3$，分别代表全国、东部、中部和西部地区。

在模型（7-18）的估计中，首先是将 lnR 中的每一个观测值均作为门限值，逐一估计得到残差平方和；然后选取残差平方和最小时对应的值作为 lnR 门限值的估计，再将门限值用于估计不同区制中的系数。通过 F 检验方法检验不同区制中系数是否相等的假设，可以进一步确定门限效应的显著性。研发存量对数门限值及门限效应的检验结果如表 7-2 所示。

表 7-2 研发存量对数门限值及门限效应的检验

项目	全国（j=0）	东部（j=1）	中部（j=2）	西部（j=3）
第 1 门限值 λ_1	0.922	−0.979	0.921	2.597
F 检验（p 值）	4.314** （0.036）	9.970*** （0.003）	15.350*** （0.001）	23.045*** （0.000）
第 2 门限值 λ_2	1.940	0.827	2.011	—
F 检验（p 值）	42.996*** （0.000）	11.279*** （0.003）	5.294** （0.020）	—

和*分别代表在 0.05 和 0.01 的显著性水平下显著

注：括号内为 p 值

由表 7-2 可得，全国及各地区高技术产业研发驱动全要素生产率增长模型中均存在显著的门限效应，其中，全国、东部和中部地区各有 2 个门限值（λ_1 和 λ_2），西部地区则仅存在 1 个门限值（λ_1）。根据各省区市高技术产业研发对数值 lnR 位于的不同区制，可以初步划分研发驱动全要素生产率增长的阶段。例如，根据研发存量的测算结果，2012 年西部地区广西、重庆、四川、贵州、陕西 5 个省市 lnR 高于门限值 2.597，其余内蒙古、云南、甘肃、宁夏 4 个省区低于门限值并处于第 1 区制。

7.4 研发驱动全要素生产率提升的异质性分析

7.4.1 不同区制下研发驱动全要素生产率增长的实证分析

在门限效应检验的基础上，本章对模型（7-18）进行了估计，得到全国及各地区研发对全要素生产率增长影响的估计结果，如表7-3所示。

表7-3　研发等变量对全要素生产率增长影响的估计结果

自变量		因变量：全要素生产率累积增长对数（lnTFP）			
		全国 （$j=0$）	东部 （$j=1$）	中部 （$j=2$）	西部 （$j=3$）
研发存量 $\ln R_{it}$	区制1 （$\ln R_{it} \leq \lambda_1$）	−0.144*** （−9.663）	−0.249*** （−10.652）	−0.062** （−2.375）	−0.128*** （−4.558）
	区制2 （$\lambda_1 < \ln R_{it} \leq \lambda_2$）	0.620*** （25.720）	0.628*** （19.598）	0.541*** （9.770）	0.564*** （12.969）
	区制3 （$\ln R_{it} > \lambda_2$）	0.011 （0.696）	0.084* （1.967）	−0.113** （−2.414）	—
人力资本 $\ln H_{it}$		0.054*** （3.119）	0.378*** （5.309）	0.047** （2.000）	0.013 （0.652）
技术水平 $\ln A_{it-1}$		0.102*** （9.181）	0.160*** （8.839）	0.090*** （4.861）	0.098*** （4.705）

*、**和***分别代表在0.1、0.05和0.01显著性水平下显著

注：括号内为 t 值

1. 全国研发对全要素生产率增长的影响呈现倒"U"形特征

就全国范围而言，表7-3显示，在区制1至区制3中，高技术产业研发存量对数（$\ln R_{it}$）的系数从−0.144增加至0.620后，再减小至0.011，研发对全要素生产率增长的影响呈现了"显著为负→显著为正→不显著"的倒"U"形变动特征，这符合研发与全要素生产率增长之间关系的一般规律。根据7.1节中理论模型的描述，全国高技术产业研发累积和全要素生产率增长之间呈现收敛关系。

结合表7-2中门限值的估计结果可得，在研发存量较低的第1区制（研发存量对数 $\ln R_{it} \leq 0.922$）中，高技术产业全要素生产率增长中研发投入的规模效应不足，累积效果没有充分显现，并且，研发投入减少了高技术企业的当期收益和利润，制约了高技术产业的其他生产和创新活动，降低了高技术产业的绩效，最终"门槛效应"阻碍了研发在全要素生产率增长中效应的发挥。

在跨越第1个"门槛"进入第2区制（$0.922 < \ln R_{it} \leq 1.940$）后，表7-3显示，高技术产业中研发对全要素生产率增长的影响系数为正且高度显著，研发

存量增加 1%，生产率平均增长 0.62%，研发对全要素生产率增长的驱动效应充分显现。高技术产业中研发资源的累积，一方面可以产生科技成果并进行转化，促进技术进步和生产率提升；另一方面，还可以改造传统的生产方式，提高生产效率。

表 7-3 显示，当研发存量对数（$\ln R_{it}$）大于 1.940 时，在全国层面，全要素生产率增长中研发的作用不显著，结合表 7-3 中其他地区的估计结果可得，这主要与东部地区研发对全要素生产率提升的影响程度减弱和中部地区出现了一定程度上的"研发生产率悖论"现象有关。

2. 东部地区研发对全要素生产率增长的驱动效应已经明显减弱

由表 7-3 可得，东部地区在第 1 区制和第 2 区制中，研发对全要素生产率影响的变动特征与全国基本一致，在第 3 区制（$\ln R_{it} > 0.827$）中，东部地区研发存量对全要素生产率增长的影响仍然显著，但影响系数 0.084 远小于第 2 区制中的 0.628，这表明该地区研发对全要素生产率增长的驱动效应已经明显减弱。此外，根据东部地区各省市高技术产业研发存量的估算结果，对照表 7-2 中的门限值可得，2012 年，东部地区 11 个省市研发对数值都高于第 2 个门限值 0.827，均处于第 3 区制。

结合 7.2 节中描述性统计分析的结果，东部地区高技术产业研发存量高，全要素生产率也领先于全国水平，2012 年，东部地区高技术产业研发经费投入占全国研发总投入的 80.26%，其中，广东和江苏两省分别占全国的 36.4% 和 13.8%[①]。东部地区一些省市高技术产业中研发资源的高度集聚，已经产生了"拥挤效应"，在一定程度上导致研发资源没有得到充分利用甚至造成了浪费。

此外，研发要素在中心省市的累积易于形成循环，从而使得研发存量迅速增长，与其他外围省市之间的差距逐步扩大。例如，1996 年，同处于东部地区的广东和海南两省，高技术产业研发存量分别为 9.21 亿元和 0.08 亿元，2012 年则分别增长至 1 505.18 亿元和 4.41 亿元，差距也由 114.13 倍扩大至 340.31 倍[②]。研发存量差距的扩大，阻碍了东部地区高技术产业中心省市向外围的知识溢出和技术扩散，同时不利于外围省市对先进知识和高端技术的消化吸收，最终使得东部地区研发对全要素生产率增长的影响程度降低。

---

① 数据来源：根据《中国高技术产业统计年鉴（2013）》和作者计算。
② 作者根据《中国高技术产业统计年鉴》（2002 年、2013 年）计算得到，参见 7.2 节中研发存量的估算公式（7-10）。

3. 中部地区在一定程度上出现了"研发生产率悖论"现象

与全国和东部地区在第 3 区制的表现不同，表 7-3 中的估计结果显示，当 $\ln R_{it}>2.011$ 时，中部地区研发变量对全要素生产率增长的影响系数显著为 -0.113，这表明研发存量增长 1%，全要素生产率增速平均下降 0.113%，中部地区高技术产业在一定程度上呈现出"研发生产率悖论"现象，即研发投入在全要素生产率增长中没有显著影响，甚至会产生负向效应。

第 3 区制下中部地区的研发无效性特征，一是该地区高技术产业成果转化率低和产业化水平不高的综合体现，2013 年，中部地区共 8 个省份中，吉林、黑龙江、湖南、安徽和山西的高新技术产业化指数分别排在全国第 20、21、23、24 和 28 位[1]，处于中下等水平；二是中部地区高技术产业研发投入结构和研发资源配置不合理导致的，2012 年，中部地区高技术产业研发活动中，技术引进经费支出额为 0.61 亿元，仅为东部地区的 1.05%，而其消化吸收经费与引进技术经费支出之比达到了 1.54，远大于东部地区的 0.13（国家统计局等，2013）。

4. 西部地区研发驱动全要素生产率有效增长的门槛最高

由表 7-2 和表 7-3 中的估计结果可得，西部地区高技术产业中研发对全要素生产率的驱动可以划分为两个区制，在第 1 个区制中，研发对全要素生产率增长的影响系数显著，为 -0.128，第 2 个区制中 $\ln R_{it}$ 的估计系数显著为 0.564。西部地区研发对全要素生产率增长的正向影响和有效性开始显现，并且还没有进入研发对全要素生产率增长的驱动效应不显著或者为负的区制。

西部地区高技术产业的一个典型特征是，研发存量对数（$\ln R_{it}$）门限值为 2.597，对应于研发存量（R_{it}）为 13.423 亿元，相对于全国和其他地区是最高的，这意味着，要实现研发对全要素生产率增长的有效驱动，西部地区需要更多的研发投入。西部地区研发有效性发挥的"高门槛"现象，主要是由于西部地区高技术产业基础较差和设施落后，使得研发资源的利用效率较低。以新产品开发为例，2012 年西部地区高技术产业新产品开发经费支出约为中部地区的 1.035 倍，而新产品销售收入仅为中部地区的 78.32%，西部地区新产品销售收入与新产品开发经费之比（投入产出比）为 7.25，低于中部地区的 9.59[2]。

5. 总体上人力资本对全要素生产率提升具有正向促进效应

在内生增长理论中，包含丰富知识和创新技能的人力资本是高技术产业中

---

[1]《2013 全国科技进步统计监测报告》（中国科学文献出版社，2014 年）。
[2] 作者根据《中国高技术产业统计年鉴（2013）》计算得到。

的重要投入要素和核心资源，其与研发资源相结合，组成了高技术产业中全要素生产率提升和技术进步的主要驱动力。表 7-3 中的估计系数显示，全国、东部和中部地区人力资本变量（$\ln H_{it}$）对全要素生产率增长的影响系数分别为 0.054、0.378 和 0.047，均显著为正，而西部地区人力资本变量的系数估计值不显著。

高技术产业中人力资本对全要素生产率提升具有积极促进作用，表明人力资本的创新收益已经超过了投入的成本，知识的内在累积得到外在显现。此外，人力资本对于高新技术的消化吸收、集成创新和自主创新都具有重要推动作用。根据表 7-3 中的估计结果，人力资本集聚的东部地区高技术产业研发人员折合全时当量增长 1%，全要素生产率平均增长 0.378%。相比之下，西部地区人力资本相对匮乏，2012 年，西部地区高技术产业研发人员折合全时当量仅占全国的 7.39%，研发机构人员数仅为全国的 8.02%，导致该地区人力资本对全要素生产率增长的促进作用尚未体现。

6. 技术水平在全要素生产率增长中的作用十分显著

如 7.1 节理论模型中所示，高技术产业中技术水平（知识存量）是影响全要素生产率增长（知识增量）的重要因素。技术水平对全要素生产率的增长具有正向和负向两种影响，技术水平越高，在为新知识生产或技术创新提供了良好基础和有利条件的同时，也使得创新的空间缩小和难度加大，两种效应的大小决定了技术水平对全要素生产率增长的作用方向和程度。由表 7-3 中滞后一期技术水平对数（$\ln A_{it-1}$）变量的估计系数可得，全国及各地区技术水平在全要素生产率增长中的作用都显著为正，其中，东部地区的影响系数最大（0.160），中部和西部地区的影响程度近似，系数估计值分别为 0.090 和 0.098，因此，技术水平的正向影响占主导地位。

7.4.2 稳健性检验

为检验模型（7-18）估计结果的稳健性，考虑到高技术产业具有产品生产和知识创造的双重功能，本章设定各省区市高技术产业实际总产值、专利拥有数为产出变量，将各省区市高技术产业实物资本存量、年末从业人员数、研发存量和人力资本作为投入变量，重新计算 Malmquist 生产率指数，进而求得各省区市全要素生产率的累积增长率（含专利），记为 $\ln TFPZL$。将 $\ln TFPZL$ 作为因变量，进行模型（7-18）的估计，估计结果见表 7-4。

表 7-4 研发等变量对累积全要素生产率增长（含专利）影响的估计系数

自变量		因变量：全要素生产率（含专利）累积增长对数（$\ln TFPZL$）			
		全国 ($j=0$)	东部 ($j=1$)	中部 ($j=2$)	西部 ($j=3$)
研发存量 $\ln R_{it}$	区制 1 ($\ln R_{it} \leq \lambda_1$)	−0.168*** (−6.263)	−0.213*** (−7.030)	−0.108** (−2.525)	−0.196*** (−3.246)
	区制 2 ($\lambda_1 < \ln R_{it} \leq \lambda_2$)	0.622*** (19.900)	0.710*** (18.869)	0.540*** (9.023)	0.450*** (6.826)
	区制 3 ($\ln R_{it} > \lambda_2$)	0.076*** (2.655)	0.035 (0.666)	−0.124 (−1.283)	—
人力资本 $\ln H_{it}$		−0.042 (−0.644)	0.283*** (5.612)	0.164*** (4.649)	0.107** (2.547)
技术水平 $\ln A_{it-1}$		0.172*** (7.813)	0.174*** (6.543)	0.213*** (5.836)	0.356*** (6.087)

和*分别代表在 0.05 和 0.01 显著性水平下显著
注：括号内为 t 值

与表 7-3 相对照，表 7-4 中的估计结果显示，全国及各地区研发驱动全要素生产率增长的区制划分一致，即全国、东部和中部地区为三个区制，西部地区仍为两个区制，并且各区制中研发变量的估计系数的符号相同，系数估计值的差异不大。此外，表 7-4 与表 7-3 中人力资本和技术水平变量对全要素生产率增长的影响系数也高度近似，较好地验证了模型（7-18）估计结果的稳健性和实证分析的准确性。

7.5 本章小结

本章构建了高技术产业研发与全要素生产率的内生增长理论模型，采用未知断点的 Quandt-Andrews 方法检验全要素生产率增长的结构变动，基于研发驱动全要素生产率增长的门限面板数据模型进行实证分析，得出主要结论如下。

断点检验的结果表明，全国、东部和中部地区高技术产业全要素生产率的增长并不稳定，存在显著的结构变化，西部地区全要素生产率增长的结构变化不显著。门限效应的检验结果表明，全国及各地区高技术产业研发驱动全要素生产率增长模型中均存在显著的门限效应。

根据不同区制下研发驱动全要素生产率增长的实证分析结果可得，全国高技术产业研发对全要素生产率的影响呈现倒"U"形特征；东部地区研发存量差距的扩大，不利于中心省市向外的知识溢出以及外围省市对知识和技术的消化吸收，使得研发对全要素生产率增长的驱动效应明显减弱；中部地区高技术产业产业化水平不高导致其在一定程度上出现了"研发生产率悖论"现象；由于研发资源的利用效率较低等原因，西部地区高技术产业中研发驱动全要素生产率有效增长的门槛最高。

为促进研发对全要素生产率的提升效应，政府应引导构建"产学研政"多主体协同创新机制，实现各主体优势互补的同时，增大研发创新成功的概率，分散研发高投入的风险。并且，打造具有核心竞争力的高技术与新技术，以发挥高新技术产业的规模报酬递增效应，抑制研发投入的边际收益递减效应。

政府应完善技术溢出渠道，建设技术交流平台。中部地区高技术产业研发的有效性程度降低，西部地区研发发挥对全要素生产率提升有效性的门槛最高，都是研发环境约束下的结果。具体措施如下：中部地区应制定有吸引力的研发企业入驻和研发人才引进政策，为高技术产业研发活动的进行创造有利条件。同时，对于处在研发存量较低阶段的西部省区市，应加大研发财政补贴和税收减免力度，促进高技术产业中的研发累积，并跨越研发对全要素生产率驱动效应不显著的门槛。对于东部地区研发存量较高的省区市而言，则更应注重优化研发资源的配置，改善研发投入的结构。

推进研发成果转化也是实现研发溢出效应、提升研发有效性的关键。特别是东部发达地区应在中高端技术的关键性应用环节上实现突破，以提高生产效率为目标推进研发成果在生产活动中的应用，实现"研发驱动"与"生产驱动"相结合的"创新驱动"，并适时适度将部分成果向中西部地区转移，形成我国同一地区内、不同地区间良性互动、收益共享的协同创新机制，通过有效的横向合作和垂直一体化达到技术持续进步的目标。

第8章 内在吸收能力还是外部溢出效应有效缩小了技术差距

随着中国经济发展逐渐进入新常态时期,"创新驱动"战略的实施在经济增长和结构调整中具有重要意义。在学习型技术进步的空间缩小、技术创新的成本上升等多重因素的影响下,中国"创新驱动"发展模式的形成,一方面依赖于创新的主体,如高技术产业内部的研发活动及对新技术的消化吸收能力,另一方面则取决于研发外部溢出效应能否推动各地区间的协同创新与共同技术进步。

技术差距是吸收能力提高和溢出效应产生的关键因素。技术差距越大,技术相对落后地区学习和模仿的空间可能越大,因而有利于其吸收能力和溢出效应增进。同时,技术差距过大也可能导致后发地区难以消化吸收先进地区的技术溢出,进而无法实现技术赶超。在此基础上,很多学者通过理论与实证研究发现,一定程度以内的技术差距对技术进步是有利的,技术差距过大或者过小都不利于技术进步(易先忠,2010;傅晓霞和吴利学,2013)。因此,技术差距变动规律分析及其主要影响因素的判断,对于合理控制技术差距、实现协同创新技术进步和形成创新驱动发展模式具有重要意义。

8.1 技术差距的影响因素概述

国内外学者对于技术差距影响因素研究,主要集中于三个方面:一是研发投入或技术引进支出因素,大多数研究均认为不同类型的研发投入增加能够在一定程度上缩小技术差距,如 Barro 和 Sala-i-Martin(1995)、Keller(2004)、林毅夫和张鹏飞(2005)的研究指出,技术差距收敛的主要原因之一就是在技术引进的基础上,相对落后地区能够减少研发创新的成本,发挥技术进步的后发优势;祝树金等(2010)、Iyer(2011)、欧阳峣等(2012)指出,在技术水平较高区域,自主创新和研发投资能够显著促进技术进步,对技术差距缩小可以发挥积极作用。

二是研发的溢出效应与技术差距的关系,Coe 和 Helpman(1995)、Liu 和 Wang(2003)都认为通过国际贸易或国际资本流动实现的技术扩散、技术转移,是实现国家和地区间技术溢出,进而实现技术收敛的重要途径;在此基础上,Lai 等(2009)、傅晓霞和吴利学(2013)基于非线性计量经济模型的研究认为,不同阶段技术溢出效应和技术差距之间存在差异化的影响关系。

三是吸收能力,现有文献中往往以竞争程度、人力资本作为替代变量,主要指通过对引进技术的消化吸收缩小技术差距,类似的研究如赖明勇等(2005)、Gilbert(2006)、易先忠和张亚斌(2006)等认为通过模仿学习对技术吸收能力的提升可以实现技术收敛;类似地,Castellacci(2011)、吉亚辉和祝凤文(2011)认为发展中国家能够在"干中学"的基础上,形成自主创新体系,进而缩小技术差距。

现有文献对于技术差距影响因素的研究已经较为全面,但是大多数文献对上述因素分别进行研究,即仅关注某一类影响因素。本章以高技术产业为例,试图将影响技术差距变动的内在吸收能力、外部溢出效应两类因素置于统一的理论框架中,采用面板平滑转换回归模型,研究不同研发投入情形下吸收能力、溢出效应对各地区技术差距的非对称和非线性影响,分析内、外部因素共同驱动技术差距在不同阶段之间的转换特征,给出各阶段各因素影响技术差距的全面解释。

8.2 溢出效应与吸收能力驱动技术差距变动的理论分析

8.2.1 理论模型设定

本章在 Verspagen(1991)的技术追赶模型基础上构建技术差距变动的理论模型。在时期 t,所有地区中存在着一个技术最为发达的地区,在科技发展和高技术产业建立的初期,一些地区基于自身的比较优势和制度优势实现了研发资源的快速积累和技术水平的迅速提高,因而成为技术发达地区(先发地区),并形成了与其他技术落后地区(后发地区)的技术差距。

1. 理论模型的基本假设

假定技术发达地区的技术进步率为 α,如式(8-1)所示。

$$\frac{\dot{A}_t^*}{A_t^*} = \alpha \qquad (8\text{-}1)$$

其中，A_t^* 为 t 时期技术发达地区的技术水平；$\dot{A}_t^*$ 为发达地区技术水平的增长量。

其他地区的技术进步率与发达地区不同，并且受到发达地区溢出效应的影响，因此，其他地区的技术进步率可以表示为

$$\frac{\dot{A}_{it}}{A_{it}} = \beta_i + S_{it} \qquad (8\text{-}2)$$

其中，A_{it} 为 t 时期其他地区中 i 地区的技术水平；$\dot{A}_{it}$ 为 i 地区技术水平的增长量；β_i 为 i 地区的技术进步率；S_{it} 为技术发达地区对 i 地区的溢出效应。由内生增长理论可得，发达地区向其他地区技术或研发的溢出效应一般为正，根据式（8-2）可得，溢出效应使得其他地区技术进步率能够得到提升。

两类地区除了技术进步率不同外，技术水平之间也存在一定差距，发达地区与其他地区的技术差距一般可以表示为如式（8-3）所示形式。

$$\text{Gap}_{it} = \ln \frac{A_t^*}{A_{it}} \qquad (8\text{-}3)$$

2. 溢出效应影响技术差距变动的数理分析

技术差距会随着时间的推移或受其他因素的影响而发生变动，如果将式（8-3）对时间 t 求导，则可以得到技术差距变动量的表示形式，如式（8-4）所示。

$$\dot{\text{Gap}}_{it} = \frac{d}{dt} \ln \frac{A_t^*}{A_{it}} = \frac{\dot{A}_t^*}{A_t^*} - \frac{\dot{A}_{it}}{A_{it}} = \alpha - \beta_i - S_{it} = b_i - S_{it} \qquad (8\text{-}4)$$

为简化起见，式（8-4）中将发达地区与其他地区两类地区间技术增速的差距表示为 b_i（$b_i = \alpha - \beta_i$）。由式（8-4）可得，影响技术差距变动的因素主要有两类地区的技术增速差距（b_i）以及发达地区向其他地区的溢出效应（S_{it}），技术差距变动量 $\dot{\text{Gap}}_{it}$ 扩大还是缩小，取决于两类地区间技术进步率之差 b_i 与溢出效应 S_{it} 的大小关系。

当 $\dot{\text{Gap}}_{it} = 0$ 时，技术差距恒定，即达到了技术差距的均衡点。此时，根据式（8-4）求得

$$b_i = S_i^* \qquad (8\text{-}5)$$

其中，*表示均衡解。

如式（8-4）和式（8-5）所示，当 $S > S_i^*$（$S > b_i$）时，有 $\dot{\text{Gap}}_{it} < 0$，技术差距随时间 t 的变化率小于 0，表示技术差距 Gap 逐渐变小，即技术收敛；与之相对，当 $S < S_i^*$（$S < b_i$）时，则 $\dot{\text{Gap}}_{it} > 0$，技术差距 Gap 不断变大，即出现了技术发散现象。

随着 S 的不同，技术差距 Gap 会呈现不同的变动规律，进而得到溢出效应对技术差距的影响路径为"溢出效应（S_{it}）→技术差距变动（$\dot{\text{Gap}}_{it}$）→技术差距（Gap_{it}）"（路径1）。

3. 吸收能力对溢出效应影响的数理表示

进一步地，参照国内外文献中的表示方法，可以将式（8-2）和式（8-4）中的溢出效应表示为如式（8-6）所示形式。

$$S_{it} = c \cdot \text{Gap}_{it} \cdot \exp(-\text{Gap}_{it}/\delta_{it}) \tag{8-6}$$

其中，c 为参数；δ_{it} 为学习能力或吸收能力，一般取正值；$\exp(\cdot)$ 为指数函数。式（8-6）表明，溢出效应 S_{it} 可以表示为技术差距 Gap_{it} 与吸收能力 δ_{it} 的函数。吸收能力一方面影响引进技术的利用程度，另一方面对于集成创新、消化吸收再创新也具有一定作用。基于式（8-6）可得，吸收能力与溢出效应两者之间呈现同向变动关系，因此，内在吸收能力还可以通过对溢出效应的影响，进而实现对技术差距的驱动，即"吸收能力（δ_{it}）→溢出效应（S_{it}）→技术差距变动（$\dot{\text{Gap}}_{it}$）→技术差距（Gap_{it}）"（路径2）。

4. 吸收能力与技术差距变动的数理模型

吸收能力对技术差距的影响方面，综合式（8-4）和式（8-6），可以得到技术差距变动量的函数形式：

$$\dot{\text{Gap}}_{it} = \frac{d}{dt}\ln\frac{A_t^*}{A_{it}} = \frac{\dot{A}_t^*}{A_t^*} - \frac{\dot{A}_{it}}{A_{it}} = b_i - c \cdot \text{Gap}_{it} \cdot \exp(-\text{Gap}_{it}/\delta_{it}) \tag{8-7}$$

在式（8-7）的基础上，将技术差距变动量 $\dot{\text{Gap}}_{it}$ 对吸收能力 δ_{it} 求偏导，得

$$\frac{\partial \dot{\text{Gap}}_{it}}{\partial \delta_{it}} = -c \cdot \frac{\text{Gap}_{it}^2}{\delta_{it}^2} \cdot \exp(-\text{Gap}_{it}/\delta_{it}) < 0 \tag{8-8}$$

其中，$\dot{\text{Gap}}_{it}$ 对 δ_{it} 的偏导数为负，表明吸收能力对于技术差距具有负向影响，即吸收能力提高能够缩小技术差距，传导路径为"吸收能力（δ_{it}）→技术差距变动（$\dot{\text{Gap}}_{it}$）→技术差距（Gap_{it}）"（路径3）。

基于理论模型的分析显示，内在吸收能力、外部溢出效应主要通过两种渠道影响技术差距，一种是两者对于技术差距的直接影响（路径1和路径3），另一种是吸收能力通过影响溢出效应，进而对技术差距变动量、技术差距产生的间接影响（路径2），因此，可以综合上述三条路径，将技术差距与两者的关系表示为式（8-9）。

$$\text{Gap}_{it} = f(\delta_{it}, S_{it}) \times [1 + G(\delta_{it})] = f(\delta_{it}, S_{it}) + f(\delta_{it}, S_{it}) \times G(\delta_{it}) \tag{8-9}$$

其中，函数 $f(\delta_{it}, S_{it})$ 表示内外部因素对于技术差距的直接影响；$f(\delta_{it}, S_{it}) \times G(\delta_{it})$ 乘积项表示随着吸收能力变动，两者对于技术差距的间接影响；式（8-9）为非线性模型，其形式根据函数 $G(\delta_{it})$ 确定。

8.2.2 溢出效应与吸收能力影响技术差距变动的机理分析

1. 内生增长理论框架下的理论整合

根据技术差距的形成理论，由于知识生产和技术进步具有持续的路径依赖特征，技术发达地区会实现生产率的不断提高并保持其先发优势，而在技术能力和技术机会限制下技术落后地区技术进步缓慢，在一段时期内，技术发达地区与技术落后地区之间的技术差距会呈现稳定或持续扩大的特征。

在内生增长理论中，对于先发地区与后发地区不同的技术进步模式、后发地区对先发地区技术赶超的解释中，一般有知识溢出模型、R&D模型以及纳入人力资本的扩展性索洛模型三类（周密，2009），分别从溢出效应、研发投入和人力资本三个方面进行了技术差距影响因素的解释。实际上，研发投入和人力资本是一个地区研发资源的两种表现形式，都是其吸收能力的重要体现，溢出效应则是先发地区知识外部性的代表，在研究技术差距变动时，上述因素均应充分考虑，不可或缺。因此，本章将影响后发地区与先发地区技术差距的因素归结为内在吸收能力与外部溢出效应两类，将内生增长理论框架中的三个模型相结合，得到内外部因素共同驱动技术差距变化的理论框架，如图8-1所示。

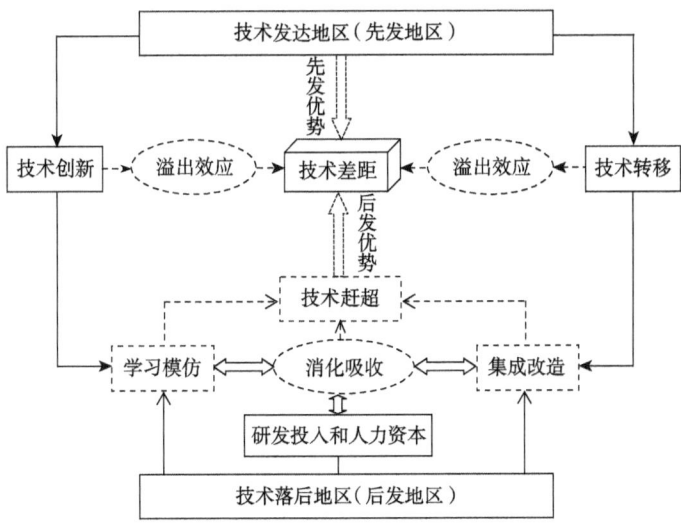

图8-1 技术差距变动的机理分析图

2. 先发地区技术外溢的直接与间接效应分析

技术发达地区主要通过溢出效应影响其与技术落后地区的技术差距。由于研发创新活动具有正外部性，技术发达地区在进行技术创新活动的同时，会在一定程度上推动高新技术交流和研发人员流动，知识溢出理论认为，研发资源在流动的过程中发生的技术扩散和知识溢出，能够产生对技术落后地区的"示范效应"和"带动效应"，因而间接地促进了后发地区的技术进步。

此外，在部分技术发展到一定程度时，对于先发地区而言，已经不再是高新技术，先发地区采用这些技术进行生产的边际收益不断下降，边际成本持续上升，为了提高研发创新的效率，技术发达地区会不断地进行更高层次的技术更新，并主动减少保护性研发，推动中低端技术向技术落后地区转移且主动产生直接溢出效应。

3. 后发地区吸收能力提升与技术赶超的两种途径：模仿学习与集成改造

对于技术落后地区而言，在研发资源累积形成的"供给推动"与生产率提高的"需求拉动"作用下，一方面会加大研发和人力资本投入，对先进高新技术进行学习、模仿，特别是在技术差距较大时，技术落后地区技术进步的空间较大，有效劳动和人力资本的学习能力逐渐形成，能够顺利实现对技术的消化吸收再创新，依据"干中学"理论，后发地区在"干中创新"中获得较高的创造性模仿回报，形成后发优势，缩小与技术发达地区的差距。

另一方面，随着后发地区技术水平的不断提高，其通过消化吸收对先进技术的追赶空间缩小，模仿创新趋向于可能性边界，后发地区更多转向将引进的新技术与原有的旧技术进行融合，即对现有技术进行更新、改造，并实现集成创新，以缩小与先发地区的技术差距。对于后发地区而言，通过学习模仿实现的是技术数量的"水平创新"，而基于集成改造能够达到技术质量的"垂直创新"，最终实现模仿创新与集成创新向原始创新的跨越，推动技术差距收窄。

4. 内在吸收能力与外部溢出效应对于技术差距差异化影响的机理分析

技术落后地区在实现与技术发达地区技术差距缩小的过程中，在不同的吸收能力下，技术差距可能会呈现扩大或收敛等多样性、差异化的特征。

技术发达地区在技术外溢的过程中，溢出效应能否发挥对后发地区技术进步的推动作用，实现技术赶超和缩小技术差距，在很大程度上取决于后发地区对技术的消化吸收能力，以及对现有技术的改进和集成能力的强弱，特别是，在技术落后地区内在吸收能力没有跨越消化外溢技术的"门槛"时，溢出效应对其技术进步的贡献程度不高，因此，吸收能力不同时溢出效应对于两类地区间技术差距缩小的效果也存在显著差异。

技术落后地区内在吸收能力的形成与提高，受到研发资本要素、人力资本要素数量和质量的双重制约，即研发资源丰裕度和人力资本的有效性是后发地区吸收能力的主要影响因素。根据包含研发投入与人力资本的索洛模型可得，研发经费投入能够促进研发资本形成，根据边际收益递减理论可得，随着研发投入的增长，研发经费投入的边际回报递减，特别是研发对于后发地区技术进步贡献程度的降低会使得其对先发地区技术赶超的速度下降；而人力资本水平在一定程度上决定了后发地区对新技术与高技术"学习成本"和"模仿成本"的大小，这都是不同吸收能力下后发地区能否有效缩小技术差距的关键。

8.3 变量选取与实证模型构建

8.3.1 实证模型构建

如 8.2 节理论模型中所示，在吸收能力不同时，溢出效应、吸收能力对技术差距的影响并不相同，在式（8-9）的基础上，可以将 $f(\cdot)$ 函数的形式线性化，基于 Teräsvirta（1994）、Gonázlez 等（2005）的平滑转换函数改写 $G(\cdot)$ 函数，并加入随机扰动项，得到式（8-10）。

$$\text{Gap}_{it} = \rho_0 + \rho_1 \delta_{it} + \rho_2 S_{it} + (\lambda_0 + \lambda_1 \delta_{it} + \lambda_2 S_{it}) \cdot G(\gamma_i, c_i, \delta_{it}) + u_{it} \quad (8\text{-}10)$$

其中，$\rho_0 \sim \rho_2$，$\lambda_0 \sim \lambda_2$ 为直接效应和间接效应的参数；转换函数 $G(\cdot)$ 中，γ_i、c_i 分别为斜率参数和位置参数。式（8-10）是面板平滑转换回归模型的典型形式，转换函数 $G(\cdot)$ 一般为一个广义逻辑函数：

$$G(\gamma_i, c_{ik}, x_{it}) = \frac{1}{1 + \exp\left(-\gamma_i \prod_{k=1}^{K}(x_{it} - c_{ik})\right)}, \quad \gamma_i > 0 \quad (8\text{-}11)$$

其中，转换变量（x_{it}）为吸收能力（δ_{it}）；$K=1$ 或 2。当 $K=1$ 时，面板平滑转换回归模型称为 LSTR1 模型，往往描述从一种状态到另一种状态的平滑转换过程；当 $K=2$ 时，面板平滑转换回归模型则为 LSTR2 模型，该模型参数围绕 $(c_1+c_2)/2$ 对称变化，模型转换的动态特征在两端相似，但在中间值时存在差异（van Dijk et al.，2002）。

实证模型建立后，本章将对式（8-10）中的变量进行测算。本章中采用的数据是《中国高技术产业统计年鉴》（2002~2014年）中28个省区市1996~2013年共18年的平衡面板数据[①]。

8.3.2 技术差距变量的测算

在测算技术差距变量时，需要首先测度技术水平。国内外学者一般采用资本密集度、专利数量、资本存量、研发投入和劳动生产率等指标计算得到（周密，2009）。结合中国高技术产业劳动密集型的现状，本章以劳动生产率作为技术水平的替代变量计算技术差距[②]，具体计算过程如下。

选取各省区市各年高技术产业当年价总产值作为产出变量（Y_{it}），计算并采用地区生产总值平减指数对高技术产业当年价总产值进行平减[③]，采用高技术产业各省区市各年的从业人员年平均人数代表劳动力变量（L_{it}），劳动力变量不平减。

将实际产出变量（Y_{it}）与劳动力变量（L_{it}）求比值计算劳动生产率（A_{it}），作为技术水平的代表变量。

在第t年中，采用该年份所有省区市最高技术水平（A_t^*）与i省（自治区、直辖市）的技术水平（A_{it}）的比值计算得到技术差距（Gap_{it}）。其中，A_t^*为第t年所有省区市技术水平的最大值。

此外，技术差距还可以通过求差值方法计算得到，但该方法计算的技术差距除了存在量纲问题，还不易取对数，因此，本章采用求比值方法计算的技术差距。

8.3.3 吸收能力变量的选取与处理

一般而言，研发资源决定了消化吸收能力的强弱，大多数学者也广泛采用研发变量作为吸收能力的代表。例如，Cohen 和 Levinthal（1990）、Stock 等

[①] 由于青海、西藏和新疆三个省区数据缺失较多，在本章的分析中未包括这三个省区。

[②] 本章采用高技术产业劳动生产率作为技术水平的代表，主要有以下两点原因：一是中国高技术产业的劳动密集型特征明显，根据《中国工业统计年鉴（2014）》测算的资本劳动密集度结果，2013年，主要高技术行业医药制造业、医疗仪器设备及器械制造业、计算机通信和其他电子设备制造业、仪器仪表制造业人均资产（资产总计除以从业人员平均人数）分别为88.47万元/人、55.53万元/人、59.38万元/人、62万元/人，均低于整体工业行业的88.93万元/人；二是科技部、中国科学技术发展战略研究院制定的全国各地区科技进步统计监测指标体系和监测标准中，在对高新技术产业的评价部分，采用的也是劳动生产率指标。

[③] 由于篇幅限制，本章中并没有给出地区生产总值平减指数及之后的研发价格指数的计算方法和详细过程，如有需要，可向作者索取。

(2001)分别采用研发存量、研发强度作为吸收能力的代理变量。

国内外大多数学者认为，研发资源包括研发经费投入和人力资本投入两个方面，在吸收能力的代表变量中，人力资本这一点往往被忽略。本章从上述两个方面计算吸收能力，计算步骤如下。

步骤1：采用高技术产业研发经费内部支出变量、研发人员折合全时当量两个变量，分别作为研发资金投入和人力资本投入变量。

步骤2：计算并采用研发价格指数对研发经费内部支出变量进行平减，研发人员折合全时当量变量不平减。

步骤3：将高技术产业的实际研发支出变量与实际总产值求比值计算得到研发投入强度变量（RD_{it}），将研发人员折合全时当量占劳动力变量的比重作为人力资本密集度变量（H_{it}），取对数分别得到 rd_{it} 和 h_{it} 作为吸收能力（δ_{it}）的替代变量。

8.3.4 溢出效应变量的构造

现有研究中，通常采用研发变量与其他变量的交叉项表示溢出效应（Keller，2004；唐保庆和黄繁华，2009），该处理方法具有一定的合理性，但不能够充分反映本章中溢出效应的本质[①]。借鉴 Griliches（1979）和 Jaffe（1988）给出的技术相似度计算公式，计算第 t 年中国各省区市间的技术相似度矩阵 W_t，其中的元素记为 $w_{ij,t}$，如式（8-12）所示。

$$w_{ij,t} = \frac{F_{i,t}F_{j,t}^{\mathrm{T}}}{\left[\left(F_{i,t}F_{i,t}^{\mathrm{T}}\right)\left(F_{j,t}F_{j,t}^{\mathrm{T}}\right)\right]^{1/2}} \tag{8-12}$$

其中，i、j 为各省区市；$w_{ij,t}$ 为技术相似度矩阵中的元素；$F_{i,t}$、$F_{j,t}$ 为第 t 年 i 和 j 发明专利数、实用新型专利数和外观设计专利数三种专利申请受理数量的向量。本章逐一计算了1996~2013年共18个技术相似度矩阵 W_t，其中包括各省区市间技术相似度值 $w_{ij,t}$ 共7 056个。

在溢出效应计算中，还需要计算研发存量。本章采用永续盘存法，参照朱有为和徐康宁（2007）、Kafouros 和 Wang（2008）的研究，取研发资本的折旧率为15%，采用平减后的研发经费内部支出变量计算得到研发存量（RDT_{it}）。将技术

---

① 国内外文献中一般采用的是研发与人力资本、研发与外商直接投资、研发与进口、研发与总产值中的国有企业占比等作为溢出效应变量，这些均与本章中所表示的溢出效应不符，鉴于溢出效应与技术相似度紧密相关，本章选取的是研发与技术相似度的乘积。此外，为了验证不同测算方法的溢出效应变量对于估计结果的影响，除了采用三种专利受理数变量计算相似度外，本章还采用三种专利的授权数对其进行了测算，进行了模型的估计并验证了结果的稳健性。

相似度矩阵（W_t）与研发存量向量（RDT_{it}）相乘后取对数，就可以得到溢出效应变量（S_{it}）。

需要说明的是，类似于变量间相关系数的计算公式，根据式（8-12）得到的技术相似度，具有以下三个典型特点：①W_t中的元素$w_{ij,t}$均为正数，且$0 < w_{ij,t} < 1$；②技术相似度矩阵中的元素具有对称性，即$w_{ij,t} = w_{ji,t}$；③技术相似度刻画了各年份不同省区市间技术的结构相似性，并且忽略了专利数量上的差异，能够准确地表示技术的近似程度，因此计算得到的溢出效应就更为合理。

8.4 技术差距的影响因素及转换特征分析

8.4.1 模型形式检验与参数估计结果

在这一部分，本章选取吸收能力中的研发投入强度变量（rd_{it}）作为转换变量构建面板平滑转换回归模型，分析不同研发投入下各因素对技术差距的差异化影响[①]。在估计和应用面板平滑转换回归模型之前，需要首先进行非线性模型形式检验以及转换函数个数的检验，检验结果如表8-1所示。

表8-1 技术差距面板平滑转换回归模型形式的检验（转换变量为研发投入强度rd_{it}）

转换变量（rd_{it}）	非线性形式检验	原假设：线性模型 备择假设：非线性模型	Wald	Fisher	LRT
			7.869**	2.485*	7.939***
	转换函数个数检验	原假设：1个转换函数 备择假设：2个转换函数	Wald	Fisher	LRT
			16.368***	5.195**	16.674***

*、**和***分别代表在0.1、0.05和0.01的显著性水平下拒绝原假设

表8-1显示，模型形式的线性、非线性检验中，Wald、Fisher和LRT检验分别在0.05、0.1和0.01的显著性水平下拒绝了原假设，即随着研发投入强度的变动，各变量与技术差距变量之间存在非线性关系，可以构建面板平滑转换回归模型。为保证估计结果的合理性，本章同时估计了线性模型与面板平滑转换回归模型，通过系数显著性、AIC值对比后，最终选取非线性的面板平滑转换回归模型。

在转换函数个数的检验结果中，Wald、LRT统计值均在0.01的显著性水平下拒绝原假设，因此，本章采用2个转换函数的面板平滑转换回归模型。根据模型

---

① 作者也采用吸收能力中的人力资本变量（h_{it}）作为转换变量估计面板平滑转换回归模型，估计结果与以研发投入强度为转换变量时的结果差异不大，本章中未列出以h_{it}为转换变量的估计结果，如有需要，可向作者索取。

形式与转换函数的检验结果，基于总体回归模型（8-10），可以得到以研发投入强度为转换变量时的样本回归模型，如式（8-13）所示。

$$\text{Gap}_{it} = \hat{\rho}_0 + \hat{\rho}_1 \text{rd}_{it} + \hat{\rho}_2 h_{it} + \hat{\rho}_3 S_{it}$$
$$+ (\hat{\lambda}_0 + \hat{\lambda}_1 \text{rd}_{it} + \hat{\lambda}_2 h_{it} + \hat{\lambda}_3 S_{it}) \cdot \hat{G}_1(\text{rd}_{it}) \quad (8\text{-}13)$$
$$+ (\hat{\varphi}_0 + \hat{\varphi}_1 \text{rd}_{it} + \hat{\varphi}_2 h_{it} + \hat{\varphi}_3 S_{it}) \cdot \hat{G}_2(\text{rd}_{it}) + \hat{\varepsilon}_{it}$$

对面板平滑转换回归模型（8-13）中的参数进行估计，得到不同研发投入强度下各因素对技术差距影响的估计结果，如表8-2所示。

表8-2 不同研发投入强度下各因素对技术差距影响的估计结果

		参数	$\hat{\rho}_1$	$\hat{\rho}_2$	$\hat{\rho}_3$		
转换变量 (rd_{it})	线性部分	估计值（t值）	2.956*** (7.590)	−1.976*** (−10.792)	0.170 (1.131)		
	非线性部分1	参数	$\hat{\lambda}_1$	$\hat{\lambda}_2$	$\hat{\lambda}_3$	$\hat{\gamma}_1$	$\hat{c}_1$
		估计值（t值）	−1.780*** (−4.759)	1.686*** (8.165)	−0.623*** (−4.295)	4.304	−0.631
	非线性部分2	参数	$\hat{\phi}_1$	$\hat{\phi}_2$	$\hat{\phi}_3$	$\hat{\gamma}_2$	$\hat{c}_2$
		估计值（t值）	3.159*** (3.804)	−0.901** (−2.066)	−0.978*** (−3.558)	7.064	2.198
	检验	AIC	−0.904	SC	−0.785	RSS	165.903

和*分别代表在0.05和0.01显著性水平下显著

根据面板平滑转换回归模型的基本原理和表8-2中的估计结果可得，内在吸收能力和外部溢出效应各变量对技术差距影响的估计系数为 $\rho + \lambda \times \hat{G}_1 + \phi \times \hat{G}_2$，其中线性部分系数 $\rho = (\hat{\rho}_1, \hat{\rho}_2, \hat{\rho}_3)^T$，非线性部分系数分别为 $\lambda = (\hat{\lambda}_1, \hat{\lambda}_2, \hat{\lambda}_3)^T$ 和 $\phi = (\hat{\phi}_1, \hat{\phi}_2, \hat{\phi}_3)^T$，根据转换变量研发投入强度的不同取值，两个转换函数 $\hat{G}_1$、$\hat{G}_2$ 等于0或1，且均满足面板平滑转换的LSTR1模型形式。根据两个转换函数，可以将研发投入强度分为三个阶段，当 $\text{rd}_{it} \leq -0.631$ 时，各变量对技术差距的影响系数为线性部分 ρ；当 $-0.631 < \text{rd}_{it} \leq 2.198$ 时，各变量对技术差距影响的系数为线性部分与第一个非线性部分系数之和 $\rho + \lambda$；当 $\text{rd}_{it} > 2.198$ 时，影响系数则为线性部分和两个非线性部分之和 $\rho + \lambda + \phi$。

8.4.2 不同研发投入强度下技术差距的影响因素分析

在表8-2基础上，本章整理得到每个研发投入阶段中各变量对技术差距的影响结果，具体见表8-3。

表 8-3　不同研发阶段中各因素对技术差距的影响系数

阶段	研发区间	变量及其对技术差距（Gap_{it}）的影响系数		
		研发投入强度（rd_{it}）	人力资本（h_{it}）	溢出效应（S_{it}）
I	$rd_{it} \leq -0.631$	$\hat{\rho}_1$ 2.956	$\hat{\rho}_2$ −1.976	$\hat{\rho}_3$ —
II	$-0.631 < rd_{it} \leq 2.198$	$\hat{\rho}_1 + \hat{\lambda}_1$ 1.176	$\hat{\rho}_2 + \hat{\lambda}_2$ −0.290	$\hat{\lambda}_3$ −0.623
III	$rd_{it} > 2.198$	$\hat{\rho}_1 + \hat{\lambda}_1 + \hat{\phi}_1$ 4.335	$\hat{\rho}_2 + \hat{\lambda}_2 + \hat{\phi}_2$ −1.191	$\hat{\lambda}_3 + \hat{\phi}_3$ −1.601

"—"表示第 I 阶段中溢出效应变量的估计系数不显著，因此该系数不在第 II 和第 III 阶段中叠加

1. 内在吸收能力中的研发投入显著扩大了技术差距

表 8-3 中的估计结果显示，高技术产业中研发投入强度变量（rd_{it}）对技术差距具有正向影响，即研发投入强度增加对于技术差距具有显著的扩大作用。具体而言，当研发投入强度处于第 I 阶段（$rd_{it} \leq -0.631$）时，研发投入强度对技术差距的影响系数 $\hat{\rho}_1$ 为 2.956，第 II 阶段（$-0.631 < rd_{it} \leq 2.198$）和第 III 阶段（$rd_{it} > 2.198$）时，研发投入对技术差距影响的估计系数 $\hat{\rho}_1 + \hat{\lambda}_1$、$\hat{\rho}_1 + \hat{\lambda}_1 + \hat{\phi}_1$ 分别为 1.176 和 4.335。对三个阶段估计系数大小的对比显示，在研发投入强度由低到高提升的过程中，研发投入对技术差距的扩大具有先减弱后增强的"V"形影响。

在研发投入强度较低的第 I 阶段，同时也是高技术产业发展和研发投入累积的初期，研发投入的边际回报率较高，研发投入对技术差距的影响系数为 2.956。如 8.2 节理论模型部分所示，研发活动激励了具有初始禀赋、制度优势地区技术进步的"先发优势"，先发地区技术领先于其他地区的特征十分明显，研发驱动了两类地区间技术差距的不断扩大。

随着研发资源的累积，进入中等研发投入强度的第 II 阶段后，在边际收益递减规律的作用下，表 8-3 显示，高技术产业中研发投入对技术差距的影响程度降低为 1.176，技术发达地区研发的边际回报开始下降，即研发对其技术进步的推动作用开始减弱，技术发达地区与技术落后地区之间技术差距的"剪刀差"变小。

在第 II 阶段，中国高技术产业发展中研发成果转化率过低，也是导致研发投入对技术进步贡献下降、对技术差距影响程度降低的另一个重要原因。例如，中国技术研发和创新中"重成果，轻转化"的问题突出，2010 年，科技成果转化率约为 25%，最后实现产业化的科技成果则不足 5%[①]。高技术产业专利申请数量、

---

① 《科技成果转化率低？破解"唯成果"式迷局》，载于《科技日报》，2011-03-10。

专利授权数量快速增长,部分专利研究、科技立项过分强调技术研发的创新性,但是忽视了市场需求的实用性,理论研究与实际应用脱节,没有形成以市场为基础"研发创新驱动"与"成果应用拉动"的协调机制。

进入第Ⅲ阶段后,研发投入强度对技术差距的影响系数增大为 4.335。这一阶段,高技术产业研发对技术差距影响程度的加深,一方面是研发方式差异导致的,自主研发提升了技术发达地区的技术进步速度,而以学习型研发为主要创新方式的落后地区技术进步速度相对缓慢,研发对技术差距的扩大效果再次增强。以中国东部地区为例,2000 年该地区高技术产业中自主研发经费支出占研发经费总支出的比例约为 46.5%,2013 年该地区这一比例则达到了 79.32%,技术发达地区自主研发对于技术进步的推进作用增强使得其对技术差距扩大的影响程度再次加深①。另一方面,中国各地区之间研发资源配置的严重不平衡,特别是研发资源在部分地区呈现高度集聚特征,也是第Ⅲ阶段中研发投入对技术差距产生扩大效应的重要原因。据测算,在高技术产业研发流量方面,2013 年东部地区研发经费内部支出占全国研发经费内部总支出的 77.75%,远高于中部、西部地区的 9.78%和 8.45%;研发存量方面,2013 年东部地区高技术产业研发存量占全国高技术产业研发存量的 78.32%,比中部地区的 9.18%和西部地区的 8.41%分别高出 69.14 个和 69.91 个百分点②。因此,作为高技术产业中技术创新的主要投入要素,研发资本集聚推动了东部地区技术创新,减弱了中西部地区技术进步的后发优势,扩大了技术差距。

2. 吸收能力中的人力资本有效缩小了技术差距

与研发投入对技术差距的影响不同,根据表 8-2 和表 8-3 可得,人力资本变量(h_{it})对于技术差距具有负向影响,即研发人员占劳动力比重的提高能够缩小技术差距。当研发投入强度分别处于第Ⅰ阶段、第Ⅱ阶段和第Ⅲ阶段时,人力资本对技术差距影响的估计系数 $\hat{\rho}_2$、$\hat{\rho}_2+\hat{\lambda}_2$ 和 $\hat{\rho}_2+\hat{\lambda}_2+\hat{\phi}_2$ 分别为-1.976、-0.290 和-1.191。与研发投入对技术差距影响系数的变动趋势类似,人力资本变量对技术差距的影响呈现了先下降后上升的态势。

在第Ⅰ阶段,研发投入强度低,人力资本的稀缺性凸显,技术发达地区和技术落后地区人力资本投入均处于边际收益的上升期,两类地区人力资本都能发挥对新技术的消化吸收作用,迅速提升技术水平。并且,在研发活动不断推进的

---

① 作者基于《中国高技术产业统计年鉴》(2002 年、2014 年)计算得到。自主研发经费为研发经费内部支出,研发经费总支出为研发经费内部支出与技术改造经费、技术引进经费、消化吸收经费和购买国内技术经费支出之和。

② 数据来源:作者基于《中国高技术产业统计年鉴(2014)》计算得到。

过程中，发达地区人力资本在模仿新技术实现再创新时的空间缩小，落后地区人力资本学习型创新的动力增强，技术落后地区可以实现技术追赶，两类地区间的技术差距收窄，人力资本对技术差距的影响系数显著，为-1.976。

随着研发投入强度不断提高进入第Ⅱ阶段后，人力资本对技术差距的影响系数迅速降低为-0.290。技术先进地区人力资本数量持续增长形成了规模优势和质量优势，人力资本的规模经济性和对技术进步推动的有效性开始显现。相比之下，落后地区人力资本累积速度缓慢，人力资本对于两类地区间技术差距缩小的影响程度降低。例如，将中国东部和西部高技术产业中人力资本投入进行对比发现，2010年东部地区高技术产业研发人员折合全时当量为32.15万人年，占全国的80.57%，西部地区高技术产业研发人员折合全时当量仅占全国的8.74%，约为东部地区的1/10[①]。

在第Ⅲ阶段中，如表8-3所示，人力资本变量对技术差距缩小的影响再次增强，影响系数由-0.290增大为-1.191。随着技术落后地区人力资本数量和质量的共同提升，该地区人力资本与高技术产业内部结构的适配度不断提高，这为后发地区技术进步注入了新的动力并创造了新的技术增长点，也为后发地区缩小与先发地区的技术差距，实现技术的"二次赶超"提供了可能。根据侯亚非和曹颖（2000）的研究可得，随着经济发展水平的提高，中西部地区人力资本结构与产出结构之间错位的幅度逐渐下降，低层次人力资本供过于求、高层次人力资本供不应求的状况缓解，人力资本对于技术创新的贡献得到提高。

3. 随着研发投入强度的上升，溢出效应对技术差距的影响逐渐显著并不断增强

根据表8-2和表8-3中的估计结果可得，第Ⅰ阶段中溢出效应对技术差距的影响系数 $\hat{\rho}_3$ 不显著；随着研发投入的增长，在第Ⅱ阶段、第Ⅲ阶段，高技术产业中溢出效应对技术差距具有显著的负向影响，表8-3显示，溢出效应变量的估计系数 $\hat{\lambda}_3$ 和 $\hat{\lambda}_3+\hat{\phi}_3$ 值分别为-0.623和-1.601，溢出效应的增强能够显著缩小不同地区间的技术差距。

一般而言，高技术产业中溢出效应与研发投入之间存在正相关关系。在研发投入强度较低的第Ⅰ阶段中，技术发达地区的研发投入较少导致研发的规模效应没有充分显现，研发投入不足也使得其外部性不明显，研发溢出效应的程度很低。并且，在第Ⅰ阶段，研发溢出具有不连续性，即溢出效应可能只包含创新的某一环节，技术落后地区难以根据少量的研发信息进行一个完整、连贯的创新

---

① 数据来源：《中国高技术产业统计年鉴（2014）》和作者计算。

（吴林海等，2007），溢出效应对于技术发达和落后地区间技术差距缩小的贡献不足。

在研发投入强度较高的第Ⅱ阶段，研发投入不断累积使得溢出效应对技术差距缩小的贡献显著，这主要是因为溢出效应往往可以大幅度地推进技术落后地区的技术进步。根据技术赶超中的"技术后发优势"理论，后发地区对研发溢出效应的学习成本远远小于其创新成本，同时模仿学习效应还降低了高技术研发、高科技产品生产中的不确定性，即降低了研发创新的风险，最终易于形成对新技术的"复制效应"和"改进效应"，并显著地促进学习型技术进步（Keller，2004）。因此，溢出效应促使技术落后地区实现技术赶超的效果明显，与发达地区的技术差距逐步缩小。

随着研发投入强度由第Ⅱ阶段进入第Ⅲ阶段，溢出效应对技术差距影响系数由-0.623变动至-1.601，影响程度进一步加深。一方面，随着研发的累积，溢出程度逐渐增强，技术相似度高的地区之间开始形成"技术共同体"实现协同创新（刘丹和闫长乐，2013），因而能够实现有效的技术进步并缩小技术差距；另一方面，根据技术扩散理论，在先发地区向后发地区的技术溢出效应达到一定程度时，后发地区后已经越过对新技术集成、改造的"门槛"，形成了技术创新的惯性与研发资源累积的"循环效应"，后发优势更为凸显。

综合吸收能力变量以及溢出效应变量的分析可得，研发投入对于技术差距的扩大作用十分显著，而人力资本、溢出效应对技术差距的缩小具有积极贡献。在驱动技术差距缩小的内外部因素中，发挥人力资本流动、溢出效应的协同作用，能够有效缩小技术差距。

8.4.3 技术差距影响因素的对比及主导因素分析

为对驱动技术差距缩小的影响因素进行深入研究，在不同的研发投入强度下，本章将内在的人力资本、外部的溢出效应变量对技术差距的影响重点做对比分析。基于表8-2的估计结果可得，人力资本、溢出效应对于技术差距均具有缩小作用，随着研发投入强度的状态转换，人力资本对技术差距的影响先减弱再增强，而溢出效应对技术差距的影响系数则逐渐显著并不断变大。为了直观、简明地分析技术差距的变动特征，找出导致技术差距缩小的主要因素，本章将不同研发投入强度下，即表8-3所示的第Ⅰ阶段（$rd_{it} \leq -0.631$）、第Ⅱ阶段（$-0.631 < rd_{it} \leq 2.198$）和第Ⅲ阶段（$rd_{it} > 2.198$）三个研发投入强度阶段中人力资本变量、溢出效应变量对技术差距的综合影响绘图，具体如图8-2、图8-3和图8-4所示。

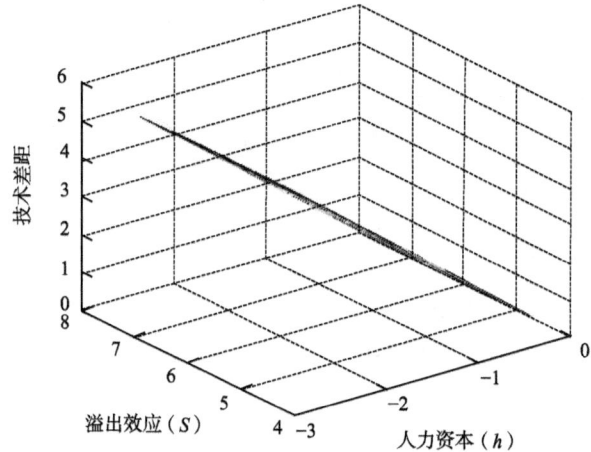

图 8-2　人力资本、溢出效应与技术差距变动（第Ⅰ阶段）

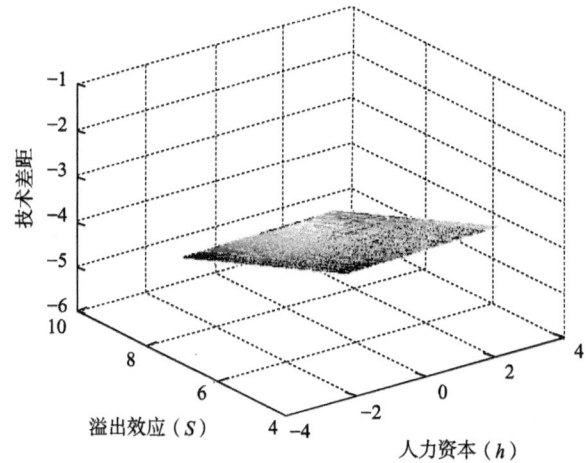

图 8-3　人力资本、溢出效应与技术差距变动（第Ⅱ阶段）

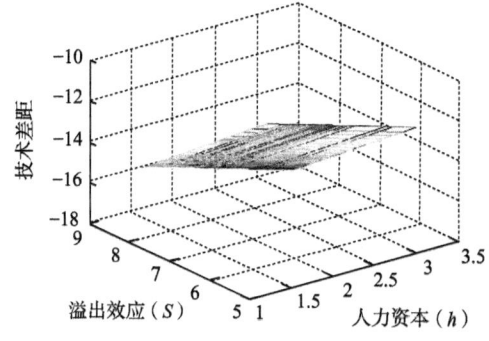

图 8-4　人力资本、溢出效应与技术差距变动（第Ⅲ阶段）

图 8-2 为低研发投入区间（$rd_{it} \leqslant -0.631$）中，当转换函数 $G_1=G_2=0$ 时，人力资本及溢出效应对技术差距的影响机制。对图 8-2 进行分析可得，这一区间中，人力资本对于技术差距变动具有主导作用，研发投入过少导致研发溢出效应对于技术差距的影响微弱，这与表 8-2 和表 8-3 中的估计结果一致。

随着研发投入强度的提高，中等研发投入区间（$-0.631<rd_{it}\leqslant 2.198$）中，当转换函数 $G_1=1$ 且 $G_2=0$ 时，人力资本与溢出效应共同发挥对技术差距的缩小作用，并且，图 8-3 显示，研发投入累积导致溢出效应不断增强时，溢出效应对技术差距缩小的贡献越大。人力资本的增长也能够缩小技术差距，并且与溢出效应的作用没有明显区别，这一阶段中，技术差距缩小的主导因素并不明显。

高研发投入区间（$rd_{it}>2.198$）中，当转换函数 $G_1=G_2=1$ 时，人力资本和溢出效应对技术差距影响的图形如图 8-4 所示。图 8-4 中人力资本、溢出效应与技术差距的变动趋势与图 8-3 中的情形类似。不同的是，图 8-4 中斜面的坡度更大，这表明在该状态下，人力资本、溢出效应对技术差距的影响程度增强，人力资本及溢出效应对技术差距共同发挥重要影响。

8.4.4　不同研发投入强度状态间转换特征分析

为进一步分析不同研发投入强度间的转换特征，本章绘制了转换函数 G_1 和 G_2 与转换变量研发投入强度对数（rd_{it}）之间关系的图形，如图 8-5 所示，其中，横轴是取对数后的研发投入强度，纵轴为转换函数值。结合表 8-2、表 8-3 和图 8-5 可得，在 rd_{it} 为 -0.631 时，对应于转换函数 G_1 出现了第一次状态转换，在 rd_{it} 达到 2.198 时，对应于转换函数 G_2 发生了第二次状态转换。此外，根据表 8-2 中的结果可得，转换函数 G_1、G_2 中的斜率参数 $\hat{\gamma}_1$ 和 $\hat{\gamma}_2$ 分别为 4.304、7.064，两次状态转换都较为平缓，相比之下，第二次转换速度更快。

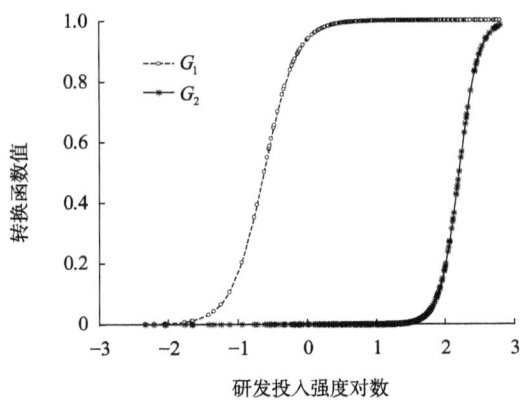

图 8-5　以研发投入强度对数为转换变量时的转换函数 G_1 和 G_2

特别地，与不同研发投入强度下各因素对技术差距影响的分析结果相对应，在研发投入强度对数达到 2.198 时，转换函数 G_2 的值为 1，因此，对应于 G_2 在表 8-2 中的非线性机制（非线性部分 2）开始发挥作用，在该机制中，研发投入对于技术差距的影响不显著，内在吸收能力中的人力资本变量、外部溢出效应变量的估计系数 $\hat{\varphi}_2$、$\hat{\varphi}_3$ 均显著为负，估计值分别为 –0.901 和 –0.978，内外部因素共同驱动高技术产业技术差距缩小的特征得到充分显现。

8.4.5 稳健性检验

为了检验估计结果的稳健性，本章在技术差距的影响因素研发投入强度、人力资本与溢出效应的基础上，搜集数据、计算并引入 1996~2013 年中国各省区市的人均地区生产总值对数（lnpgdp）、第二产业占地区生产总值的比重（indr）、政府财政支出占地区生产总值的比重（fer）作为控制变量，分别用于控制经济发展阶段、产业结构、政府对经济的干预等对于技术差距的影响。然后，分东部、中部与西部三个地区分别构建了高技术产业技术差距影响因素的动态面板模型，并采用系统广义矩方法对模型（8-14）进行估计，体现区域特征、克服内生性问题并进行稳健性检验。详细的估计结果如表 8-4 所示[①]。

$$\text{Gap}_{it} = \alpha_{0i,j} + \alpha_{1,j}\text{Gap}_{it-1} + \alpha_{2,j}\text{rd}_{it} + \alpha_{3,j}h_{it} + \alpha_{4,j}S_{it} + X_{it}^{\text{T}}\varphi_j + \varepsilon_{it} \quad (8\text{-}14)$$

其中，$a_{0i,j}, a_{1,j}, a_{2,j}, a_{3,j}, a_{4,j}$ 为待估参数；控制变量向量 $X_{it}^{\text{T}} = (\text{lnpgdp}, \text{indr}, \text{fer})_{it}$；系数向量 $\varphi_j = (a_{5,j}, a_{6,j}, a_{7,j})$；$\varepsilon_{it}$ 为随机扰动项；j=1,2,3 代表东部、中部和西部地区。

表 8-4　各地区各因素对技术差距（Gap_{it}）的影响：动态面板系统广义矩估计

变量名称（符号）	东部地区	中部地区	西部地区
研发投入强度（rd_{it}）	9.331*** （2.66）	3.401** （2.53）	5.078** （2.27）
人力资本（h_{it}）	–2.984** （–2.15）	–2.406* （–1.74）	–2.746 （–1.40）
溢出效应（S_{it}）	–3.779*** （–2.75）	–2.147* （–1.65）	–3.960*** （–2.56）
滞后 1 期技术差距（Gap_{it-1}）	–1.353** （–2.15）	0.795 （1.36）	–0.413 （–0.69）
经济发展阶段（lnpgdp_{it}）	2.080 （1.04）	0.629 （1.48）	2.585* （1.80）

[①] 基于国家统计局的区域划分标准，本章中东部地区包括北京、天津、河北、辽宁、上海、江苏、浙江、福建、山东、广东、海南 11 个省市；中部地区包括山西、吉林、黑龙江、安徽、江西、河南、湖北、湖南 8 个省；西部地区包括内蒙古、广西、重庆、四川、贵州、云南、陕西、甘肃、宁夏 9 个省区市。

续表

变量名称（符号）	东部地区	中部地区	西部地区
产业结构（$indr_{it}$）	0.289*** (2.63)	−0.076 (−1.07)	−0.037 (−0.64)
政府干预（fer_{it}）	−0.117** (−2.02)	0.628 (1.17)	−0.030 (−0.42)
年份虚拟变量	有	有	有
省份虚拟变量	有	有	有
Sargan 检验	3.31 (1.00)	1.19 (1.00)	1.64 (1.00)
样本数	198	144	162

*、**和***分别代表在 0.1、0.05 和 0.01 显著性水平下显著

注：括号内为 t 值；Sargan 检验括号内为概率 p 值

表 8-4 中 Sargan 检验结果表明，工具变量的选择总体上是有效的，并且，在三个地区的估计结果中，新加入的经济发展阶段（$lnpgdp_{it}$）、产业结构（$indr_{it}$）与政府干预（fer_{it}）变量对技术差距的影响大多不显著，这在部分上解释了在模型（8-13）估计中变量选择的合理性。

对比表 8-3 与表 8-4 两组估计结果可得，在研发强度的三个阶段和按照发展程度划分的三个地区中，研发投入强度、人力资本与溢出效应对于技术差距影响的系数符号基本相同，并且各地区系数绝对值的大小排序是一致的[①]。以研发投入强度为例，在表 8-4 与表 8-3 中，研发投入强度变量（rd_{it}）对东部地区（研发投入第Ⅲ阶段）技术差距的影响程度最高，对西部地区（研发投入第Ⅰ阶段）的影响次之，对中部地区（研发投入第Ⅱ阶段）的影响最小，验证了本章中估计结果的稳健性。

8.5 本章小结

本章构建了内外部因素共同驱动技术差距变动的理论框架，研究了内在吸收能力和外部溢出效应对技术差距的差异化影响，主要结论如下。

在各因素对技术差距影响的方向上，内在吸收能力中的研发投入增加对于技术差距具有显著的扩大作用，而吸收能力中的人力资本累积、外部溢出效应的增强则能够显著缩小不同地区间的技术差距。在研发投入强度由低到高的三个阶段中，内外部因素对于技术差距的影响呈现了差异化的变动特征，内在吸收能力中

---

① 表 8-3 和表 8-4 中各变量的系数的估计值大小存在差异，这主要是分组标准不同使得在每个阶段或每类地区估计时使用的样本不同，以及估计方法差异等导致的。

的研发投入与人力资本变量对技术差距的影响先减弱后增强，溢出效应对技术差距的影响逐渐显著并且贡献不断提高。此外，在不同研发投入强度阶段之间，存在着两次较为平缓的转换过程，在转换完成后，内在吸收能力与外部溢出效应均发挥了对技术差距缩小的积极贡献。

根据本章的研究，可以得到以下政策启示。

第一，因地制宜设定多元化技术进步模式。根据实际发展情况，各地区应确定在知识存量累积效应、人力资本增值效应以及研发溢出收敛效应上的不同目标，在技术进步方式选择上相应采取"分层次、分类别"的多元技术进步途径，实现梯度型递推式技术进步。例如，在技术发达地区创新空间较小的情形下，原始创新应成为其技术进步的主要形式，而在技术相对落后的地区，通过模仿、消化吸收等途径驱动的学习型技术进步仍有较大空间。

第二，在研发资源数量累积的同时注重质量提升与配置优化。吸收能力中的研发投入强度提高不利于技术差距缩小，主要在于研发资源的匮乏阻碍了技术落后地区的技术进步。在研发资源有限的情形下，政府应依靠"多主体参与"和"多要素互动"促进后发地区实现研发资源的快速积累，在研发资本优化配置的基础上实现区域间技术均衡。吸收能力提升还与人力资本质量密切相关。目前，中国各地区人力资本结构扭曲的现象突出，政府在实行人才制度倾斜引导人力资本向后发地区转移、实现人力资本数量合理分布的同时，还应以人才需求为导向制定人才质量提升专项扶持政策，着力提高后发地区人力资本结构与高技术产业内部结构的匹配度。

第三，以应用驱动推进研发成果转化。研发成果顺利转化是提高技术有效辐射范围、实现研发溢出效应并缩小地区间技术差异的关键环节。技术发达地区应集中研发资源，在中、高端技术的关键性应用环节上实现突破，以提高生产效率为目标推进研发成果在生产活动中的应用，从之前的"研发驱动""生产驱动"转向"创新驱动""应用驱动"，并适时适度将部分中低端研发活动向技术落后地区转移，形成同一地区内、不同地区间良性互动、收益共享的协同创新机制，通过有效的横向合作或垂直一体化达到技术差距缩小的目标。

第三篇　政府调节篇

第 9 章 政府干预、市场化进程与经济增长动力

政府与市场都是资源配置的基本方式,如何确定政府与市场的作用边界、平衡政府与市场的关系,是发展中国家和转轨经济体一直积极寻找的答案。特别是,随着中国经济逐渐进入新常态时期和高质量发展阶段,体制性矛盾与结构性矛盾凸显,经济增长面临巨大的下行压力,在全面深化改革过程中处理好政府与市场关系这一核心问题,不但关系到宏观经济稳定的大局,而且有利于实现经济的可持续增长(中共中央编写组,2013)。

一般而言,市场主要通过供求机制、价格机制与竞争机制实现对资源的有效配置,即通过市场价格变动调节供给与需求,引导资源配置以最少的投入实现最多的产出。与之相对,政府则主要以经济社会的整体利益为基准,依靠行政权力和体制机制配置资源,实现经济总量平衡与经济结构优化(魏礼群,2014)。政府与市场两种方式应当协调配合、互促共进,在不同层次、不同领域发挥各自的作用。

9.1 经济增长中政府与市场的关系

在市场经济的初期,市场机制不健全,投资渠道不畅,资本使用效率低下,政府通过对经济的直接干预,提高了资本的累积速度,发挥了公共资本的外部性,推动了资源的合理配置。随着市场化进程的推进,市场机制不断完善,市场能够实现对大部分资源的有效配置,政府对经济的过多干预会在一定程度上扰乱市场秩序,约束资源配置效率的提高,因此应逐步减少政府对资源的直接配置,依据市场规则推动资源配置实现效益最大化。

中国由计划经济向市场经济转轨的过程中，政府与市场的相对地位不断变化，依靠市场配置资源的范围逐步扩大，市场的作用不断增强。改革开放以来，自1982年确定"计划经济为主、市场调节为辅"，转变为1992年的"市场在国家宏观调控下对资源配置起基础性作用"，直到2013年确立"市场在资源配置中起决定性作用"，实现了把市场作为一种管理方法、调节手段到经济制度的实质性转变。

在确立市场决定性作用的同时，更好地发挥政府作用也十分重要。一方面，通过简政放权，政府减少对市场的直接干预，解除束缚着市场主体的"无形枷锁"，减少经济主体发展的阻力，增强市场的活力与发展的动力；另一方面，转变政府职能，清除市场壁垒，建设竞争有序的现代市场体系，激发体制潜力并释放改革红利。

值得注意的是，2014年东北地区经济增长大幅放缓，黑龙江、辽宁和吉林三省的地区生产总值增速分别为5.6%、5.8%和6.5%，均跌入全国后五位，与2003~2012年东北三省年均增速为12.7%并高出全国2个百分点的情况形成鲜明对照。一些学者认为，这是政府对经济的干预过多、市场化进程受阻，深层次结构性矛盾与体制性障碍集中体现的结果，并称之为"新东北现象"（张墨宁，2015），有关政府与市场的关系再一次成为学者关注的焦点。2018年，辽宁、吉林和黑龙江三省的地区生产总值实际增速分别为5.7%、4.5%和4.7%，均处于较低水平。

在有关政府干预、市场化进程对于经济增长影响研究的理论文献中，大多关注政府与市场的关系以及该关系在经济增长中的效应。大多数研究认为，市场化进程中政府通过提供生产性服务、纠正市场扭曲，发挥公共资本外部性进而能够有效促进经济增长（Jefferson et al.，1992；徐平华，2014）。具体而言，赵志耘和吕冰洋（2006）指出解决市场拥挤的政府支出对经济内生增长具有积极影响；庞明川（2013）认为中国特有的"强政府—弱市场"模式，不但有利于促进经济增长，而且推动了改革进程与体制完善。类似的研究还有李学清（2007）采用中国经济转型期的经验数据验证了政府作用于市场经济的科学性与正确性；贾康和冯俏彬（2012）认为应实现政府与市场的"共同治理"等。

特别地，在樊纲等（2003）推出根据政府与市场的关系、非国有经济的发展、产品市场的发育程度、要素市场的发育程度、市场中介组织发育和法律制度环境五个方面测度的市场化指数后，国内外学者基于这一成果进行了大量的实证研究，与国内外理论研究结论相一致（Falcetti et al.，2002），大多数实证研究均发现市场化进程、政府适度调节对全要素生产率提高与宏观经济增长具有重要贡献。例如，国内学者汪锋等（2006）将制度因素引入新古典经济增长模型，认为中国的经济体制改革和市场化程度提高释放了潜在生产力并促进了经济的持续增长；盛丹和王永进（2011）认为，市场化程度会促进技术复杂度较高的产业实现快速发展；樊纲等（2011）的研究认为，1997~2007年中国市场化改革推进对于经济增长的年均贡献率为1.45%，对全要素生产率增长的贡献达到了39.23%。

一些学者还关注市场化改革进程对于微观经济效率的影响，对政府与市场在经济增长中的作用给出了较为详尽的解释。资本配置效率方面，方军雄（2006）在Wurgler（2000）的基础上的研究认为，随着中国市场化程度的提高，资本更快地实现由低效率领域向高效率领域的转移，带来了资本配置效率的改善；微观企业绩效方面，孙铮等（2005）认为，市场化程度提高，企业长期债务的比重随之降低，并且政府对企业的干预程度对上述关系具有调节作用。特别地，在中国市场化发展的过程中，要素市场扭曲现象尤为突出，一些学者研究了政府通过修正要素资源配置扭曲、要素价格扭曲，进而对生产效率提升的影响（Hsieh and Klenow，2009；Jones，2011；罗德明等，2012；林伯强和杜克锐，2013）。

在国内外文献的基础上，本章将政府对经济的干预程度、市场化进程与经济增长置于统一的分析框架中，合理评价不同市场化阶段政府与市场在经济增长中的差异化效应及其变动趋势，对目前中国政府正在实施的"简政放权"如何释放改革红利给出解释说明，为平衡政府与市场的关系，增强经济增长的内在动力提供理论参考与现实依据。本章剩余部分的内容如下：9.2节构建了包含政府干预与市场化进程的分析框架；9.3节是数据来源与变量计算；9.4节是政府干预、市场化进程对经济增长影响的实证分析；9.5节是有关政府与市场作用的进一步分析；9.6节是本章小结。

9.2　政府与市场相互作用影响经济增长的逻辑框架

9.2.1　市场化进程初期的政府主导与"市场失灵"

在市场化程度不高时，为规范市场秩序、纠正市场失灵现象，政府可以在经济运行中发挥十分重要和较为全面的作用。通过建立良好的经济、法律等制度和规范具体的市场运行体制，明晰产权关系和规范市场主体的行为，政府在资源配置中发挥了至关重要的作用。市场化进程的初期，政府的重要作用体现在以下几方面。

维持社会总供给和社会总需求的平衡，保证中国经济的稳定、快速发展。一一般来说，在市场化程度不高时，社会总需求与总供给不平衡现象突出，市场对价格机制的调节具有滞后性和盲目性，会导致经济的频繁、小幅波动。当供求出现严重失衡时，仅依靠市场的能力不但不能实现对供需失衡的调节，而且会对经济的平稳运行造成严重影响。

缓解公共品供给严重不足的问题。公共品具有非排他性和非竞争性的特征，且大多具有高投资和低收益的特征，依赖市场机制难以实现对公共品的有效供给。更为重要的是，公共品，特别是完善的基础设施等，是经济增长的基础。与追求利润最大化的企业不同，政府提供公共物品以满足公共需求，为经济增长提供必要条件。

通过再分配缩小收入分配差距。市场经济的运行遵循着"效率优先"原则，这会使得社会财富两极化，贫富差距逐渐扩大，不但影响了社会的稳定，而且制约了社会资源的充分利用，降低了整个社会的福利水平。政府通过运用各种政策手段，如最低工资法、社会保障系统、转移支付等，弥补市场运行中所导致的经济损失和效率低下问题。

在政府对市场进行干预和调整的初期，政府对经济的广泛参与可以有效地解决市场失灵问题，市场机制的不完善则可能导致资源错配、供需失衡等问题突出。因此，本章提出在经济增长中政府与市场在经济增长中作用的第一个假设。

假设9-1：在市场化进程的初期，政府能够在经济运行中发挥积极影响，市场摩擦则在一定程度上不利于经济增长。

9.2.2 较高市场化程度时的"政府失灵"与市场主导

随着市场化进程的推进，市场在资源配置中的作用已经比较充分，在价格机制的作用下市场可以自行进行调节，实现对资源进行有效配置，从而达到帕累托最优状态。市场这只"看不见的手"，通过价格自由调节等方式实现了产品和服务的生产、交易，体现了商品的市场成本与市场价值，发挥了在资源配置中的基础性、主导性作用。市场摩擦等因素对于经济增长的影响逐渐降低，市场化在经济增长中的负向影响逐渐消失。

在市场化程度相对较高时，政府不应再对市场经济进行大范围的调整和干预，仅应为经济增长提供良好的运行环境，解决市场失灵的部分问题即可，主要体现在：对垄断等行为进行约束。为保障市场自由竞争的优势和状态，在市场结构方面，政府制定各种反垄断政策，打破进入障碍，降低市场集中度，减弱企业对价格的控制程度，使社会资源得到合理有效的配置；解决负外部性问题。经济负外部性是指经济主体的经济活动对他人和社会造成的非市场化的影响，负外部性对经济增长产生了严重阻碍，对经济效率产生不利影响，政府采用规制政策、将外部性问题内部化等方式调节私人成本和社会成本、私人收益与社会收益，使商品或要素的供应量达到最优。

在市场能够充分发挥对资源的配置作用时，政府的大规模干预将不会对经济增长产生有效作用，甚至不利于经济增长，即政府也存在"政府失灵"现象。当政府对市场的干预和管制超过某一限度时，政府干预就会反过来抑制经济的发展，如公共部门在提供公共物品时对资源的浪费和滥用，致使公共支出规模过大或者效率过低；或是政府通过执行某项政策，虽然达到了预期目标，但耗费了大量的人力、物力资源，成本远远超过收益。政府对市场价格的管制，如不合理的最低限价和最高限价使得市场价格扭曲，错误的市场信号导致资源错配；在信息不完全和政策局限性的影响下，政府部门的"寻租"行为使得政府决策不一定有利于社会公共利益。"政府失灵"使得政府的活动或干预措施缺乏效率，甚至还会带来一些无法预期的负面效应。

当政府对市场的调整和干预逐渐达到或超过边界时，政府不但不能发挥对市场的配合作用，而且其在经济增长中的作用下降直至失效。基于此，本章提出在经济增长中政府与市场作用的第二个假设。

假设9-2：随着市场化进程的推进，市场逐渐实现了对资源的有效配置，其在经济增长中的负向影响逐渐消失，与之相对，政府在经济发展中的作用逐渐下降。

综上所述，政府及市场与经济增长的关系如图9-1所示。

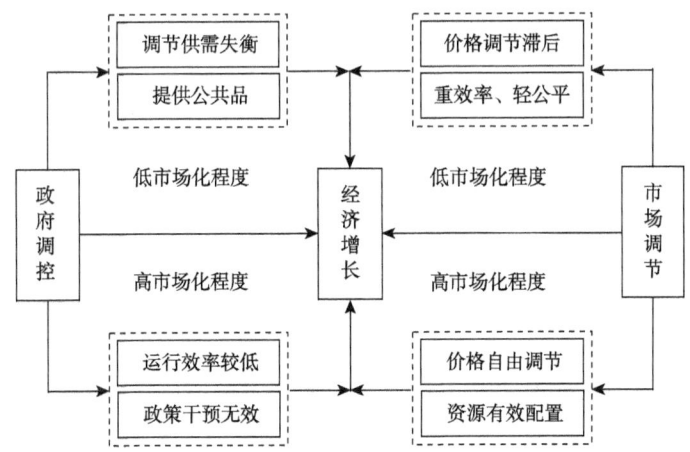

图9-1 政府与市场对经济增长影响的机理分析

9.3 数据来源与变量计算

在 9.2 节的基础上，本章选取指标、测算变量构建计量经济模型以进行实证分析。为更加细致地考察政府干预、市场化进程在经济增长中的差异化效应，本章搜集并整理了 2002~2013 年中国 248 个城市的地市级平衡面板数据。在本章的所有变量中，采用下标 i 代表城市（$i=1,2,\cdots,248$），t 代表年份（$t=2002, 2003,\cdots,2013$），数据来源于 2003~2014 年《中国城市统计年鉴》《中国区域经济统计年鉴》《中国统计年鉴》。

9.3.1 经济增长因变量

参照国内外文献中的一般处理方法，本章收集了 2002~2013 年各城市的地区生产总值与地区生产总值指数（上年=100），计算得到各城市的实际地区生产总值增长率，作为经济增长的代表变量，记为 $rgdp_{it}$。

9.3.2 政府干预

政府对经济的干预有多个方面，在可得的统计数据中，政府支出占 GDP 的比重是大多数学者采用的指标，参照毛捷等（2011）的研究，本章采用各城市地方财政支出占地区生产总值的比重作为政府干预变量，记为 fir_{it}。

9.3.3 市场化程度

国内外有关中国市场化进程的定量研究中，一般采用的是樊纲等（2011）计算的市场化进程指数，但该指数仅截至 2009 年，在缺少大量指标无法进行数据更新的情形下，本章参照汪锋等（2006）的研究方法，认为企业市场化和对外开放程度是市场化的重要体现，选取各城市工业总产值中港澳台及外资企业所占比重（$findr_{it}$）、城镇就业人员中非国有经济就业人员所占比重（$flabr_{it}$）、当年实际使用外资占地区生产总值的比重（$figdpr_{it}$）三个指标，采用面板主成分分析方法综合得到市场化程度变量[①]。具体如下。

---

① 本章采用 EViews9 软件实现上述操作。

分别对每个指标进行线性标准化，以 flabr_{it} 为例，如式（9-1）所示。

$$\text{flabr}_{it} = \frac{\text{flabr}_{it} - \min(\text{flabr}_{it})}{\max(\text{flabr}_{it}) - \min(\text{flabr}_{it})} \quad (9\text{-}1)$$

其中，$\max(\text{flabr}_{it})$ 和 $\min(\text{flabr}_{it})$ 分别为所有年份中第 i 个城市 flabr_{it} 指标的最大值和最小值。

采用多元统计分析中的主成分方法，计算三个指标各自的方差贡献率作为权重，对三个指标提取第一主成分，作为市场化进程变量或市场化程度变量，记为 mar_{it}。

$$\text{mar}_{it} = \lambda_{1t}\text{findr}_{it} + \lambda_{2t}\text{flabr}_{it} + \lambda_{3t}\text{figdpr}_{it} \quad (9\text{-}2)$$

其中，λ_{1t}、λ_{2t} 和 λ_{3t} 为 findr_{it}、flabr_{it} 和 figdpr_{it} 三个指标第 t 年的权重。

9.3.4 其他控制变量

参照梅冬州等（2014）、吕冰洋和毛捷（2014）等文献中有关控制变量的选取方法，本章选取了影响经济增长的其他变量。

1. 人均地区生产总值变量

随着经济持续增长，在不同发展阶段，经济增长率会进行"换挡"，因此，在研究经济增长问题时，应对经济发展阶段进行合理控制，本章搜集了各城市人均地区生产总值数据，计算地区生产总值平减指数（以1996年为基期）对其进行平减后取对数[①]，记为 lnpgdp_{it} 作为经济发展阶段的代表。

2. 产业结构

产业结构与经济增长具有紧密关系，具体而言，在工业化初期、中期，工业经济在国民经济中的地位至关重要，经济中第二产业比重的提高会推动经济增长加速。随着经济发展方式逐渐转变，第二产业占比过高导致的产能过剩问题、产业结构失衡则会在一定程度上不利于经济增速提升，本章采用各城市第二产业增加值占地区生产总值的比重表示产业结构变量，记为 indr_{it}。

3. 资本劳动比对数

一方面，资本劳动比对数用于反映资本深化程度，"要素驱动"，特别是"资本驱动"一直是中国经济增长的重要推动力，特别是在资本利用效率不高和

---

① 由于篇幅限制，本章中没有给出地区生产总值平减指数的计算过程与计算结果，如有需要，可向作者索取。

资本边际收益递减的作用下，经济增长会在很大程度上受到资本深化程度的影响；另一方面，资本劳动比即人均资本存量，还可以体现资本密集度对经济增长的影响，该指标的计算方法为，采用各城市固定资产与流动资产合计值作为资本变量（K_{it}），采用各城市从业人员期末人数作为劳动力变量（L_{it}），计算以1996年为基期的固定资产投资价格指数对资本变量进行平减后[1]，与劳动变量求比值再取对数计算得到，记为$lnklr_{it}$。

4. 投资率

在三大需求中，投资是GDP增长的重要动力，中经网统计数据库公布的数据显示，2013年资本形成总额对GDP的贡献率为54.2%，拉动GDP增长4.19%，在部分地市级层面，投资在经济增长中的作为更用突出，因此，本章借鉴严成樑和龚六堂（2009）的方法，将投资率变量，即各城市固定资产投资额（不含农户）与地区生产总值的比重作为控制变量，记为$invr_{it}$。

9.4 政府干预、市场化进程对经济增长影响的实证分析

9.4.1 非线性效应检验与门限面板数据模型构建

在市场化进程的不同阶段，政府与市场在经济增长中的地位和作用显著不同，因此本章构建门限面板数据模型进行实证分析，选取市场化程度（mar）为门限变量，能够更为准确地划分市场化进程的各个阶段，研究不同区制中政府和市场对于经济增长的非对称效应。

本章采用2002~2013年全部样本构建门限面板数据模型，首先进行门限效应和门限个数的检验。在变量之间的关系或函数形式未知时，可采用局部加权散点图修匀（Lowess）这一非参数的拟合方法进行模型形式的初步检验。本章将门限变量市场化程度（mar）与因变量经济增长率（rgdp）进行了曲线拟合，拟合结果都确认了市场化程度与经济增长率之间非线性关系的存在，如图9-2、图9-3所示。

---

[1] 需要说明的是，由于无法获得地市级固定资产投资价格指数的相关数据，本章采用城市所在省（自治区、直辖市）的固定资产投资价格指数进行基期价格指数的计算。

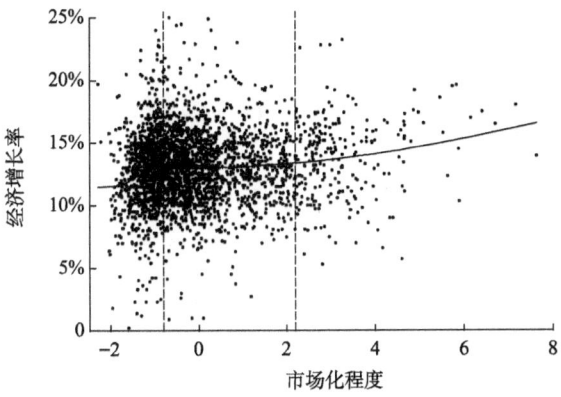

图 9-2　Lowess 拟合结果

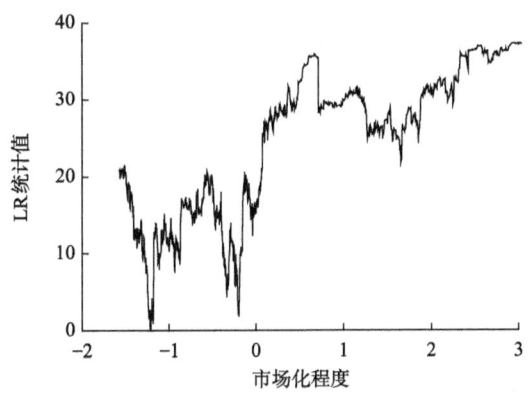

图 9-3　LR 统计值图形

图 9-2 表明，当市场化程度作为门限变量时，经济增长率可以划分为三个区制。第一个区制中，在市场化程度较低时，经济开始快速增长；第二个区制中的经济增速基本保持稳定；第三个区制中，在市场化程度较高的省区市，经济增速稳中有升。根据图 9-2 的拟合结果，可以初步判断市场化程度存在两个门限值。

为进一步确定门限值的个数，本章对门限变量市场化程度中存在 1 个、2 个门槛的模型都进行了估计，并绘制了 LR 统计量的变动趋势图形，其中第 2 个门槛值的检验图形如图 9-3 所示，该图形验证了两个门限值的存在性。

经检验，两个门限值 γ_1 和 γ_2 取值分别为 $\gamma_1=-1.212$，$\gamma_2=1.650$，双门限效应的 F 检验值为 26.514，对应的 p 值为 0.000，计量经济模型如式（9-3）所示。

$$\text{rgdp}_{it} = \begin{cases} \alpha_{1i} + \delta_1 \text{fir}_{it} + \eta_1 \text{mar}_{it} + \alpha_2 \text{lnpgdp}_{it} + \alpha_3 \text{indr}_{it} + \alpha_4 \text{lnklr}_{it} + \alpha_5 \text{invr}_{it} + \mu_{it}, & \text{mar}_{it} \leqslant \gamma_1 \\ \alpha_{1i} + \delta_2 \text{fir}_{it} + \eta_2 \text{mar}_{it} + \alpha_2 \text{lnpgdp}_{it} + \alpha_3 \text{indr}_{it} + \alpha_4 \text{lnklr}_{it} + \alpha_5 \text{invr}_{it} + \mu_{it}, & \gamma_1 < \text{mar}_{it} \leqslant \gamma_2 \\ \alpha_{1i} + \delta_3 \text{fir}_{it} + \eta_3 \text{mar}_{it} + \alpha_2 \text{lnpgdp}_{it} + \alpha_3 \text{indr}_{it} + \alpha_4 \text{lnklr}_{it} + \alpha_5 \text{invr}_{it} + \mu_{it}, & \text{mar}_{it} > \gamma_2 \end{cases}$$

（9-3）

其中，α_{1i}、$\delta_1 \sim \delta_3$、$\eta_1 \sim \eta_3$、$\alpha_2 \sim \alpha_5$ 为待估参数；μ_{it} 为随机扰动项。

9.4.2 政府与市场对经济增长非对称影响的实证分析

2002~2013 年全部样本的门限面板数据模型估计结果如表 9-1 所示。

表 9-1 2002~2013 年经济增长模型估计结果

项目		估计系数	t 值	p 值
政府干预（fir）	区制 1：mar ≤ γ_1	0.056**	2.238	0.025
	区制 2：γ_1 < mar ≤ γ_2	1.286***	5.194	0.000
	区制 3：mar > γ_2	−0.060***	−3.990	0.000
市场化程度（mar）	区制 1：mar ≤ γ_1	−0.439***	−2.961	0.003
	区制 2：γ_1 < mar ≤ γ_2	−0.009	−0.281	0.779
	区制 3：mar > γ_2	0.102	0.686	0.493
人均地区生产总值对数（lnpgdp）		−3.176***	−12.404	0.000
产业结构（indr）		0.205***	15.070	0.000
资本劳动比对数（lnklr）		−0.839***	−4.181	0.000
投资率（invr）		0.061***	14.103	0.000

和*分别代表在 0.05 和 0.01 显著性水平下显著

1. 政府在经济增长中具有先促进后阻碍的倒"V"形影响

如表 9-1 所示，随着市场化程度由区制 1 提升至区制 2，政府干预（fir）对经济增长（rgdp）的影响系数由 0.056 增大至 1.286，且两个区制中的影响系数均十分显著，这表明在市场化不断推进的过程中，政府对经济增长的促进作用显著增强。在向市场经济转型的初期和中期，由于我国各城市的市场化程度普遍不高，市场主体的培育和成长、市场制度的确立与完善都需要一个过程，经济增长离不开政府的积极干预和统筹规划，政府干预保证了经济的持续运转与稳定增长。同时，也验证了 9.2 节的假设 9-1。

政府对于经济增长的积极促进作用，主要体现在供给管理与需求拉动两个方面。供给管理表现为政府向企业和市场提供公共产品与公共服务，其中，政府在经济基础设施建设中的作用是政府在经济增长中正外部性的重要体现；需求拉动则表现在政府的大规模投资方面，为了推动经济增速提升，政府必然会进行一系列的生产性投资支出，政府支出规模的扩张对于经济增长具有直接拉动效果，而投资支出产生的乘数效应和关联需求效应，能够带动其他生产部门的要素投入和产出增长，经济增长中的政府主导特征十分明显。

此外，表9-1显示，在市场化程度（mar）较高的区制3中，政府干预变量对经济增长率影响的估计系数显著为-0.060，政府干预对于经济增速的提升产生了阻碍作用，随着政府投资的回报率持续下降，政府干预在资源配置中的效率降低，体制性矛盾开始凸显。

具体而言，随着政府规模的扩张，政府投资的边际收益开始递减，当政府投资的边际收益低于其他资本的边际收益时，政府支出对于其他投资的挤出效应开始对经济增长产生一定的抑制作用。特别是，在资本要素相对稀缺的行业或领域，政府投资加剧了流动性约束，推高了资本要素的价格，造成了经济资源的错配。

同时，在行政体制改革相对滞后、计划体制、晋升绩效激励等因素的作用下，由于缺乏规范性、制度性的框架约束，政府职能与市场经济体制不适应现象突出，政府干预微观经济主体活动的意愿和动机较强。实际上，在企业微观经营领域，涉及专业知识、信息判断、技能应用等多个方面，这些并不是政府擅长的专业领域，因而容易产生政府的"错位"、"越位"和"缺位"，政府对资源的不当配置反而会形成非公平和非竞争性的扭曲现象，扰乱了市场的运行秩序，这也为政府深化自身改革，着力实施"简政放权"，在市场机制能够有效运转的微观领域及时退出提供了重要依据。

2. 市场化程度对经济增长的负向影响逐渐消失

由表9-1可得，在区制1中，市场化程度变量（mar）对于经济增长率（rgdp）的影响系数显著为-0.439，市场化程度不足在一定程度上阻碍了经济增长。市场对资源配置的有效程度，或者市场化在经济增长中作用的发挥，一方面取决于市场机制是否完善，另一方面与市场扭曲程度或市场摩擦程度有关。

我国虽然已经逐步建立了市场经济体制，但市场化程度并不高，特别是不同省区市、不同城市间的市场化程度差异很大，市场秩序混乱现象突出，价格机制不完善、市场竞争不完全、信息不完全都会使得市场在资本配置中的作用效果大打折扣。例如，在市场主体无法获得正确的价格信号时，就不能对资源进行合理的配置，进而降低配置效率。

并且，在政府对经济干预程度增强的影响下，外部性、垄断等现象会导致市场失灵，因而加剧市场扭曲，也会在一定程度上降低市场在资源配置和经济增长中的作用。特别是，在市场化程度较低时，资本、土地等要素价格以及要素供应由政府决定，要素流动性较差，要素市场发展滞后延缓了市场化进程，不利于市场对资源配置有效性的发挥。

表9-1显示，在市场化程度进入区制2后，市场化程度对于经济增长率影响的估计系数为负但不显著，而上升至区制3后，该变量对于经济增长的影响系数由负转正，这均表明，随着市场化改革的深入，市场化程度对经济增长的负向影响逐渐消失。市场中各类产品、各种要素进出相对自由，在相对公平和公正的市场环境中，市场主体开始能够获取正确的市场信号进行竞争活动与优化行为，实现了经济的稳定增长，9.2节的假设9-2得到验证。

在市场扭曲等因素对经济增长的阻碍作用消失后，市场主体在市场规则下已经能够进行资源、要素的合理配置，如果政府继续作为竞争要素的配置者，特别是经济增长的主导者，其负向影响已经远大于其正向作用，还会成为市场化进程的障碍。相反，政府可以通过"简政放权"，进一步释放市场活力，推动市场化对于经济增长实现正向促进，这成为政府目前实施的"简政放权"又一个证据。

3. 经济增长呈现"路径依赖"与"转型换挡"双重特征

通过对表9-1中经济增长其他影响因素的分析可得，2002~2013年中国经济增长一方面显示出了高度的"路径依赖"特征，主要体现在产业结构（indr）与投资率（invr）对经济增长率（rgdp）的影响系数高度显著，系数分别为0.205和0.061，工业经济和固定资产投资在经济增长中具有重要作用，工业化进程和"投资驱动"特征明显；另一方面，经济增长速度的"转型换挡"特征开始显现，表9-1中人均地区生产总值对数（lnpgdp）、资本劳动比对数（lnklr）变量的估计系数显著为-3.176、-0.839，说明随着经济发展阶段的变迁与资本的不断深化，中国经济已经由高速增长区间进入中高速增长区间。

9.4.3 分时段估计与对比检验

2002~2013年，随着时间的推移，中国各城市的市场化程度基本都在逐渐提升，为进一步分析不同阶段政府与市场在经济增长中的作用，以及两者作用的变动特征，本章以2008年国际金融危机为界限将样本分为两个时期，即采用2002~2008年、2009~2013年两个时段进行估计，经Lowess拟合与LR检验后对比分析可得，两组中各存在1个门限值，门限值的估计结果如表9-2所示。

表9-2 分时段门限值估计结果

时期	门限符号	门限值	F检验值	p值
2002~2008年	θ_1	-1.279	18.026***	0.000
2009~2013年	θ_2	-0.194	17.229***	0.000

***代表在0.01的显著性水平下拒绝原假设

存在一个门限值时，门限面板数据模型形式为

$$\text{rgdp}_{it} = \begin{cases} \alpha_{1i} + \delta_1 \text{fir}_{it} + \eta_1 \text{mar}_{it} + \alpha_2 \ln\text{pgdp}_{it} + \alpha_3 \text{indr}_{it} + \alpha_4 \ln\text{klr}_{it} + \alpha_5 \text{invr}_{it} + \mu_{it}, & \text{mar}_{it} \leq \theta \\ \alpha_{1i} + \delta_3 \text{fir}_{it} + \eta_3 \text{mar}_{it} + \alpha_2 \ln\text{pgdp}_{it} + \alpha_3 \text{indr}_{it} + \alpha_4 \ln\text{klr}_{it} + \alpha_5 \text{invr}_{it} + \mu_{it}, & \text{mar}_{it} > \theta \end{cases} \quad (9\text{-}4)$$

其中，2002~2008 年、2009~2013 年两个时段门限值 θ 分别取 θ_1 和 θ_2。

在门限值估计的基础上，2002~2008 年和 2009~2013 年分时段经济增长模型的估计结果列于表 9-3。

表 9-3　2002~2008 年和 2009~2013 年分时段经济增长模型估计结果

项目		2002~2008 年	2009~2013 年
政府干预（fir）	区制 1：mar ≤ θ_1	0.136*** (2.804)	−0.086** (−2.393)
	区制 2：mar > θ_1	1.507*** (3.654)	−0.798** (−2.369)
市场化程度（mar）	区制 1：mar ≤ θ_2	−0.048*** (−3.016)	−0.139*** (−3.832)
	区制 2：mar > θ_2	−0.226 (−1.564)	0.235 (0.638)
人均地区生产总值对数（lnpgdp）		−0.091 (−0.204)	−5.470*** (−13.495)
产业结构（indr）		0.112*** (5.434)	0.248*** (7.187)
资本劳动比对数（lnklr）		−0.678** (−2.043)	−1.032*** (−3.153)
投资率（invr）		0.096*** (14.201)	0.009 (1.281)
样本数		1 736	1 240

和*分别代表在 0.05 和 0.01 显著性水平下显著

注：括号内为 t 值

将表 9-3 与表 9-1 对比可得，政府与市场在经济增长中作用的变动趋势更为明显。2002~2008 年，政府干预在经济增长中具有重要的正向影响，而市场化程度对经济增长的影响为负。这一时期，以经济增长为核心的政绩考核制度，使得地方政府主导的固定资产投资迅速增长，2003~2008 年，我国固定资产投资完成额平均增速为 25.82%，经济增长对投资形成了高度的依赖性。同时，这一时期政府的作用更为明显地体现在国有企业的发展中，政府对市场的干预，使得国有企业享受到了政策扭曲的收益，实现了其生产经营和资产规模的迅速扩张，2008 年规模以上国有及国有控股工业企业资产总计为 18.881 万亿元，约为 2003 年 9.452 万亿元的 2 倍。与之相对，在政策扭曲作用下的市场化进程相对缓慢，其对经济增长的贡献没有得到发挥[①]。

2009~2013 年，政府干预对经济增长的不利影响开始显现，市场化对于经济增长的阻碍作用逐渐消失。为应对 2008 年国际金融危机的影响，政府的大规模经

---

① 数据来源：中经网统计数据库宏观年度库和作者计算。

济刺激政策,加剧了财政扩张的同时,破坏了市场结构,导致了供需失衡与结构失调。在部分行业,过度投资形成的产能过剩现象突出,供给过剩的风险不断累积,加之外需萎缩的影响,迅速引发经济的大幅下滑。在后金融危机时期,我国已经开始了一系列的市场化改革措施。例如,2009 年我国确定发售电价格由市场竞争形成、完善成品油价格形成机制;2012 年,中国人民银行对金融机构人民币存贷款基准利率及其浮动区间进行了两次调整以推动利率市场化,市场机制中的价格改革已经初显成效。

因此,综合表 9-1、表 9-3 的结果可得,在经济增长中,政府与市场在不同时期的作用存在明显差异。在市场化进程的早期和中期,政府能够实现对资源的合理配置与正确引导,因此,政府在经济增长中发挥主导作用具有一定的合理性和必然性。然而,随着市场化改革的深入,政府支出的拥挤性凸显,政府应"简政放权",减少对比较成熟竞争市场的过度干预,着重在公共产品和服务领域进行生产和分配,充分发挥市场在资源配置中的决定性作用,实现政府与市场在不同领域和不同层次的有效配合,发挥两者的比较优势。

9.4.4 稳健性检验

采用不同门限变量可以检验估计结果的稳健性,从原有市场化进程的三个变量——工业总产值中港澳台及外资企业所占比重、城镇就业人员中非国有经济就业人员所占比重、当年实际使用外资占地区生产总值的比重,取前两个变量,重新采用面板主成分分析方法提取市场化进程指数,记为 marn,将新的市场化指数作为转换变量估计经济增长的门限面板数据模型,得到稳健性检验结果,如表 9-4 所示。

表 9-4 稳健性检验结果

项目		2002~2013 年	2002~2008 年	2009~2013 年
政府干预 (fir)	区制 1	0.007(0.452)	0.027(1.469)	−0.070*(−1.916)
	区制 2	1.122***(5.487)	1.545***(5.233)	−0.227(−0.713)
	区制 3	−0.106**(−6.116)		
市场化程度 (mar)	区制 1	−0.534***(−3.500)	−0.155***(−6.916)	−0.154***(−4.271)
	区制 2	−0.129(−1.591)	−0.304*(−1.812)	−0.314(−1.004)
	区制 3	0.289(0.830)		
人均地区生产总值对数(lnpgdp)		−2.863***(−10.675)	0.263(0.583)	−5.226***(−12.404)

续表

项目	2002~2013 年	2002~2008 年	2009~2013 年
产业结构（indr）	0.201*** (14.865)	0.103*** (5.074)	0.254*** (7.419)
资本劳动比对数（lnklr）	−0.985*** (−4.812)	−0.656** (−1.979)	−1.002*** (−2.951)
投资率（invr）	0.065*** (15.231)	0.099*** (15.064)	0.006 (0.824)
门限值	$\gamma_1=-0.852$, $\gamma_2=2.539$	$\theta_1=-1.102$	$\theta_2=-0.608$
样本数	2 976	1 736	1 240

*、**和***分别代表在 0.1、0.05 和 0.01 显著性水平下显著

注：括号内为 t 值

将表 9-4 中的结果与表 9-1、表 9-3 相对照可得，除个别系数外，采用新的市场化进程指数进行门限面板数据模型的估计后，各解释变量对经济增长影响的估计系数大小相近，符号基本一致，显著性差异较小，从而验证了估计结果的稳健性和实证分析的可信性。

9.5 有关政府与市场作用的进一步分析

2015 年，东北地区经济增速出现断层式下滑，一些学者将该现象产生的原因归结为体制机制问题，即经济增长中的政府干预过多产生了阻碍作用，同时市场作用没有得到有效发挥。基于"新东北现象"，本章选取了部分经济发达省市（北京、上海、广东、江苏、浙江）的地级市作为高市场化程度地区，选取辽宁、吉林、黑龙江的地级市作为低市场化程度地区，分别进行经济增长模型的估计，对比分析不同地区政府与市场在经济增长中的差异化作用，以更好地说明政府与市场的关系。

在该部分，本章采用 OLS 估计经济增长模型（9-5）。

$$\text{rgdp}_{it} = c_{1i,j} + c_{2,j}\text{fir}_{it} + c_{3,j}\text{mar}_{it} + c_{4,j}\text{lnpgdp}_{it} + c_{5,j}\text{indr}_{it} + c_{6,j}\text{lnklr}_{it} + c_{7,j}\text{invr}_{it} + \varepsilon_{it,j} \quad (9-5)$$

其中，$j=1$ 代表市场化程度高的地区，$j=2$ 代表东北地区；$c_{1i,j}$、$c_{2,j} \sim c_{7,j}$ 为待估参数；$\varepsilon_{it,j}$ 为随机扰动项。

市场化程度不同的两类地区的估计结果如表 9-5 所示。

表 9-5 市场化程度分组对照估计结果

变量	系数	市场化程度高地区（$j=1$）	东北地区（$j=2$）
政府干预（fir）	$c_{2,j}$	0.004 (0.22)	−0.156*** (−3.01)

续表

变量	系数	市场化程度高地区（j=1）	东北地区（j=2）
市场化程度（mar）	$c_{3,j}$	0.445** (2.42)	0.338 (1.49)
人均地区生产总值对数（lnpgdp）	$c_{4,j}$	−2.911*** (−7.22)	−3.269*** (−6.02)
产业结构（indr）	$c_{5,j}$	0.261*** (8.53)	0.031 (1.09)
资本劳动比对数（lnklr）	$c_{6,j}$	−0.596 (−1.55)	0.446 (0.81)
投资率（invr）	$c_{7,j}$	0.066*** (5.92)	0.072*** (5.51)
年份虚拟变量（year）		有	有
地区虚拟变量（id）		有	有
样本数 N		564	336
拟合优度 R^2		0.638	0.641

和*分别代表在0.05和0.01显著性水平下显著
注：括号内为 t 值

表 9-5 中的结果显示，在市场化程度高的地区，政府干预在经济增长中的作用不大，但市场化程度对经济增长的影响系数显著为 0.445，与之相对，东北地区的经济增长中，政府干预的影响系数显著为−0.156，市场化程度的作用并不显著。与市场化程度较高的发达地区相比，体制性矛盾和结构性障碍是制约东北经济增长的主要原因。

体制性方面，东北地区的市场化元素过低，首先体现在国有企业的发展上。2013 年，东北地区辽宁、吉林和黑龙江三省工业企业资产总计中国有及国有控股企业占比分别为 45.8%、54.09%和 64.69%，远高于全国 39.36%的平均水平。相比于其他类型的企业而言，国有经济的计划惯性更大，使得该地区经济运行的内生动力不足、结构调整艰难。

东北地区经济发展的特殊性还体现在产业结构失衡和投资高度依赖特征中。作为传统的工业基地，2013 年，东北地区第二产业占地区生产总值的比重为 49.07%，第二产业中处于产业链低端的能源工业和重化工业又占大多数；2013 年，东北经济增长中，投资的贡献率高达 65%，资本形成率过高使得其资本迅速深化，产能过剩问题突出。偏重的经济结构，在资源短缺时既无法应对外部需求的剧烈变化，又不符合经济发展的内在要求，因而导致该地区经济增长失速。

与之相对，在经济发展水平和市场化程度高的广东和浙江等省市，"简政放权"已经得到广泛实施和深入推广。2013 年，浙江省一级行政许可事项从 718 项减少到 424 项，减少了 41%；2013 年，广东共取消、转移或下放国家设定和省权限内的行政审批事项共 508 项，"简政放权"推动了市场化进程并不断释放改革红利。2013 年，江苏、浙江和广东三省地区生产总值同比增速分别为 9.6%、8.2%和 8.5%，均高于全国平均水平 7.7%。

进一步对比可得，对于东北三省而言，在资源配置主体由政府向市场转变的过程中，一方面旧的配置方式逐渐瓦解，另一方面新的配置机制尚未形成。因此，东北地区高度的路径依赖特征使得其经济结构转型和增长动力转换不可能迅速实现，而应在传统比较优势和制度体系的基础上稳步推进，暂缓进行大幅度的市场化改革，以"增量先行""以点带面"推动市场机制形成和市场化程度提升，实现经济的平稳增长。

9.6 本章小结

本章采用中国地市级数据和门限面板数据模型，通过合理评价不同市场化阶段政府与市场在经济增长中的差异化效应及其变动趋势，对"简政放权"如何释放改革红利进行解释说明。研究结论如下：政府与市场在经济增长中的地位和作用显著不同，在市场化进程的初期，政府支出对于经济增长的间接拉动效应与直接推动效应十分明显，随着市场化程度的提高，政府投资的回报率持续下降，政府干预在资源配置中的效率降低，体制性矛盾开始凸显，政府在经济增长中具有先促进后阻碍的倒"V"形影响。

与之相对，在市场扭曲等因素对经济增长的阻碍作用消失后，市场主体在市场规则下已经能够进行资源、要素的合理配置，政府继续进行大规模的经济干预会成为市场化进程的障碍。相反，政府通过"简政放权"进一步释放市场活力可以有效促进经济增长。将政府与市场在市场化程度高地区与东北地区经济增长中的作用进行对比分析，也验证了破除体制性矛盾对于提升经济内在增长动力的重要作用。

随着中国经济的持续发展与市场化进程的不断推进，市场在资源配置中应发挥主导作用和决定作用，政府应进一步推动"简政放权"以激发市场活力。需要指出的是，在"简政放权"的过程中，还应根据各地区各城市经济的实际发展情况，有层次、分步骤地进行政府改革与职能优化。例如，在经济发展水平和市场化程度较高的地区，已经具备实施深层次、大规模政府改革的条件，政府应加快放松对市场的规制，放宽市场准入条件，形成"以市场调节为主、以政府管理为辅"的资源配置模式；与之相对，在相对落后地区和城市中，市场机制并不完善，政府还应继续发挥对资源配置的重要调节作用，减弱市场摩擦，推进市场化进程，释放改革红利。

除了"放管结合"之外，在公共服务和公共基础设施建设领域引入市场机制，能够更好地发挥政府与市场在经济增长中的作用。一方面，政府应增加在技术标准、法律保障方面的公共服务,在公平合理的基础上,根据企业需要和市场需求构建有针对性、有时效性的公共服务体系,推进公共服务均等化,为市场主体开展经济活动提供便利条件;另一方面,政府在加快出台有关创业创新与小微企业成长和发展政策措施的同时,还应在遵循市场规律的前提下,基于优胜劣汰的原则,着重给予具有市场前景和发展潜力的小微企业以政策优惠,培育市场主体和新的经济增长点,助力经济科学发展与可持续增长。

第10章 财政负担、公共服务供给与经济增长效应

在中国现行的行政体系和财政体系中，与省级和市级政府相比，县级政府的财政负担最重。"县为国之基"，县级是中国行政管理体系中的重要组成部分，"郡县治，天下安"，不但县级政府承担着基层社会治理、保障民生的任务，而且县域经济是我国经济长期稳定发展的基础①。无论是在提供公共服务还是在促进经济增长的过程中，财政状况都占据了至关重要的地位。1994年分税制改革对中央与地方的财政收入格局产生了深远影响，地方本级财政收入占总财政收入的比重由1993年的78%下降至2015年的54.5%，财权不断向中央集中。与此同时，地方政府公共支出的责任逐渐加大，2015年地方教育支出是中央本级教育支出的18.34倍，地方医疗卫生支出是中央本级医疗卫生支出的140.40倍②。财权与事权的背离会对县级财政造成巨大压力（罗丹和陈洁，2009；贾俊雪等，2011）。

在"财权上移、事权下移"的背景下，县级政府除了承担了大量的公共服务之外，还参与了我国垂直政治管理与经济分权体制所决定并形成的"标尺竞争"，即以地区生产总值为主要甚至是唯一标准的政府间横向竞争。虽然"标尺竞争"对于我国工业化的大幅推进和经济的快速增长做出了一定的贡献，但其也是一种由政府主导的投资驱动型增长模式，县级政府进行的大量举债和投资都会加大财政负担。在社会服务与经济发展的双重压力下，近年来县级政府财政困难的状况日益突出，2002~2013年我国县级人均财政收支缺口增速高达23.98%③。由于县级地方政府存在着生产性支出偏向，部分县级市还出现了投资增长与财政负担双向推进、并行攀升的循环。

---

① 县级政府承担的主要公共服务职责包括：本级政权运转、教育、医疗卫生、支援农村支出、区内基础设施和城镇建设、计划生育、失业养老保险和救济等。
② 数据来源：中经网统计数据库（https://db.cei.cn/）和作者计算。
③ 数据来源：作者基于《中国区域经济统计年鉴》（2003~2014年）计算得到。

当前，在新常态时期需求减弱与结构调整等多方面因素的作用下，特别是投资率回落与经济增速降低加重了县级政府的财政负担，在很大程度上制约了社会福利与经济增长等方面的财政投入。与此同时，一方面，我国县级层面的公共服务水平还相对较低，提升公共服务质量促进社会福利改善的要求十分紧迫，由"公共财政"转变为"民生财政"的呼声越来越高；另一方面，促进经济发展仍然是县级政府的核心任务，如何推动县域经济增长也是缓解本级财政负担进而提高经济发展可持续性的关键。因此，厘清县级财政负担与公共服务、经济增长之间的关系，将有助于县级政府提高财政调控能力，制定兼顾社会福利与经济增长双重目标的财政政策，实现社会的长治久安。

10.1 财政与公共服务及经济增长关系的研究述评

在财政与经济增长的关系方面，国内外学者的观点存在较大分歧，政府支出对经济增长的影响既有"挤出效应"观点（庄子银和邹微，2003），也有"挤入效应"论断（Bouakez and Rebei，2007）。另外，一些学者估计了政府支出对经济增长的乘数效应，发现随着刺激性财政政策的实施，政府支出乘数效应将由正转负，并对经济产生不利影响（Cogan et al.，2010）。在政府收入方面，大多数文献的研究结论较为一致，即减税可以刺激经济复苏并在长期提高产出，反之政府收入的提高会降低经济增速（Romer C D and Romer D H，2010；李涛等，2011）。

政府收支活动从本质上而言是政府干预社会再生产的分配问题。例如，政府财政负担过重会使得政府公共职能发生扭曲，产生寻租现象、阻碍私人投资增加等，从而对经济产生负向效应（Shleifer and Vishny，1998），因此应综合财政收和支两个方面，衡量财政负担对于经济的影响。周黎安（2004）研究指出，政府基于财政压力对经济的干预使得我国存在过多的重复建设现象，降低了经济运行效率；曹春方等（2014）将官员个体动机与地方政府群体分开进行回归，发现财政压力加大会使得地方政府过度干预地方国有企业，进行过度投资来扩大税基和补贴公共支出等。

在财政与公共服务关系的研究中，现有的文献可以归类为两个方面：一是从政府支出效率角度进行分析，如部分研究认为腐败等问题降低了政府财政公共支出效率，从而减少了政府在教育、医疗健康等公共服务方面的支出（Mauro，1998）；二是基于政府支出结构的视角，部分学者认为政府支出存在生产性偏向，使得公共服务供给不足（尹恒和朱虹，2011）。与经济增长类似，研究财政负担能力对公共服务影响的文献也较少，樊明成（2008）通过实证研究指出，政府财力不足是导致我国教育水平长期不达标的重要原因。

实际上，公共服务与经济增长之间存在相互作用（Folster and Henrekson，1999；李晓嘉，2012），两者不但都是县级地方政府努力的目标，是相辅相成的，而且均与财政状况紧密相关，同时关注县级财政负担对公共服务、经济增长的影响十分必要。此外，财政负担与公共服务、与经济增长之间存在双向影响，容易产生内生性问题，本章将构建包含财政负担、公共服务与经济增长的一般均衡框架，基于2002~2013年全国1 966个县（市）的面板数据构建联立方程模型进行分析，对于财政负担水平变化影响公共服务供给、经济增长的机制给出更为准确的解释。

10.2 财政负担、公共服务与经济增长的理论框架

10.2.1 理论模型设定

基于 Barro（1990）的研究，考虑到公共服务同时具有生产性和消费性两种特性，其对企业部门的产出和代表性家庭的效用都会产生影响，本章将其同时加入生产函数与效用函数，并在政府部门中加入财政负担方程，设置财政负担水平影响经济增长和公共服务供给等机制，一个县级层面理论模型的具体形式如下。

1. 企业部门

公共服务水平的改善不仅会提高居民的效用，还会增进企业的生产效率，教育、医疗和社会保障水平的提高使得人力资本得以积累、企业雇用劳动力的成本下降，本章将政府的公共服务 P_t 作为企业的生产要素之一，设定生产函数形式为

$$Y_t = A_t K_t^{\alpha} L_t^{\beta} P_t^{\gamma} \left(1 - d\theta_t^2\right) \tag{10-1}$$

其中，Y_t 为第 t 期企业的产出水平；A_t 为技术水平或全要素生产率；K_t 和 L_t 分别为资本要素和劳动要素；P_t 为政府提供的公共服务；θ_t 为财政负担；敏感系数设为 d，且 $d>0$；α、β 和 γ 为生产函数中各要素的份额参数。

与其他文献不同的是，本章参照 Heutel（2012）的研究，将政府财政负担加入企业的生产函数中，刻画财政负担对经济产出的直接作用，因此，政府对经济产出的影响将通过以下两种途径实现：一是通过增加公共服务支出促进产出增长，二是政府财政负担加大，将会对企业伸出"掠夺之手"（曹春方等，2014），从而干预经济发展。

企业通过选择要素投入实现利润最大化目标，利润最大化函数如式（10-2）所示。

$$\max \pi_t = \left(1 - \tau_y\right) Y_t - r_t K_t - w_t L_t \tag{10-2}$$

其中，π_t 为利润水平；τ_y 为政府向企业征税的税率；r_t 为利率；w_t 为工资。

基于式（10-2），可以计算得到企业利润最大化的一阶条件为

$$r_t = (1-\tau_y)\alpha \frac{Y_t}{K_t} \tag{10-3}$$

$$w_t = (1-\tau_y)\beta \frac{Y_t}{L_t} \tag{10-4}$$

2. 代表性家庭

代表性家庭的效用既来源于自身对各时期消费和闲暇的选择，又受到政府公共服务水平的影响。公共服务水平的高低可以影响边际消费倾向，如社会保障水平的提高可以降低未来的不确定性，改变居民的预期间接作用于消费行为。基于此，本章将政府公共服务与私人消费进行组合，纳入代表性家庭的效用函数中，将总消费表示为

$$C_t = C_{p,t} + \varphi P_t \tag{10-5}$$

其中，$C_{p,t}$ 为代表性家庭的私人消费，其与政府公共服务之间的组合参数为 φ，该函数形式在 Barro（1981）、Mcgrattan（1994）等研究中广泛使用。一般而言，$\varphi>0$，即公共服务会增进代表性家庭的效用。

代表性家庭通过选择消费和闲暇以实现其终生效用最大化，其目标函数为

$$\max L = \sum_{t=0}^{\infty} \eta^t \left[\ln\left(C_{p,t} + \varphi P_t\right) + \chi \ln(1-L_t) \right] \tag{10-6}$$

其中，η 为贴现因子；χ 为消费与闲暇的替代参数。

家庭所面临的预算约束如式（10-7）所示。

$$C_{p,t} + I_t \leq r_t K_t + w_t L_t + \pi_t + M_t \tag{10-7}$$

其中，I_t 为私人投资；M_t 为政府的转移支付。

私人资本的累积方程可表示为

$$I_t = K_{t+1} - (1-\delta_p)K_t \tag{10-8}$$

其中，δ_p 为私人资本折旧率。第 $t+1$ 期的资本存量由第 t 期的新增投资和净资本存量所决定。

家庭最优化问题的拉格朗日函数如式（10-9）所示。

$$L = \sum_{t=0}^{\infty} \eta^t \left\{ \ln\left(C_{p,t}+\varphi P_t\right) + \chi \ln(1-L_t) + \lambda_t \left[w_t L_t + r_t K_t + M_t + \pi_t - C_t + (1-\delta_p)K_t - K_{t+1} \right] \right\} \tag{10-9}$$

其中，λ_t 为影子价格。

在式（10-9）的基础上，可以求得效用最大化的一阶条件为

$$\lambda_t = \frac{1}{C_{p,t} + \varphi P_t} \quad (10\text{-}10)$$

$$\frac{\chi}{1-L_t} = \lambda_t (1-\tau_y) \beta \frac{Y_t}{L_t} \quad (10\text{-}11)$$

$$\lambda_t = \eta \lambda_{t+1} \left[r_t + (1-\delta_p) \right] \quad (10\text{-}12)$$

3. 政府部门

由于公共服务具有较强的正外部性，市场配置公共资源的手段往往失效，结合我国县域经济社会发展的现实情形，本章假设公共服务均由政府提供，设置政府的平衡预算方程为

$$\tau_y Y_t = G_t + M_t \quad (10\text{-}13)$$

式（10-13）表明，政府的主要收入来源于税收，用于转移支付(M_t)和公共支出(G_t)。

参照私人资本的累积形式，本章设定公共服务水平的累积方程为

$$P_{t+1} = G_t + (1-\delta_g) P_t \quad (10\text{-}14)$$

其中，δ_g为公共服务的折旧率。

不失一般性地，本章采用政府公共支出与收入之比表示财政负担，即

$$\theta_t = \frac{G_t}{\tau_y Y_t} \quad (10\text{-}15)$$

此外，市场出清条件如式（10-16）所示。

$$Y_t = C_{p,t} + I_t + G_t \quad (10\text{-}16)$$

10.2.2 财政负担对公共服务和经济增长的模拟分析

1. 参数校准

在理论模型参数的校准中，本章主要参考国内外文献中的取值进行确定，基本参数方面，设置私人资本产出弹性$\alpha=0.4$，公共服务产出弹性$\gamma=0.3$，贴现因子$\eta=0.99$，代表性家庭效用函数中消费与闲暇的替代参数$\chi=0.3$，私人资本折旧率$\delta_p=0.096$（Ngalawa and Viegi, 2013）；税率方面，借鉴李春吉和孟晓宏（2006）所使用的税率值，结合估算得到$\tau_y=0.15$；公共服务对代表性家庭消费的影响系数中，参照黄赜琳（2005）有关政府支出对居民消费影响的设置，选定$\varphi=0.65$。

2. 财政负担对公共服务的影响模拟

在参数校准后，本章首先进行了财政负担对公共服务影响的模拟，结果如图 10-1 所示。根据图 10-1 可得，当财政负担上升时，政府公共支出的增加总体上能够有效、快速地促进公共资本累积，提高公共服务水平。随着财政负担的进一步增加，在边际收益递减规律等因素的作用下，公共资本累积的速度下降，财政支出对于公共服务的边际贡献逐渐降低。

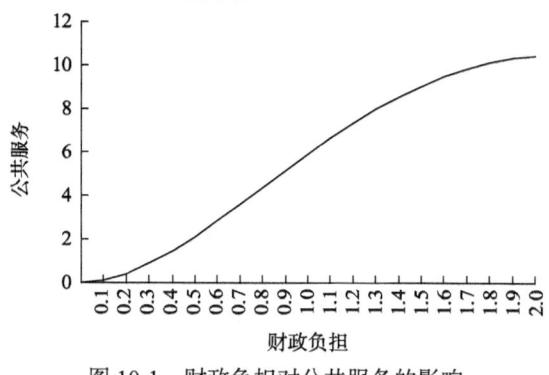

图 10-1　财政负担对公共服务的影响

3. 财政负担对经济增长的影响模拟

在对经济增长的影响方面，如图 10-2 所示，当财政负担较小时，政府公共财政支出扩大所带来的经济促进作用，远大于财政负担上升对于经济产出的负向影响，即大于政府对经济干预所带来的扭曲效应，经济产出水平实现了增长；当财政负担过大时，财政负担上升的负面影响持续累积，此时继续扩大财政支出甚至会降低经济产出水平，因此，财政负担与经济产出之间呈现出了典型的倒"U"形特征，财政负担与经济增长之间的关系类似于"拉弗曲线"。在这一部分，本章主要从消费和投资视角，对财政负担影响经济增长的机制进行分析。

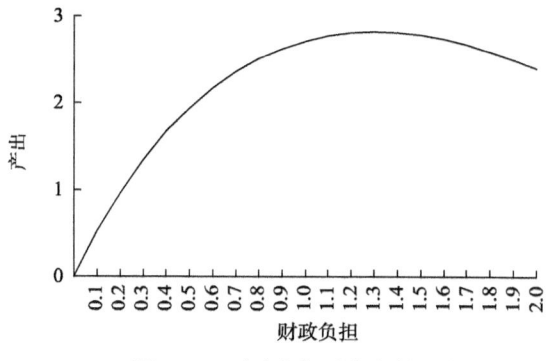

图 10-2　财政负担对产出的影响

结合图 10-1 与本章理论模型中代表性家庭的效用函数可得，财政负担的上升与政府支出的增加，一方面可以通过转移支付的形式直接增加居民的收入，产生收入效应和需求效应，刺激劳动供给并提高劳动力的边际产出，从而提高居民消费水平；另一方面，当财政负担上升时，其对公共服务水平的改善，还能够对居民的消费产生正外部性，进而推动经济增长。与之相对，在财政负担较大时，政府支出的负财富效应开始显现，政府为缓解财政负担而进行的加大征税力度等活动降低了居民的可支配收入，且居民对未来收入增长不确定性的预期也使其削减当前的消费支出，图 10-3 显示，财政负担上升对于消费的促进作用明显减弱。

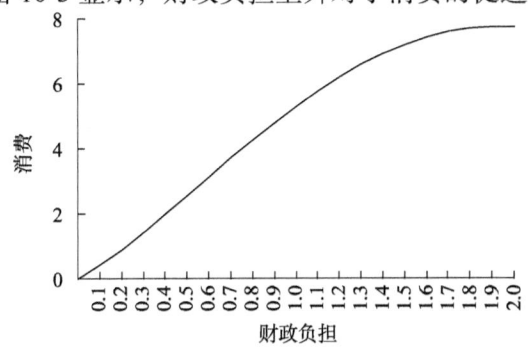

图 10-3　财政负担下的消费变动

除了对消费的影响之外，图 10-4 显示，财政负担的上升与政府公共服务支出的增加还可以改善企业的经营环境、降低企业的生产成本，即公共服务对私人资本具有挤入效应。并且，在适度的财政负担范围内，财政扩张所产生的乘数效应能够促进私人投资并改善有效需求不足的状况，助力经济增长。然而，对比图 10-2 和图 10-4 可得，在政府财政负担增大的过程中，存在一个财政负担的转折点，超过该转折点后，财政负担的增加将会抑制资本水平和产出水平的提高，财政负担"掠夺之手"的影响大于"援助之手"的作用，过高的财政负担带来的生产效率损失很大，致使财政负担对于经济增长的推动作用是不可持续的。

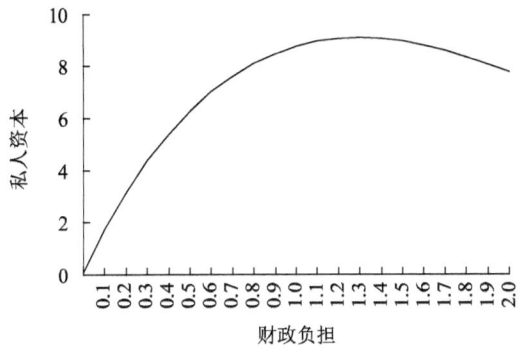

图 10-4　财政负担下的资本累积

10.3 模型设定、数据处理及指标计算

10.3.1 实证模型设定

通过构建实证模型进行分析，是进一步探索县级财政负担对公共服务、经济增长影响机理的重要途径。如前所述，财政负担与公共服务和经济增长之间存在双向或多重关系，若采用单方程方法建模易于出现内生性问题。联立方程模型不但能够有效解决内生性问题，而且可以分解出各个变量之间相互影响的作用渠道，在理论模型的基础上，本章搜集面板数据以构建联立方程模型，模型形式为

$$\begin{cases} \mathrm{pgdp}_{it} = \alpha_1 P_{it} + \alpha_2 F_{it} + \alpha_3 F_{it}^2 + \alpha_4 \mathrm{pgdp}_{it-1} + \alpha_5 \mathrm{indr}_{it} + \alpha_6 C_{it} + \varepsilon_{1t} \\ P_{it} = \beta_1 \mathrm{pgdp}_{it} + \beta_2 F_{it} + \beta_3 F_{it}^2 + \beta_4 G_{it} + \beta_5 D_{it} + \varepsilon_{2t} \\ F_{it} = \gamma_1 \mathrm{pgdp}_{it} + \gamma_2 C_{it} + \gamma_3 G_{it} + \gamma_4 D_{it} + \varepsilon_{3t} \end{cases} \quad (10\text{-}17)$$

由于本章的主要研究对象是经济增长 pgdp_{it}、公共服务 P_{it} 和财政负担 F_{it}，在联立方程模型（10-17）中主要包括经济增长方程、公共服务方程和财政负担方程。在各方程中包括的其他变量为经济增长滞后变量 pgdp_{it-1}、产业结构 indr_{it}、财政负担 F_{it} 及其平方项 F_{it}^2、城镇化率 C_{it}、公共支出 G_{it}、人口密度 D_{it}；ε_{1t}、ε_{2t} 和 ε_{3t} 分别为三个方程的随机扰动项。

10.3.2 数据处理与变量说明

为提高模型估计的精度，本章选取了 2002~2013 年全国县（市）层面的数据，数据主要来自 2003~2014 年《中国区域经济统计年鉴》和《中国县域统计年鉴》。目前，我国共有 2 800 多个县级行政单位，包括县、县级市、市辖区、旗以及自治县等。考虑到数据的可得性和统一性等问题，本章进行了三个方面的数据筛选和初步处理：①由于市辖区、自治县等与县或县级市在经济发展状况与公共服务水平方面的差别较大，本章没有将市辖区、自治县纳入样本，只将县和县级市作为考察对象；②在样本期内我国部分县级行政单位发生了撤县设区、区界重组等变化，本章以 2013 年为基准，剔除了行政单位变更的县、县级市；③考虑到直辖市所辖县与普通县（市）在行政级别、经济政策等多个方面的显著差异，样本中未包括直辖市所辖县。在进行基本的数据处理之后，得到全国 1 966 个县（市）的平衡面板数据。

1. 内生变量

联立方程中存在三个内生变量,即经济增长、公共服务和财政负担,具体如下。

(1)经济增长:与大多数文献类似,本章使用县级人均地区生产总值表示经济增长水平或者经济发展程度,记为 $pgdp_{it}$。

(2)公共服务:本章在基础教育、医疗卫生和社会保障三个方面选取县级基本公共服务指标,其中教育方面选择普通中学在校学生数、小学在校学生数,医疗卫生方面选取医院、卫生院床位数,社会保障方面选择社会福利院床位数。参考汤玉刚等(2015)的思路,本章采用面板主成分分析方法,对每个指标进行线性标准化后,以各个指标的方差贡献率作为权重,对各指标分别进行加权处理并提取第一主成分,作为公共服务水平变量 P_{it}。

(3)财政负担:周黎安和陈祎(2015)总结了测算财政负担的三种方法,由于县级政府接受的转移支付和体制上解数额在2005年之后已经不再公开,在可得数据的范围内,本章采用没有接受补助和体制上解平衡前的财政负担指标,即计算县本级财政支出与财政收入的比值作为财政负担变量 F_{it}。计算结果显示,我国县级政府财政负担均值为 5.78,标准差为 6.93,离散系数为 1.20,自有财政收入大致能够支撑其 1/5 的财政支出。此外,我国县级财政负担的核密度图形如图 10-5 所示,大多数县(市)的财政负担值集中在 3 左右,这与贾俊雪等(2011)的计算结果类似。

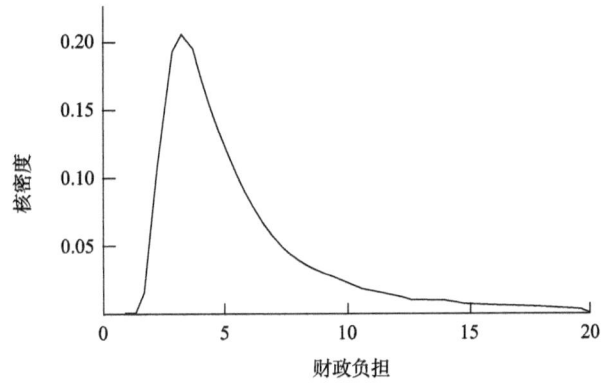

图 10-5 县级财政负担核密度图

2. 外生变量

(1)产业结构:产业结构是影响经济增长的重要因素,在经济增长的不同时期,产业结构在经济发展中的地位和作用会不断变化,本章计算了各县市第二产业增加值与地区生产总值的比值,记为 $indr_{it}$,作为产业结构的代表。

(2)城镇化率:人口城镇化是城镇化进程的重要表现形式,本章采用城镇人口数占总人口数的比重表示城镇化率,记为 C_{it}。城镇化可以促进社会分工、扩大市场需求促进经济增长,城镇化带来人口的聚集等也会作用于政府的财政负担,因此本章在经济增长和财政负担方程中均加入了城镇化率变量。

(3)公共支出:本章计算了县级财政支出与县(市)总人口的比值,得到公共支出或人均财政支出变量 G_{it}。人均财政支出差别代表了县级财政能力水平差异,这种差别会反映在公共服务水平上。同时,人均财政支出会直接影响县级政府的财政负担,本章在公共服务方程和财政负担方程中均加入了该变量。

(4)人口密度:本章求得各县(市)人口总数与行政区域面积的比值作为人口密度变量 D_{it},人口密度越大,对公共服务需求就越高,从而增加政府的财政负担,本章将其作为财政负担、公共服务的共同影响因素。

此外,理论模拟结果显示,财政负担与经济增长和公共服务变量之间可能存在非线性关系,本章还在经济增长方程和公共服务方程中加入了财政负担的二次项,以充分检验财政负担与经济增长、公共服务的关系。

10.4 财政负担对经济增长和公共服务影响的实证分析

10.4.1 财政负担对经济增长和公共服务的直接影响

根据联立方程识别的阶条件和秩条件可得,模型(10-17)中各方程均是过度识别的,本章采用3SLS对模型(10-17)进行估计,估计结果如表10-1所示。

表 10-1 财政负担对经济增长和公共服务影响的估计结果

经济增长方程		公共服务方程		财政负担方程	
公共服务 (P_{it})	0.003 5* (1.85)	经济增长 ($pgdp_{it}$)	0.668 3*** (13.52)	经济增长 ($pgdp_{it}$)	−5.391 7*** (−80.54)
财政负担 (F_{it})	0.019 4*** (9.40)	财政负担 (F_{it})	0.106 3*** (7.22)	城镇化率 (C_{it})	−2.095 3*** (−7.39)
财政负担二次项 (F_{it}^2)	−0.000 2*** (−7.97)	财政负担二次项 (F_{it}^2)	−0.001 1*** (−5.34)	公共支出 (G_{it})	8.593 0*** (60.44)
经济增长滞后值 ($pgdp_{it-1}$)	1.025 9*** (236.52)	公共支出 (G_{it})	−1.523 8*** (−25.30)	人口密度 (D_{it})	−0.205 3*** (−13.02)

续表

经济增长方程		公共服务方程		财政负担方程	
产业结构（$indr_{it}$）	0.1880*** (13.03)	人口密度（D_{it}）	0.3840*** (85.27)	—	—
城镇化率（C_{it}）	0.0392*** (4.10)	—	—	—	—
R^2	0.9616	R^2	0.3524	R^2	0.3480

*和***分别代表在 0.1 和 0.01 显著性水平下显著

注：括号内为 t 值

在经济增长方程和公共服务方程的估计结果中，财政负担变量的系数均在 0.01 的显著性水平下为正，财政负担二次项的系数则显著为负，这验证了本章理论模型中财政负担与经济增长和公共服务之间的倒"U"形关系。

1. 财政负担对经济增长的作用检验

根据表 10-1 的结果可得，财政负担对经济增长影响的估计系数显著为 0.0194，财政负担二次项对经济增长的估计系数显著为-0.0002，随着财政负担的上升，财政负担对经济增长的影响由正向的促进作用转变为负向的抑制作用。在财政负担值较小时，扩张性的财政政策可以通过乘数效应发挥对经济增长的贡献。然而，在财政负担过大时，不仅政府支出的边际报酬递减，大规模的财政支出还会对私人资本产生挤出效应，抑制经济增长。

在经济分权和政治集权的背景下，经济增长是中国县级政府官员绩效考核的主要标准，这就导致部分县级政府跨越公共财政职能直接参与经济活动，或者是高度依赖投资促进经济增长，这不但加重了县级政府的财政负担，而且非市场调控手段作用下频繁出现的资源浪费、重复建设等现象降低了经济增长质量，由此产生的市场分割、价格扭曲等现象进一步对经济增长产生了不利影响。

另外，由于县级政府存在着"预算软约束"，我国县级政府的负债率居高不下，过高的财政负担与严重的债务风险并存，在一定程度上也制约了经济增长。政府的支出和收入应是相互制约的，经济发展水平决定了财政收入水平，政府支出也应与经济发展水平一致，当财政负担过高或财政支出过大时，县级地方政府不得不通过举债来进行融资，政府通过大量的借新债还旧债、支付借款利息等都会对经济增长起到紧缩作用。

2. 财政负担对公共服务影响的实证分析

表 10-1 中的结果显示，公共服务方程中，财政负担变量的估计系数显著为 0.1063，财政负担二次项变量的系数显著为-0.0011。与对经济增长的影响类

似，财政负担对公共服务的影响呈现了先高后低、先升后降的特征。当财政负担过大时，政府支出的低效率降低了社会福利水平，制约了我国公共服务水平以及均等化程度的提高。除了经济建设支出之外，由于我国县级政府规模较大、结构臃肿，财政供养人口过多形成"吃饭财政"，导致其对于公共服务的投入十分有限。在各级政府"自上而下"推进的公共服务发展模式中，县级政府职能转换相对落后，也使得需要政府支出维持的公共服务没有得到合理保障。

如前所述，不但我国县级财政支出存在生产性偏向，而且县级政府承担的公共服务支出项目繁多，有县乡水利设施与交通设施建设、应用研究等科学技术研发、文化活动和历史文化遗产保护、县属职业技术学校及高中教育的经费补助和部分义务教育经费支出、初级医疗保健以及县级统筹的社会保障支出等，在高度的财政负担下，县级政府难以保证公共服务水平的有效提升。

由表 10-1 可得，公共支出对公共服务的影响系数为 -1.5238，且在 0.01 的显著性水平下显著，原因在于公共支出既可以直接提高公共服务水平，同时又会增大财政负担，进而对公共服务的改善产生了约束效果，特别是在财政负担很高时，负向的约束效应显著大于正向的促进作用，导致公共支出并没有发挥对公共服务水平的提升效应，这与尹恒和朱虹（2011）的研究结论基本一致。

县级公共服务的公共属性使得其对周边县（市）存在正的溢出效应，这在一定程度上减弱了政府改善教育、医疗、社会保障等条件的内在动机，并使其倾向于对经济增长有直接拉动作用的交通、能源、通信等基础设施的建设，财权与事权的不对等也是县级政府改善公共服务自身动力不足的重要原因。伴随着教育支出规模扩大与人口老龄化程度加深，"福利赶超"目标下财政支出的刚性增强，部分县（市）公共服务改善的需求超出了本级的财政能力范围，县级财政负担与公共服务提升之间的矛盾凸显。

3. 其他变量对经济增长和公共服务的影响

在经济增长方面，产业结构对其影响系数显著为 0.1880，第二产业仍是我国县域经济增长的支柱，工业等实体经济对于提高劳动力需求、刺激经济增长的贡献十分显著；城镇化率对经济增长影响的估计系数为 0.0392，城镇人口的增长和城镇化率的提高，除了从需求侧产生引致需求、刺激投资增长之外，还在供给侧为经济发展提供了大量的劳动力，推动了县域产业发展和经济增长。

在公共服务方面，人口密度对其影响系数为 0.3840，且高度显著，人口密度对公共服务的影响主要是通过"规模效应"和"集聚效应"实现的。当人口密度上升时，降低了公共服务的人均投入，成本节约促进公共服务水平提高，同时还增大了公共服务需求，促使周围县（市）的公共服务资源向本县（市）流动，形成了本地区公共资源聚集与公共服务水平提高的良性循环。

10.4.2 财政负担对经济增长和公共服务的传导效应

面板联立方程模型的优势在于可以分离出各变量之间的直接、间接影响,为了确定财政负担对经济增长和公共服务影响的传导路径,并将各种传导效应进行对比,本章对模型(10-17)进行了标准化回归,即将变量进行标准化后,再次使用3SLS进行估计,得到估计结果如表10-2所示。

表10-2 财政负担对经济增长和公共服务影响的标准化回归结果

经济增长方程		公共服务方程		财政负担方程	
公共服务 (P_{it})	0.007 1* (1.85)	经济增长 (pgdp$_{it}$)	0.335 1*** (13.52)	经济增长 (pgdp$_{it}$)	−0.693 7*** (−80.54)
财政负担 (F_{it})	0.151 5*** (9.40)	财政负担 (F_{it})	0.414 2*** (7.22)	城镇化率 (C_{it})	−0.045 1*** (−7.39)
财政负担二次项 (F_{it}^2)	−0.095 7*** (−7.97)	财政负担二次项 (F_{it}^2)	−0.225 6*** (−5.34)	公共支出 G_{it}	0.452 8*** (60.44)
经济增长滞后值 (pgdp$_{it-1}$)	0.984 4*** (236.52)	公共支出 (G_{it})	−0.312 9*** (−25.30)	人口密度 (D_{it})	−0.081 8*** (−13.02)
产业结构 (indr$_{it}$)	0.035 3*** (13.03)	人口密度 (D_{it})	0.598 3*** (85.27)	—	—
城镇化率 (C_{it})	0.065 7*** (4.10)	—	—	—	—
R^2	0.961 6	R^2	0.352 4		0.348 0

*和***分别代表在0.1和0.01显著性水平下显著
注:括号内为 t 值

根据本章理论与实证模型的设定可得,财政负担对经济增长和公共服务的影响途径主要有两类:一是直接途径,即"财政负担→经济增长"和"财政负担→公共服务";二是由于经济增长和公共服务之间存在相互影响,形成了财政负担对其影响的间接途径,即"财政负担→公共服务→经济增长"和"财政负担→经济增长→公共服务"。在表10-2的基础上,本章计算得到上述各条路径中财政负担对经济增长、公共服务传导的直接效应、间接效应和总效应,列于表10-3。

表10-3 财政负担对经济增长和公共服务影响的传导路径与影响效应

路径	直接效应	间接效应	总效应
财政负担—经济增长			
财政负担	0.151 5*** (α_2)	—	0.154 4*
途径:公共服务	—	0.002 9* ($\alpha_1 \times \beta_2$)	
财政负担二次项	−0.095 7*** (α_3)	—	−0.097 3*
途径:公共服务	—	−0.001 6* ($\alpha_1 \times \beta_3$)	

续表

路径	直接效应	间接效应	总效应
财政负担—公共服务			
财政负担	0.414 2*** (β_2)	—	0.465 0***
途径：经济增长	—	0.050 8*** ($\alpha_2 \times \beta_1$)	
财政负担二次项	−0.225 6*** (β_3)	—	−0.257 7***
途径：经济增长	—	−0.032 1*** ($\alpha_3 \times \beta_1$)	

*和***分别代表在 0.1 和 0.01 显著性水平下显著

注：本章主要研究财政负担对公共服务和经济增长的影响，故没有列出其他影响渠道的估计结果

1. 财政负担对经济增长的传导效应研究

基于"财政负担→经济增长"这一直接路径的影响结果与表10-1和表10-2中的估计结果十分类似，本章不再赘述，这一部分将重点分析"财政负担→公共服务→经济增长"间接路径的传导效应。如表10-3所示，"财政负担→公共服务→经济增长"路径传导的间接效应为 0.002 9，显著为正，这表明财政负担可以通过促进公共服务供给对经济发展产生正外部性，但该间接效应明显小于财政负担对经济增长的直接促进效应 0.151 5。

县级政府提供具有正外部效应的公共服务与公共物品，纠正了公共服务领域的市场失灵现象，使得私人的边际收益与社会的边际收益相一致，优化了公共服务提供中的资源配置，通过改进、重组公共服务资源和要素结构为经济发展创造了有利条件。更为重要的是，当县级政府加大财政支出和财政负担以提升公共服务水平时，会对消费和投资产生挤入效应，这一点在本章理论模拟结果中已经进行了阐述。社会保障水平提升可以提高居民消费意愿和刺激居民当前消费，政府公共投资与基础设施水平提高能够降低企业投资成本并激励企业加大投资，在我国大多数县（市）经济发展水平相对不高的情形下，公共服务改进对于经济增长的促进作用十分明显。

除此之外，财政负担作用下的公共服务对县级经济增长的促进作用还通过产业集聚效应得以实现。"用脚投票"的观点说明，公共服务越完善的县（市），对产业、企业的吸引力就越大。结合新经济地理学理论可知，产业集聚可以直接形成规模经济、降低企业成本，并且间接发挥中间品和要素共享优势，有助于产品价格降低、人们实际收入提高和创新网络形成，进而吸引更多优质的资本和更多熟练的劳动力聚集，促进本地公共服务水平的提高和经济产出的增长，形成县域层面产业集聚、公共服务与经济增长的循环累积。

2. 财政负担对公共服务的传导效应分析

与经济增长类似，表10-3显示，财政负担对公共服务的影响也存在直接路径

"财政负担→公共服务",以及间接路径"财政负担→经济增长→公共服务",两种效应分别为 0.414 2 和 0.050 8,间接效应明显小于直接效应。在适度县级财政负担下的财政支出扩张,直接提供教育、医疗、社会保障等方面的支出或补贴,能够显著促进公共服务水平的上升。与之相对,当财政扩张通过经济增长影响公共服务时,不但受到财政支出乘数的影响,而且经济增长之后政府实现收入增加再返回到公共服务领域的路径多、时滞长,其对公共服务的影响大打折扣。

县级财政负担通过推动经济增长促进公共服务水平提高的另一解释是,经济发展水平除了决定县(市)政府的财政收入进而影响公共服务供给能力之外,还能够促进本地居民收入的提高,从而扩大人们对公共服务的需求,创造了公共服务需求缺口,对县(市)政府提高公共服务形成了较大的压力。除此之外,政府支出通过促进经济增长与优化经济发展环境,缓解公共服务的拥挤性问题,也可以实现公共服务水平提升。相对于企业的发展和居民的需求而言,公共服务不可能满足其全部的需要,甚至会出现"越供给,越短缺"的现象,通过财政负担上升和财政支出扩张,政府能在部分上缓和公共服务的拥挤性和稀缺性,抑制企业为争夺公共资源所进行的外延式扩张活动,确保公共服务质量。

由表 10-3 可得,财政负担二次项对经济增长、公共服务的直接影响和间接影响效应均显著为负,这与表 10-1 中过高财政负担对经济增长和公共服务产生不利影响的结果一致。

10.5 分类公共服务的实证分析与稳健性检验

为进一步检验财政负担对不同类型公共服务的影响,本节将总公共服务划分为基础教育、医疗卫生和社会保障三类,对原公共服务变量进行替换,在深入挖掘县级财政负担与经济增长和公共服务关系的同时,对模型估计的稳健性和实证结果的可信度进行检验。

10.5.1 分类公共服务的联立方程模型估计

在模型(10-17)的基础上,将公共服务指标(P_{it})划分为基础教育(E_{it})、医疗卫生(H_{it})和社会保障(S_{it}),分三次进行面板联立方程模型的再估计,得到估计结果见表 10-4。

表 10-4　分三类公共服务的联立方程模型估计结果

基础教育 (E_{it})					
经济增长方程		公共服务（基础教育）方程		财政负担方程	
基础教育 (E_{it})	0.004 7** (2.02)	经济增长 ($pgdp_{it}$)	−0.204 4*** (−5.41)	经济增长 ($pgdp_{it}$)	−5.381 4*** (−80.33)
财政负担 (F_{it})	0.019 3*** (10.82)	财政负担 (F_{it})	0.034 0*** (3.03)	城镇化率 (C_{it})	−2.229 1*** (−7.81)
财政负担二次项 (F_{it}^2)	−0.000 2*** (−9.29)	财政负担二次项 (F_{it}^2)	−0.000 4*** (−2.76)	公共支出 (G_{it})	8.598 4** (60.47)
经济增长滞后值 ($pgdp_{it-1}$)	1.026 9*** (225.04)	公共支出 (G_{it})	−0.552 5*** (−12.03)	人口密度 (D_{it})	−0.206 0*** (−13.11)
产业结构 ($indr_{it}$)	0.187 9*** (14.23)	人口密度 (D_{it})	0.286 6*** (83.65)	—	—
城镇化率 (C_{it})	0.044 6*** (4.66)	—	—	—	—
医疗卫生 (H_{it})					
经济增长方程		公共服务（医疗卫生）方程		财政负担方程	
医疗卫生 (H_{it})	0.008 7 (1.54)	经济增长 ($pgdp_{it}$)	0.540 5*** (18.76)	经济增长 ($pgdp_{it}$)	−5.434 6*** (−81.13)
财政负担 (F_{it})	0.019 4*** (6.87)	财政负担 (F_{it})	0.047 5*** (5.54)	城镇化率 (C_{it})	−1.534 0*** (−5.38)
财政负担二次项 (F_{it}^2)	−0.000 2*** (−5.65)	财政负担二次项 (F_{it}^2)	−0.000 5*** (−3.92)	公共支出 (G_{it})	8.570 7*** (60.28)
经济增长滞后值 ($pgdp_{it-1}$)	1.026 0*** (208.67)	公共支出 (G_{it})	−0.993 2*** (−28.34)	人口密度 (D_{it})	−0.198 9*** (−12.66)
产业结构 ($indr_{it}$)	0.184 8*** (10.46)	人口密度 (D_{it})	0.149 5*** (57.19)	—	—
城镇化率 (C_{it})	0.030 2*** (3.24)	—	—	—	—
社会保障 (S_{it})					
经济增长方程		公共服务（社会保障）方程		财政负担方程	
社会保障 (S_{it})	0.006 7** (1.76)	经济增长 ($pgdp_{it}$)	0.891 1*** (24.52)	经济增长 ($pgdp_{it}$)	−5.386 0*** (−80.46)
财政负担 (F_{it})	0.019 5*** (8.64)	财政负担 (F_{it})	0.099 2*** (9.18)	城镇化率 (C_{it})	−2.160 8*** (−7.62)
财政负担二次项 (F_{it}^2)	−0.000 2*** (−7.23)	财政负担二次项 (F_{it}^2)	−0.001 0*** (−6.30)	公共支出 (G_{it})	8.595 7*** (60.46)
经济增长滞后值 ($pgdp_{it-1}$)	1.023 8*** (267.12)	公共支出 (G_{it})	−1.158 0*** (−26.18)	人口密度 (D_{it})	−0.205 3*** (−13.07)
产业结构 ($indr_{it}$)	0.187 9*** (12.17)	人口密度 (D_{it})	0.210 2*** (63.49)	—	—

续表

	社会保障（S_{it}）		
	经济增长方程	公共服务（社会保障）方程	财政负担方程
城镇化率（C_{it}）	0.039 5*** （3.96）	—	—

和*分别代表在 0.05 和 0.01 显著性水平下显著

注：括号内为 t 值

对比表 10-1 与表 10-4 的估计结果可得，模型中各变量的系数的符号基本一致，系数估计值变化不大，且财政负担与经济增长，以及基础教育、医疗卫生和社会保障三类公共服务的关系仍为倒"U"形，这充分验证了本章中财政负担与经济增长和公共服务之间关系的稳健性。

在基础教育、医疗卫生方程中，财政负担在一定范围内的上升可以提升教育、医疗水平。以基础教育为例，自 2001 年基础教育"分级管理"改革开始，我国义务教育财政供给实现了从"乡村自给""以县为主"到"公共财政保障、县级管理为主"的转变，基础教育的主要开支（如人员经费和基建经费等）均由县级政府承担，受限于县级财政支付能力。但是，由于政府之间在纵向上是一种委托代理关系，在横向上更多地表现为竞争关系，加之教育投入具有高度的外溢效应，在县级政府财政负担大时，其缺乏加大基础教育财政支出的动机，不利于教育水平的提高。医疗卫生方面，除了受到财政能力的制约外，医疗资源分布不均使得卫生资源在城镇处于"集约化"状态，在乡村则处在"空心化"状态，而城镇医疗机构还具有一定的营利性，这也减弱了高度财政负担下县级政府提高医疗卫生水平的积极性。

在表 10-4 的社会保障方程中，财政负担变量系数的估计值为 0.099 2，财政负担二次项变量的系数估计值为 –0.001 0，均在 0.01 的显著性水平下显著。我国社会保障责任由政府、企业、个人三个主体共同承担，政府财政投入是社会保障的重要来源。随着县级政府财政负担的上升，尤其是在政府财政负担过重时，其可能通过调整企业、个人预防风险的养老支出比例减少自身的社会保障支出，对社会保障水平产生负向影响。此外，人口老龄化导致老年人养老金支取和补助的增加，在无形中加大了县级财政负担，使得人均享有的社会保障资源减少。

10.5.2 财政负担对经济增长及各类公共服务的传导分析

与表 10-3 类似，通过对变量进行标准化处理再回归后，分解得到财政负担对基础教育、医疗卫生和社会保障三类不同公共服务、经济增长之间的传导路径和影响效应（表 10-5）。

表 10-5　财政负担对经济增长和三类公共服务的传导效应

		财政负担—经济增长		
		直接效应	间接效应	总效应
基础教育	财政负担	0.150 4*** (α_2)	—	0.151 6*
	途径：基础教育	—	0.001 2* ($\alpha_1 \times \beta_2$)	
	财政负担二次项	−0.096 3*** (α_3)	—	−0.097 1*
	途径：基础教育	—	−0.000 8* ($\alpha_1 \times \beta_3$)	
		财政负担—基础教育		
		直接效应	间接效应	总效应
	财政负担	0.173 8*** (β_2)	—	0.153 6***
	途径：经济增长	—	−0.020 2*** ($\alpha_2 \times \beta_1$)	
	财政负担二次项	−0.116 8*** (β_3)	—	−0.129 7***
	途径：经济增长	—	−0.012 9* ($\alpha_3 \times \beta_1$)	
		财政负担—经济增长		
		直接效应	间接效应	总效应
医疗卫生	财政负担	0.151 1*** (α_2)	—	0.151 1***
	途径：医疗卫生	—	0.003 1 ($\alpha_1 \times \beta_2$)	
	财政负担二次项	−0.096 3*** (α_3)	—	−0.098 9***
	途径：医疗卫生	—	−0.001 6*** ($\alpha_1 \times \beta_3$)	
		财政负担—医疗卫生		
		直接效应	间接效应	总效应
	财政负担	0.329 4*** (β_2)	—	0.402 2*
	途径：经济增长		0.072 8* ($\alpha_2 \times \beta_1$)	
	财政负担二次项	−0.171 6*** (β_3)	—	−0.217 9*
	途径：经济增长	—	−0.046 4* ($\alpha_3 \times \beta_1$)	
		财政负担—经济增长		
		直接效应	间接效应	总效应
社会保障	财政负担	0.151 4*** (α_2)	—	0.156 6*
	途径：社会保障	—	0.005 2* ($\alpha_1 \times \beta_2$)	
	财政负担二次项	−0.094 7*** (α_3)	—	−0.097 3*
	途径：社会保障	—	−0.002 6* ($\alpha_1 \times \beta_3$)	
		财政负担—社会保障		
		直接效应	间接效应	总效应
	财政负担	0.565 6*** (β_2)	—	0.664 5***
	途径：经济增长	—	0.098 9*** ($\alpha_2 \times \beta_1$)	
	财政负担二次项	−0.286 1*** (β_3)	—	−0.348 0***
	途径：经济增长	—	−0.061 9* ($\alpha_3 \times \beta_1$)	

*和***分别代表在 0.1 和 0.01 著性水平下显著

注：本章主要研究财政负担对三类公共服务和经济增长的影响，故并未列出其他影响渠道的结果

基于表 10-5 中各条传导路径的结果可得，县级财政负担对基础教育、医疗卫生、社会保障三类公共服务与总公共服务影响总效应的传导方向一致，通过财政支出的扩大，教育、卫生和社保等公共服务的改进可以促进人力资本积累，产生知识的学习效应以及技术的溢出效应，发挥对经济增长的贡献；财政负担通过经济增长可以有效改善县级政府的财政状况，保障公共服务供给和社会平稳运行，分散潜在风险并减少不确定性。与此同时，财政负担二次项对经济增长和三类社会服务的负向传导效应进一步说明了适度的县级财政负担对于经济增长和公共服务的重要性。

10.6 本章小结

本章构建了包含财政负担、公共服务和经济增长的理论框架，模拟结果显示，当财政负担上升时，政府公共支出的增加能够有效地促进公共资本累积、提高公共服务水平，财政支出扩大所带来的经济促进作用，远大于财政负担上升对于经济产出的负向影响，经济实现了快速增长。随着财政负担的进一步增加，财政支出对于公共服务的边际贡献逐渐降低，且财政负担上升对经济增长的负面影响持续累积，甚至会降低经济产出水平，总体上财政负担与经济产出之间呈现出倒"U"形关系。

在理论分析基础上，本章又基于 2002~2013 年全国 1 966 个县（市）的面板数据构建了联立方程模型，实证结果表明，随着财政负担的加大，县级财政负担对经济增长、公共服务的影响由正向的促进作用转变为负向的抑制作用。在财政负担值较小时，扩张性的财政政策可以通过乘数效应发挥对县级经济增长以及公共服务的贡献。然而，在财政负担过大时，不仅政府支出的边际报酬递减，大规模的财政支出还会对私人资本产生挤出效应，抑制经济增长，制约了县级公共服务水平的提高。

经济增长和公共服务之间存在的相互影响形成了财政负担对两者影响的间接途径，即"财政负担→公共服务→经济增长"和"财政负担→经济增长→公共服务"。县级财政负担可以通过促进公共服务对经济发展产生正外部性，纠正公共服务领域的市场失灵现象，为经济发展创造有利条件。与之相对，当过高的财政负担通过经济增长影响公共服务时，不但受到财政支出乘数的影响，而且传导路径较长，易于对经济增长和公共服务产生不利的间接效应。

根据本章的研究可得，县级财政负担应控制在适度范围内，不宜过高，才能够充分发挥对经济增长和公共服务的贡献，我国县级政府在制定财政预算时需要充分考虑财政负担对经济政策效果的影响，确定合理的财政负担水平。在"保增长、惠民生"的目标下，应对现有的财权和事权进行微调，将基础教育、医疗卫生和社会保障明确为中央、省、市和县各级政府的共同职责，上级政府适当承担更多的公共支出责任。另外，还应进一步完善财政转移支付制度，并向财政负担大的县（市）适度倾斜，破解财政支出扩大与财政负担上升的累积循环，形成公共服务与经济增长之间的双向促进效应，增强经济增长与福利增进的可持续性。

第 11 章 财政补贴、要素价格扭曲与增加值形成

中国经济已经进入结构调整与转型升级的新常态时期，经济发展阶段变化的同时，经济增长质量和效益水平的提高取代大规模的生产能力扩张，成为经济增长的重要驱动因素和主要发展目标之一。工业是国民经济的关键生产部门和传统行业，在节能减排目标、能源资源消耗与劳动力成本上升等多重因素的制约下，工业企业增长质量的提升在整体经济由"速度效益型"向"质量效益型"转变过程中的作用至关重要。

政策因素在工业企业质量提升中具有支持和引导作用，其中，财政补贴是政府促进工业企业发展的主要方式。据测算，1998~2011 年，获得补贴的工业企业由 13 864 家增长到 61 755 家，获补贴企业占全部工业企业的比重由 9.67%上升至 14.24%①。财政补贴一方面能够直接降低企业生产成本或者提高企业收入，改变工业企业行为，进而提升工业企业效益；另一方面，还通过多种途径对工业企业增长产生间接影响。例如，补贴能够改变要素相对价格与要素配置结构，影响要素边际产出和技术进步方向等。

补贴对工业企业行为的直接影响一直是国内外学者关注和研究的重点，大量文献集中分析了补贴对工业企业生产的促进作用（Murphy et al., 1993；Guellec and van Pottelsberghe de la Potterie, 2003；张辉等, 2016）。补贴能够降低企业的创新成本、具有创新"激励效应"，或者补贴可以影响企业技术水平、提高产品质量并增强企业竞争力等（Lach, 2000；安同良等, 2009；陈玲和杨文辉, 2016；张洋, 2017），这些都是补贴政策作用于工业企业生产和价值增值的重要体现形式。除此之外，补贴影响企业增加值的另一渠道为改变不同部门间要素的相对价格，进而影响资源再配置、促进补贴部门的要素供给。例如，钟春平等（2013）研究发现

---

① 数据来源：作者基于中国工业企业数据库计算得到。

通过实行生产补贴，增加了被补贴部门的相对收益，有利于促进劳动供给并形成产出增长效应。

与上述观点不同，一些学者研究发现，补贴也可能对工业企业增加值产生抑制作用，如补贴金额过高，则会降低企业成本加成率，产生"越补越亏"的效果（盛丹和王永进，2012；任曙明和张静，2013）；孙小军等（2017）认为政府补贴能够增大低效率企业的存活空间，且补贴的政治关联产生了寻租成本，共同扭曲了市场竞争环境，对工业行业增加值产生不利影响。基于中间品的视角，刘海洋等（2012）的研究发现，补贴强度提高，企业购买中间产品的成本也上升，并且中间投入比重越高，扭曲行为越为严重；此外，蒋为和张龙鹏（2015）指出不同行业之间的差异化补贴可能会导致资源误置，对经济增长产生负向效应。因此，有关补贴对于工业企业增长影响的研究中还存在着一定的分歧，需要进一步检验。

在现有的研究中，对于补贴影响的测度，一般是设定计量经济模型，加入补贴变量或计算补贴组与未补贴的对照组之间的差异，分析补贴对于企业行为的直接影响，而补贴对企业的间接影响往往被忽略。例如，财政补贴可以通过改变要素相对价格与配置结构等多种途径作用于企业增长。本章可能的创新点在于，与大多数文献关注补贴对中国工业企业增加值的直接作用不同，本章侧重于研究财政补贴对增加值的间接作用，具体而言：①在理论方面，基于国内对财政补贴影响企业增加值传导路径研究不充分的现象，本章按照"财政补贴→要素价格扭曲→增加值"的新思路构建理论框架；②在实证方面，国内外文献中往往采用单一方法研究财政补贴的影响效果，本章采用倾向得分匹配与联立方程模型相结合的两步法，分析补贴导致要素价格扭曲变动的程度，再将补贴的引致效应作为工业企业增加值的影响因素，相对完整和较为准确地测算了财政补贴对工业企业增加值影响的传导路径和传导效应。

本章剩余部分的结构如下：11.1 节是补贴影响要素价格扭曲和增加值的理论框架与模拟分析；11.2 节是数据处理、指标选取与变量计算；11.3 节基于倾向得分匹配方法进行样本匹配，并测算了补贴对要素价格扭曲的影响；在此基础上，11.4 节采用联立方程模型进行了补贴对增加值间接影响的实证检验；11.5 节是本章小结。

11.1 补贴影响要素价格扭曲与增加值的理论框架

11.1.1 补贴影响要素价格扭曲与增加值的机制分析

对中国工业企业的财政补贴如果作用于企业的非生产环节，如部分抵消生产税、增加企业利润等，则补贴就会对工业企业增加值产生直接影响。例如，补贴对要素结构的直接影响体现在改变要素收入上，由于要素收入本身就是增加值的重要组成部分，这形成了补贴作用于工业企业增加值的直接传导路径。实际上，补贴一般作用于企业生产过程中，如增加固定资产折旧、加大劳动力投入等，资本与劳动要素是生产的直接投入，其也是增加值形成的重要载体。

财政补贴影响增加值的间接作用机制包括：在对工业企业实施补贴后，首先会改变要素的相对价格，使得资本和劳动要素的投入比例（即要素结构）发生变化；其次，在要素边际收益递减规律的作用下，要素的边际产出随着要素投入逐渐改变；再次，要素投入比例、要素边际产出比都是要素价格扭曲程度中的构成因素，两者都会对要素价格扭曲程度产生影响；最后，要素的价格扭曲程度作用于增加值中，改变工业企业的产出。

11.1.2 补贴影响要素价格扭曲与增加值的模型设定

为全面、充分研究补贴对企业增加值的影响效应，本章将构建包括企业、代表性家庭和政府部门的动态一般均衡模型，在整体经济框架中纳入补贴政策，考虑到财政补贴对不同特征的企业会产生不同程度的影响（张伯伟和沈得芳，2015），本章还将根据企业的要素密集度特征进行差异化的补贴效应模拟分析。

1. 企业部门

假定工业企业的生产满足不变替代弹性生产函数：

$$Y_t = \left[\alpha \left(A_{L_t} L_t \right)^{\frac{\varepsilon-1}{\varepsilon}} + (1-\alpha) \left(A_{K_t} K_t \right)^{\frac{\varepsilon-1}{\varepsilon}} \right]^{\frac{\varepsilon}{\varepsilon-1}} \quad (11\text{-}1)$$

其中，Y_t、L_t 和 K_t 分别为工业企业的产出、劳动要素投入与资本要素投入；A_{K_t}、A_{L_t} 分别为资本生产效率与劳动生产效率；α、$1-\alpha$ 分别为劳动的收入份额与资本的收入份额；ε 为资本与劳动两类要素的替代弹性，在不变替代弹性生产函数中假设替代弹性保持不变。

企业的利润函数为

$$\pi_t = (1-\tau_y)Y_t - (1-s_L)w_t L_t - (1-s_K)r_t K_t \quad (11\text{-}2)$$

其中，π_t 为生产厂商的利润；τ_y 为政府向企业征税的税率；s_L 为政府向企业提供的劳动补贴率；w_t 为劳动力的工资；s_K 为政府向企业提供的资本补贴率；r_t 为资本的利息。对资本、劳动要素投入进行财政补贴是政府对工业企业实施补贴的重要方式，可以发挥补贴的价值补偿功能，兼具价格调整与数量调控双重功能，也是本章研究补贴对工业企业增加值间接影响机制的表达形式。

企业通过选择资本、劳动力实现其利润最大化的目标，对利润最大化函数求导，得到一阶条件：

$$w_t = \frac{(1-\tau_y)\alpha\left(\frac{Y_t}{L_t}\right)^{1/\varepsilon} A_{L_t}^{\frac{\varepsilon-1}{\varepsilon}}}{1-s_L} \tag{11-3}$$

$$r_t = \frac{(1-\tau_y)(1-\alpha)\left(\frac{Y_t}{K_t}\right)^{1/\varepsilon} A_{K_t}^{\frac{\varepsilon-1}{\varepsilon}}}{1-s_K} \tag{11-4}$$

要素价格方面，在完全竞争的情形中，要素价格应该与要素的回报（要素的边际产出）相匹配。但现实情形中，存在着政府补贴、市场管制等各种因素干扰，要素价格可能会出现与要素回报不相符的情形，即产生要素价格扭曲现象。本章基于 Hsieh 和 Klenow（2009，2010）、施炳展和冼国明（2012）有关要素价格扭曲程度的计算方法，分别选取要素收益度量中的利率（r）、企业员工的平均工资（w）作为资本要素和劳动要素的回报，求得资本和劳动要素的价格扭曲程度为

$$\text{Dist}_{K_t} = \frac{\text{MPK}_t}{r}, \quad \text{Dist}_{L_t} = \frac{\text{MPL}_t}{w} \tag{11-5}$$

其中，MPK_t 和 MPL_t 分别为资本要素和劳动要素的边际产出。

在式（11-5）的基础上，进一步计算每个工业企业的总体要素价格扭曲程度如式（11-6）所示。

$$\text{Dist}_t = \left(\text{Dist}_{K_t}\right)^{1-\alpha}\left(\text{Dist}_{L_t}\right)^{\alpha} = \left(\frac{\text{MPK}_t}{r}\right)^{1-\alpha}\left(\frac{\text{MPL}_t}{w}\right)^{\alpha} \tag{11-6}$$

2. 代表性家庭

代表性家庭通过选择每期的消费和劳动力供给，实现效用最大化，其目标函数可以表示为

$$\max \sum_{t=0}^{\infty} \beta^t \left[\ln C_t + \chi \ln(1-L_t)\right] \tag{11-7}$$

其中，β 为贴现因子；C_t 为家庭的总消费；χ 为消费与闲暇的替代参数。

代表性家庭的预算约束方程如式（11-8）所示。

$$C_t + I_t \leq w_t L_t + r_t K_t \tag{11-8}$$

其中，I_t 为代表性家庭的投资。

与大多数文献一致，本章设定资本的动态积累方程为 $K_{t+1} = (1-\delta)K_t + I_t$，其

中，δ 为资本的折旧率。将代表性家庭终生效用最大化目标函数与预算约束相结合，可以构造家庭最优化问题的拉格朗日函数，如式（11-9）所示。

$$L = \sum_{t=0}^{\infty} \beta^t \left\{ \ln C_t + \chi \ln(1-L_t) + \lambda_t \left[w_t L_t + r_t K_t - C_t - K_{t+1} + (1-\delta) K_t \right] \right\} \quad (11\text{-}9)$$

其中，λ_t 为影子价格。

3. 政府部门

政府向企业提供生产补贴，政府部门的预算平衡方程如式（11-10）所示。

$$\tau_y Y_t = s_L w_t L_t + s_K r_t K_t \quad (11\text{-}10)$$

11.1.3 参数校准

在模型的参数设定中，本章主要参考了国内外相关文献中的参数取值，并结合计量经济模型的估计结果进行参数的确定。在生产参数方面，戴天仕和徐现祥（2010）、孔宪丽等（2015）对工业行业资本与劳动要素的替代弹性等参数进行了估计，认为绝大多数要素之间的替代弹性取值均小于 1，本章重新进行了替代弹性参数的校准，确定取值为 0.6，并且，为研究不同情形下补贴的差异化效应，本章将企业划分为资本密集型企业与劳动密集型企业，分别设置两类企业的生产效率为 1.5、1，资本要素的产出弹性为 0.7、0.3；在政府向企业征税的税率方面，借鉴李春吉和孟晓宏（2006）估计的一般税率值，设定税率参数取值为 0.15；其他参数的校准中，主要是参考李成等（2011）文献中的通常取值进行设定，如年度效用贴现因子方面 $\beta=0.975$，消费与闲暇的替代弹性参数 χ 为 0.2。

11.1.4 补贴影响要素价格扭曲与增加值的模拟分析

在构建的理论模型基础上，加入市场出清条件，设置价格基准，进行参数校准后，可以进行补贴对要素价格扭曲、增加值影响的模拟分析。本章以对资本要素的补贴（s_K）为例，分资本密集型企业、劳动密集型企业两种类型，研究不同情形下补贴的差异化效应[1]。

假定理论模型中生产部门劳动收入份额参数 α 为 0.3，资本收入份额参数 $1-\alpha$ 为 0.7，企业呈现出资本密集型的特征，通过使得资本补贴逐渐增加，得到模拟结果

---

[1] 实际上，理论模型中可以设置多种补贴形式和资本密集型企业、劳动密集型企业的组合，如仅对资本进行补贴、仅对劳动进行补贴、资本和劳动同时补贴，以及对资本的补贴持续上升且对劳动的补贴持续下降、对劳动的补贴持续增加且对资本的补贴减少等情形，由于篇幅限制，在能够解释补贴差异化效应的基础上，本章仅选取了具有代表性的资本补贴持续上升这一方式进行模拟，其他补贴方式的模拟结果可向作者索取。

如图 11-1~图 11-4 所示。其中，根据图 11-1 和图 11-2 可得，当对资本要素进行补贴时，相对于劳动要素，资本的价格下降，资本密集型企业会增加资本的投入并减少劳动投入，从而资本与劳动要素投入之比上升。由于边际收益递减规律的影响，资本投入的增加使得其边际产出下降，而劳动投入的减少则有利于提高其边际产出，因此，企业中资本和劳动两种要素的边际产出之比呈现了下降的特征。

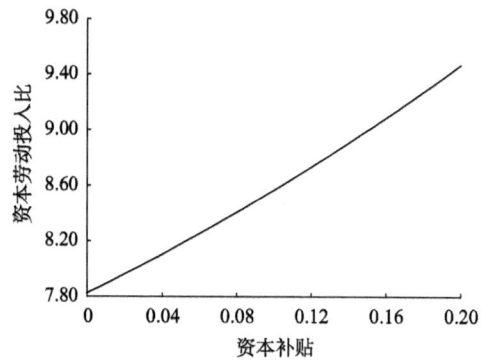

图 11-1 补贴对资本密集型企业资本劳动投入比的影响

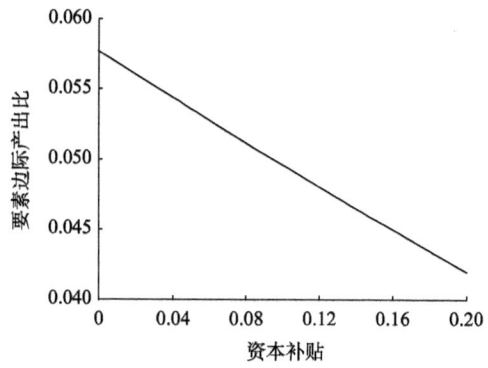

图 11-2 补贴对资本密集型企业要素边际产出比的影响

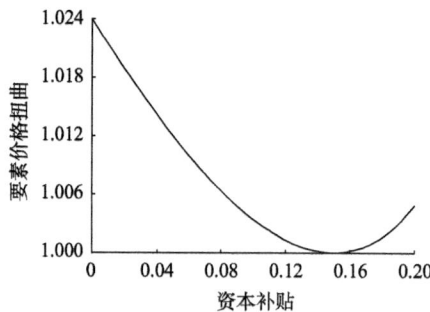

图 11-3 补贴对资本密集型企业要素价格扭曲的影响

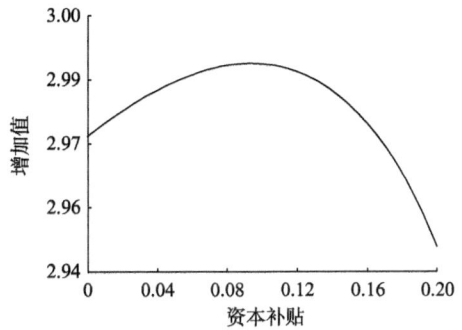

图 11-4 补贴对资本密集型企业增加值的影响

对于资本密集型企业而言,对资本要素在一定范围内的补贴可以发挥其比较优势,更大程度地促进产出增长。图 11-3 和图 11-4 显示,在对资本补贴逐渐加大的初期,不但能够持续降低要素价格扭曲程度,而且有利于促进企业增加值的上升。原因在于,资本补贴与资本密集型企业自身的生产方式或发展模式相匹配,补贴能够使得资本要素价格偏离其价值的幅度降低,企业资本的利用效率提升,资本密集的优势进一步体现,补贴对工业企业的增长发挥了积极的推动作用。

然而,图 11-4 中资本密集型企业增加值随资本补贴的变动曲线呈现非对称的倒"U"形特征,即当对资本的补贴达到或超过一定程度时,继续增大补贴会使得资本密集型企业的增加值下降,这表明对于资本密集型企业而言,过度的资本补贴显示出无效性的特征。如果资本补贴超过了适度区间,不但使得要素价格扭曲程度回升,而且导致企业生产方式与要素投入结构错配,加速了资本要素的边际收益递减,因而不利于资本密集型工业企业相对优势的发挥,在一定程度上阻碍了其增加值的提高。

为与资本密集型企业相对照,体现不同类型企业中补贴的差异化效应,本章假定理论模型中生产部门劳动收入份额参数 α 为 0.7,对应的资本收入份额参数为 0.3,企业呈现出劳动密集型的特征,增加资本补贴的模拟结果如图 11-5~图 11-8 所示。

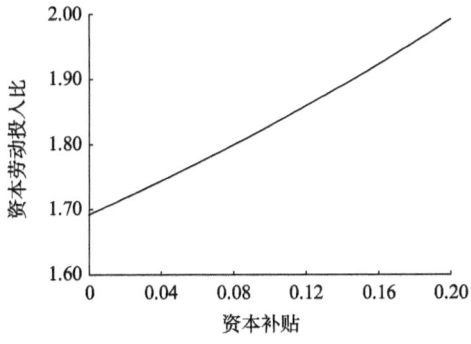

图 11-5 补贴对劳动密集型企业资本劳动投入比的影响

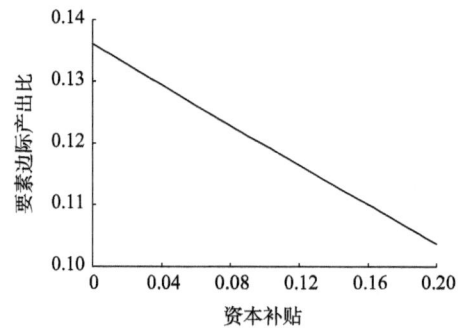

图 11-6　补贴对劳动密集型企业要素边际产出比的影响

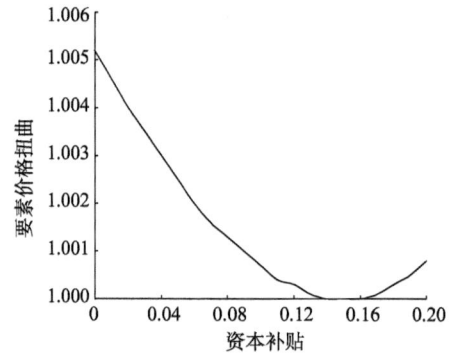

图 11-7　补贴对劳动密集型企业要素价格扭曲的影响

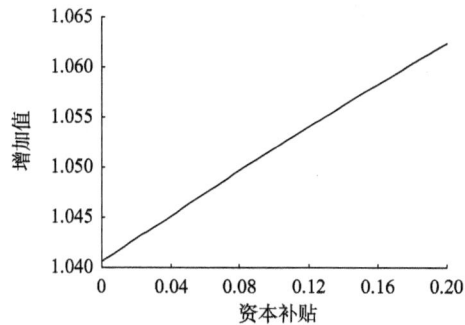

图 11-8　补贴对劳动密集型企业增加值的影响

对于劳动密集型企业中的资本增加补贴，同样会使得接受补贴的资本要素相对价格下降，未接受补贴的劳动要素其相对价格上升，资本劳动投入比上升，两类要素的边际产出之比下降。但是，对照图 11-1、图 11-2 与图 11-5、图 11-6 可得，与资本密集型企业相比，资本补贴使得劳动密集型企业中资本劳动投入比变动的幅度相对较小，即当要素补贴与其生产特征或比较优势不一致时，会减弱补贴政策在资本劳动投入比方面的作用效果。

图 11-7 中的结果表明，资本补贴能够降低劳动密集型企业中要素价格的扭曲程度，在劳动密集型企业中，资本要素是相对稀缺的，资本的价格高于其内在价值，对这一"短板"要素的补贴，能够优化要素配置结构，在部分上修正劳动密集型企业投入结构的异化特征，降低资本要素价格和总体要素价格扭曲程度，使得资本要素价格能够更为合理地反映其边际产出价值，发挥资本要素对于增加值形成的贡献，增强劳动密集型企业增长的可持续性和内在动力。图 11-8 显示，在资本补贴逐渐提高时，劳动密集型企业的增加值曲线持续上升。

11.2 数据处理、指标选取与变量计算

11.2.1 时点选择与阶段划分

对中国工业企业的发展和改革历程进行回顾可知，以 1998 年大规模的国有企业改革为开端，工业企业改革取得显著成效。1998~2003 年，规模以上工业企业利润总额持续增长，工业企业资产负债率不断降低；2003 年，我国成立国务院国有资产监督管理委员会，开始实施新的国有资产管理体制，2003~2007 年，中国工业企业效益良好，在资本保值增值方面取得了显著成效；2008 年，在国际、国内多重因素影响下中国工业企业增加值增速和工业企业利润总额增速均跌至谷底，此后至 2011 年，工业企业进入了新的发展和调整阶段。

因此，本章以 1998 年、2003 年、2007 年和 2011 年为主要年份，划分工业企业的增长阶段为稳定发展期（1998~2003 年）、快速发展期（2003~2007 年）、深度调整期（2007~2011 年）三个时期，进行主要年份的重点分析和不同时期的对比研究，一方面明显体现工业企业增加值的变动特征，另一方面在中国工业企业运行机制变化的背景下，进行补贴与要素价格扭曲以及增加值关系的对比分析，不但可以研究补贴的影响效应差异，而且能够反映补贴在工业企业增长中的作用是否呈现一般性的规律。

11.2.2 数据来源与基本处理

本章的数据来自中国工业企业数据库，该数据库的样本包括全部国有工业企业和规模以上非国有工业企业，由国家统计局收集的样本企业季报和年报汇总得到，数据库包括工业企业基本信息、生产、销售、财务、出口等丰富的样本信

息。不足之处是，该数据库中还存在着样本匹配混乱、测度误差明显等突出问题（聂辉华等，2012），忽视这些问题可能会导致样本选择偏差和研究结果偏误。因此，在进行变量选取与计算之前，需要对数据库中的样本进行简单处理。本章的处理方法如下。

为保持指标的完整性，删除了关键指标缺失的企业样本，如工业总产值、工业增加值、固定资产投资年平均余额、总资产为缺失、小于等于 0 的企业；为保证指标数据的合理性，删除了指标数据不合理或违背基本会计原则的样本，如删除增加值与销售额的比重小于等于 0、大于等于 1 的企业，删除固定资产超过总资产的企业样本；为减弱样本异质性的影响，删除了就业人数小于等于 10 的企业；为更好地进行样本的对照与数据匹配，删除了企业识别码、成立时间缺失的企业。

由于涉及不同年份之间的对比分析，本章中所采用的部分变量需要进行平减，以消除价格因素的影响。因此，本章计算了以 1991 年为基期的 GDP 平减指数和固定资产投资价格指数，分别对产出变量和资本变量进行平减[①]。

11.2.3 指标选取与指标说明

1. 增加值因变量与补贴变量

中国工业企业大多从事加工、组装、制造等传统生产活动，根据工业企业发展的方向和结构调整的要求，工业企业增加值受到越来越多的重视。增加值是工业企业绩效的重要体现，是衡量一个工业企业盈利能力、发展水平的综合指标，增加值的高低直接决定着工业企业的效益水平与发展潜力。并且，增加值占总产出的比例是工业企业内部结构的重要体现，增加值率高的企业，内部结构较为优化，投入产出的效果较好（沈利生和王恒，2006；钞小静和任保平，2011）。因此，本章选取中国工业企业增加值作为研究对象。补贴变量方面，参照任曙明和张静（2013）的研究方法，本章将工业企业获得的补贴额取对数，作为财政补贴变量加入模型中。这样处理的原因还在于，补贴的其他指标较少，且补贴主要来自政府部门，因此可将其等价于财政补贴。

2. 补贴的配对变量

在补贴配对变量的选取方面，本章分要素投入、技术水平和企业特征三个方

[①] 由于篇幅限制，本章中并没有给出 GDP 平减指数及固定资产投资价格指数的计算方法和详细过程，如有需要，可向作者索取。

面进行选取。

内部的要素投入因素中,基于刘海洋等(2012)、邵敏和包群(2012)的方法,本章选取资本密集度、资产流动性两个指标。一方面,在工业企业的生产过程中,资本、劳动是两类重要的内部投入要素,将资本变量与劳动变量求比值得到的资本密集度可以综合代表工业企业要素的丰裕程度;另一方面,资产流动性是工业企业内部资本利用程度、资本管理效率的重要方面,与资本要素投入相结合,能够充分反映工业企业内部要素的使用情况。

企业的技术水平方面,国内外文献中有多种全要素生产率的测算方法,如数据包络分析、随机前沿模型,以及 OP 和 LP 方法等。根据这些测算方法得到的结果存在较大差异,并且缺乏统一的检验标准(Bernini and Pellegrini,2011)。为简化起见和保证估计结果的稳健性,本章采用工业企业的劳动生产率作为技术水平的代表变量。

企业规模是工业企业的重要特征,不同规模的企业,其技术水平、管理成本存在较大差异,并且不同规模企业的规模经济性、边际报酬等各个方面也不相同,因此,规模变量往往作为企业特征的标识加入计量经济模型中(任曙明和张静,2013)。

3. 补贴的影响变量

如本章理论模型中所示,在存在补贴的情形中,补贴改变了要素的相对价格和投入比例,进而可能会使得要素配置的结构和价格扭曲程度发生变化。因此,测度补贴对要素价格扭曲程度的影响,可以检验财政补贴对增加值的间接影响。

11.2.4 价格平减与变量测算

在进行变量测算时,采用的产出变量有工业企业增加值(VA_{it});采用固定资产净值年平均余额代表资本变量(K_{it}),资产相关变量还有流动资产(CA_{it})、流动负债(CD_{it})、总资产(TA_{it});采用企业从业人员年平均人数作为劳动变量(L_{it})。

数据平减时,选取 GDP 平减指数对工业企业增加值进行平减,得到实际增加值变量;选取固定资产投资价格指数对固定资产净值年平均余额、流动资产、流动负债和总资产进行平减,得到平减后的各资本变量;劳动变量企业从业人员年平均人数不平减。

在此基础上,对本章中使用的各变量进行计算,计算方法如表 11-1 所示。

表 11-1 补贴对中国工业企业增加值影响的变量测算

变量类别	变量名称	指标选取	符号	变量测算方法与公式
因变量	增加值	工业企业增加值	VA_{it}	平减后的工业企业增加值变量
补贴变量	补贴额	补贴额	Sub_{it}	工业企业补贴额取对数
补贴配对变量	要素投入	资本密集度	CI_{it}	平减后的资本变量/劳动变量 $CI_{it} = K_{it}/L_{it}$
补贴配对变量	要素投入	资产流动性	CL_{it}	[（流动资产−流动负债）/总资产]×100% $CL_{it} = [(CA_{it} - CD_{it})/TA_{it}] \times 100\%$
补贴配对变量	技术水平	劳动生产率	T_{it}	实际工业企业增加值/劳动变量 $T_{it} = VA_{it}/L_{it}$
补贴配对变量	企业规模	规模变量	M_t	企业从业人员年平均人数取对数 $M_{it} = \ln(L_{it})$
补贴影响变量	要素扭曲	要素价格扭曲程度变动	$DDist_{it}$	补贴后减补贴前要素价格扭曲程度 $DDist_{it} = Dist_{it}^s - Dist_{it}$

11.2.5 补贴的描述性统计

本章对基本处理后的样本数据进行了简单的描述性统计，如表 11-2 所示。

表 11-2 中国工业企业补贴变量的描述性统计

年份	样本数/个	补贴变量			
		补贴企业数/个	补贴比例	补贴均值/万元	补贴标准差/万元
1998	143 375	13 864	9.670%	178.438	916.326
2003	183 949	24 244	13.180%	183.572	1 542.149
2007	324 490	39 562	12.192%	204.724	1 534.631
2011	433 571	61 755	14.243%	125.515	1 023.842

表 11-2 中的描述性统计结果显示，随着工业企业数量的增长，获得补贴的企业数及其占全部工业企业数的比重均持续快速上升，1998~2011 年，获得补贴的工业企业数增长了 47 891 家，获补贴企业占全部工业企业数的比重上升了 4.573 个百分点。补贴的均值与标准差方面，1998~2007 年，企业获得补贴的均值由 178.438 万元增长至 204.724 万元，标准差由 916.326 万元增大至 1 534.631 万元，均呈现上升趋势；但在 2011 年，相对于 2007 年，工业企业补贴额的均值和标准差均有所下降，分别减小至 125.515 万元和 1 023.842 万元。2008 年国际金融危机之后，财政收入增速的回落减少了补贴的来源，并且企业经济效益的下滑使得需要补贴的企业数量增多，补贴的"均等化"现象显现。

11.3 补贴对要素价格扭曲影响的测算

11.3.1 倾向得分匹配方法

在研究补贴对中国工业企业技术进步偏向、要素价格扭曲的影响时,首先需要进行样本分组,即确定处理组(补贴组)、控制组(未补贴组)。倾向得分匹配方法基于反事实分析的视角,通过计算倾向得分进行样本匹配,不但能够选择出一些与处理组特征十分近似且未受政策影响的样本组成控制组,实现处理组与控制组的合理划分,而且可以有效控制其他因素以及企业异质性的影响,避免非补贴因素对于补贴效果研究的干扰,是进行补贴政策效果评价的合理方法。

补贴对工业企业要素市场能够产生一定程度的扭曲效应。一般而言,补贴对要素价格扭曲或者技术偏向程度的影响可以表示为

$$\delta_{it} = E\left(y_{it}^1 - y_{it}^0 \mid s_{it}=1\right) = E\left(y_{it}^1 \mid s_{it}=1\right) - E\left(y_{it}^0 \mid s_{it}=1\right) \quad (11\text{-}11)$$

其中,i 为企业;t 为年份;s 为企业是否接受补贴,接受补贴为 1,不接受补贴为 0;扭曲效应变量 y 为要素价格扭曲程度(Dist)。

根据式(11-11)可得,$E\left(y_{it}^1 \mid s_{it}=1\right)$ 表示接受补贴的企业在接受补贴后的扭曲效应,$E\left(y_{it}^0 \mid s_{it}=1\right)$ 表示接受补贴的企业如果没有接受补贴的扭曲效应。由于 $E\left(y_{it}^0 \mid s_{it}=1\right)$ 是不可观测的,对该效应测度的关键在于寻找 $E\left(y_{it}^0 \mid s_{it}=1\right)$ 的无偏估计量。

在国内外文献中,通常是用未补贴企业的扭曲程度 $E\left(y_{it}^0 \mid s_{it}=0\right)$ 代替 $E\left(y_{it}^0 \mid s_{it}=1\right)$,如式(11-12)所示。

$$\delta_{it} = \left[E\left(y_{it}^1 \mid s_{it}=1\right) - E\left(y_{it}^0 \mid s_{it}=0\right)\right] - \left[E\left(y_{it}^0 \mid s_{it}=1\right) - E\left(y_{it}^0 \mid s_{it}=0\right)\right] \quad (11\text{-}12)$$

其中,如果后半部分 $\left[E\left(y_{it}^0 \mid s_{it}=1\right) - E\left(y_{it}^0 \mid s_{it}=0\right)\right]$ 为 0,即 $E\left(y_{it}^0 \mid s_{it}=1\right) = E\left(y_{it}^0 \mid s_{it}=0\right)$,则可以用前半部分 $\left[E\left(y_{it}^1 \mid s_{it}=1\right) - E\left(y_{it}^0 \mid s_{it}=0\right)\right]$ 来估计补贴的影响。

一般情形下,$E\left(y_{it}^0 \mid s_{it}=1\right) > E\left(y_{it}^0 \mid s_{it}=0\right)$。可以证明,存在向量 X,使得式(11-13)近似成立:

$$E\left(y_{it}^0 \mid s_{it}=1, X\right) = E\left(y_{it}^0 \mid s_{it}=0, X\right) \quad (11\text{-}13)$$

其中,$X = (x_{1t}, x_{2t}, \cdots, x_{it})$。式(11-13)表明,在控制了 X 时补贴企业和未补贴企

业的扭曲程度相等，企业是否接受补贴与扭曲程度无关。

倾向得分匹配方法就是使得补贴企业与非补贴企业的变量 X 尽量相同。基于 Rosenbaum 和 Rubin（1983）、Heckman 等（1999）、Dehejia 和 Wahba（2002）的倾向得分匹配思路，将 X 内的多个变量用倾向分值一个指标替代，根据分值的高低对样本进行配对，其基本算法是首先用 Probit 模型计算企业是否接受补贴的概率分值，即估计模型：

$$p_{it} = \text{Probility}(s_{it}=1|X) = \Phi(X) \tag{11-14}$$

在计算得出每个企业是否接受补贴的倾向分值后，再进行配对，可以采用一对一或者一对多的配对方法，计算每个企业的处理效应：

$$\delta_{it} = y_{it} - \sum_{j \in (s_{jt}=0)} W(p_i, p_j) y_{jt} \tag{11-15}$$

其中，i 为接受补贴的企业；j 为（未接受补贴中）配对的企业；p_i 为接受补贴企业的预测概率值；p_j 为配对企业的预测概率值；$W(p_i, p_j)$ 为用企业 j 作为企业 i 的替代（配对）时，对企业 j 赋予的权重，一般采用 Kernel 匹配的形式。

11.3.2 样本配对

基于补贴的配对变量，本章首先计算每一个工业企业接受补贴的倾向得分，并根据该得分，采用"一对五"的最近邻配对方法，对接受补贴的工业企业与未接受补贴的工业企业进行匹配。在此基础上，采用非参数的核密度方法，对接受补贴工业企业、配对前的未接受补贴工业企业、配对后的未接受补贴工业企业的倾向得分分布进行近似，如图 11-9~图 11-12 所示。

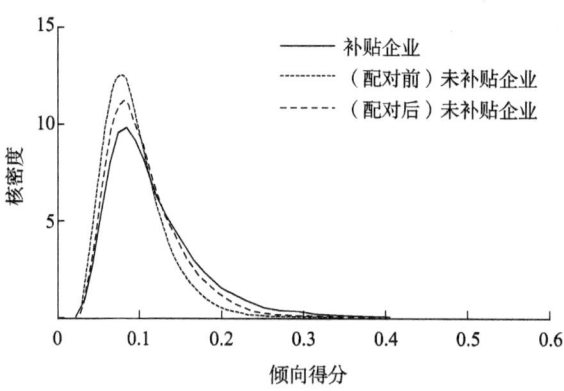

图 11-9　倾向得分匹配核密度图（1998 年）

第 11 章 财政补贴、要素价格扭曲与增加值形成 ·221·

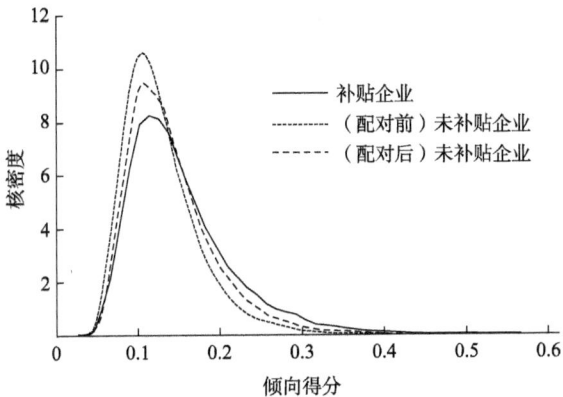

图 11-10 倾向得分匹配核密度图（2003 年）

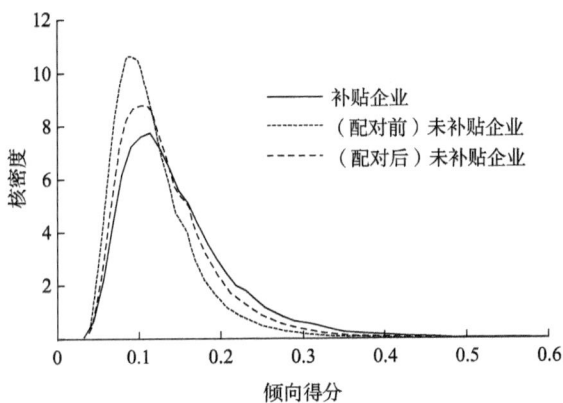

图 11-11 倾向得分匹配核密度图（2007 年）

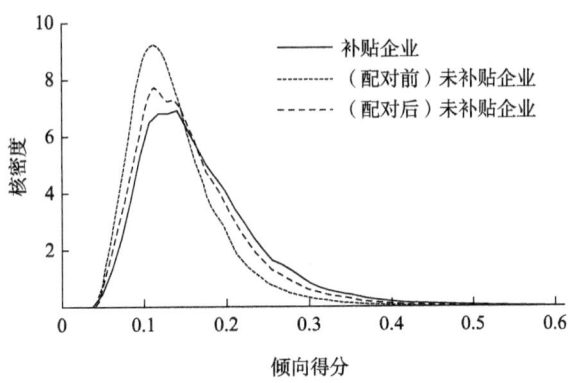

图 11-12 倾向得分匹配核密度图（2011 年）

对比图 11-9~图 11-12 中 1998 年、2003 年、2007 年和 2011 年接受补贴工业企业、配对前的未接受补贴工业企业、配对后的未接受补贴工业企业的倾向得分分布可得，接受补贴工业企业的倾向得分分布偏右，平均倾向得分明显高于未接受补贴工业企业，其中，配对后的未补贴企业平均倾向得分又高于配对前的未补贴企业。此外，与未补贴企业的倾向得分分布函数相比，补贴企业的倾向得分分布函数较为平缓，具有明显的"厚尾"特征。在配对后，未补贴工业企业的倾向得分分布曲线均出现了下移和右移现象，与接受补贴工业企业的倾向得分分布曲线更为接近。

综合图 11-9~图 11-12 的结果可得，1998~2011 年，倾向得分匹配明显修正了补贴组企业与未补贴组企业之间的偏差，验证了样本配对的良好效果，即配对后的未补贴企业与接受补贴企业特征更为近似，与接受补贴企业特征差异较大的未补贴企业样本被剔除。

11.3.3 补贴对要素价格扭曲的作用分析

基于倾向得分匹配方法中的式（11-15），可以得到补贴对要素价格扭曲程度（$Dist_{it}$）影响（$DDist_{it}$）的估算方法，如式（11-16）所示。

$$DDist_{it} = Dist_{it}^s - \sum_{j \in (s_{jt}=0)} W(p_i, p_j) Dist_{jt} \qquad (11\text{-}16)$$

在式（11-16）的基础上，计算各年份中处理组、控制组企业要素价格扭曲程度均值以及均值之差，得到补贴对要素价格扭曲程度影响的平均处理效应结果，具体见表 11-3。

表 11-3　补贴对要素价格扭曲程度影响的平均处理效应

年份	分组	要素价格扭曲程度均值		差异（DDist）	标准差	t 值
		处理组	控制组			
1998	配对前	0.653 4	0.818 7	-0.165 3	0.041 6	-3.98
	配对后	0.653 4	0.815 4	-0.162 0	0.041 3	-3.93
2003	配对前	1.068 5	1.467 7	-0.399 2	0.039 7	-10.05
	配对后	1.068 5	1.470 6	-0.402 1	0.059 1	-6.80
2007	配对前	1.464 5	1.729 8	-0.265 3	0.009 3	-28.55
	配对后	1.464 5	1.595 5	-0.131 0	0.011 3	-11.64
2011	配对前	7.801 9	8.686 9	-0.885 0	0.026 5	-33.37
	配对后	7.801 9	8.419 7	-0.617 8	0.036 2	-17.06

根据表 11-3 进行 1998 年、2003 年、2007 年和 2011 年同一年份内处理组与控制组企业要素价格扭曲程度的横向对比可得，经过配对后，处理组（接受补贴工

业企业)平均要素价格扭曲程度明显小于控制组(未接受补贴的工业企业)要素价格扭曲程度均值,差异(DDist)均为负值且 t 值较大,说明补贴对要素价格扭曲程度存在一定影响,补贴与要素价格偏离其内在价值的方向相反,减弱了工业企业要素价格的扭曲程度。更为重要的是,与未获得补贴的企业相比,获得补贴的工业企业中要素边际产出与要素成本相匹配,要素投入得到相应的合理回报,资本要素与劳动要素的收入份额恰当,既能够为要素的自由流动提供必要条件的同时,也能够促使要素投入达到均衡水平,对于激发中国工业企业增长的内生动力具有积极的促进作用。

将处理组、控制组要素价格扭曲程度分别进行不同年份间的纵向对比可得,两组企业要素价格扭曲程度均呈现逐渐增大趋势,特别是在2011年,处理组与控制组要素价格扭曲程度均值分别为 7.801 9 和 8.419 7,两类企业间要素价格扭曲程度均值差异也增大为–0.617 8。这表明:①1998~2011 年要素价格扭曲程度的增强,是中国工业化进程推进过程中,特别是进入经济结构深度调整的时期,工业企业发展过程中结构性矛盾的集中反映;②2011 年要素价格的高度扭曲现象,是2008 年金融危机时期大规模经济刺激政策的结果,也是中国利率市场化不完全、劳动力市场化程度不充分的体现;③表 11-3 中的估计结果说明,以要素价格扭曲为特征的"资本密集型"或"劳动密集型"中国工业企业增长特征仍然较为突出,要素驱动工业企业增长的基本模式没有改变;④由于补贴在工业企业成本或收益中所占的比例很低,在工业企业要素价格扭曲程度较高时,补贴对要素价格扭曲的改善效果十分有限。因此,依靠中国工业企业自身的结构转型与要素配置优化,是其增加值提高的主要途径。

11.4 补贴对企业增加值形成影响的实证检验

11.4.1 联立方程模型的估计结果

如前所述,在计算得到补贴对企业要素价格扭曲程度的影响 $DDist_{it}$ 后,再将其作为重要解释变量,加入接受补贴的工业企业增加值(VA_{it})方程中。为了研究"补贴→要素价格扭曲→工业企业增加值"的间接效应,本部分将充分利用联立方程模型的优势,相对准确地分析补贴对工业企业增加值影响路径及其特征。基于上述思路,结合表 11-1 中的变量,本章构建联立方程模型(11-17)。

$$\begin{cases} VA_{it} = \rho_{0t} + \rho_{1t}DDist_{it} + \rho_{2t}CI_{it} + \rho_{3t}CL_{it} + \rho_{4t}T_{it} + \rho_{5t}M_{it} + \mu_{it} \\ DDist_{it} = \theta_{0t} + \theta_{1t}Sub_{it} + \theta_{2t}Dist_{it} + v_{it} \end{cases} \quad (11-17)$$

其中，i 代表接受补贴的工业企业；t =1998 年、2003 年、2007 年和 2011 年；VA 和 DDist 为内生变量，其余变量为外生变量；第一个方程称为工业企业增加值方程，第二个方程称为要素价格扭曲程度变动方程。

采用 2SLS 估计方法，按四年分别对模型（11-17）进行估计，得到表 11-4。

表 11-4 联立方程模型的 2SLS 估计结果

	变量	1998 年	2003 年	2007 年	2011 年
工业企业增加值（VA）方程	要素价格扭曲程度变动（DDist）	−0.006 （−1.44）	0.087*** （19.00）	0.290*** （81.81）	0.018*** （34.12）
	资本密集度（CI）	−0.001*** （−9.98）	−0.001*** （−59.05）	−0.001*** （−36.67）	−0.001*** （−59.80）
	资产流动性（CL）	0.835*** （29.76）	0.465*** （19.86）	0.336*** （21.36）	0.163*** （40.29）
	劳动生产率（T）	0.017*** （68.93）	0.007*** （66.78）	0.001*** （44.74）	0.013*** （148.78）
	规模变量（M）	0.913*** （150.95）	0.945*** （160.40）	0.945*** （237.32）	0.925*** （308.06）
	R^2	0.663	0.439	0.615	0.648
要素价格扭曲程度变动（DDist）方程	补贴额（Sub）	−0.001 （−0.07）	0.058** （2.14）	0.038*** （9.92）	0.082*** （7.47）
	要素价格扭曲程度（Dist）	0.999*** （49.81）	1.008*** （28.59）	0.967*** （188.16）	0.989*** （303.22）
	R^2	0.152	0.033	0.480	0.599

和*分别代表在 0.05 和 0.01 显著性水平下显著

注：括号内为 t 值

11.4.2 补贴对工业企业增加值的间接影响分析

根据表 11-4 中的估计结果可得，1998 年补贴额（Sub）对要素价格扭曲程度变动（DDist）、要素价格扭曲程度变动（DDist）对工业企业增加值（VA）的影响均不显著。补贴未能够通过减弱要素价格扭曲程度对工业企业增加值提高发挥积极作用，这主要是要素价格扭曲程度过高导致的。1998 年是国有企业改革的关键时期，大量工业企业陷入经营困境，补贴的对象大多是亏损企业，补贴也主要投入在维持企业继续经营的相关方面，如解困扭亏、职工欠薪发放、成本补贴等。要素相对价格中的制度性扭曲程度很强，补贴对要素价格高度扭曲状况的影响程度微弱，没有对工业企业增加值产生明显的传导效应。

要素价格扭曲方面，表 11-4 显示，2003 年、2007 年和 2011 年，补贴对要素价格扭曲程度变动的影响系数、要素价格扭曲程度变动对工业企业增加值的影响系数均显著为正，对工业企业的补贴有效提升了企业的增加值。作为一种额外的

"收入"，补贴对工业企业的要素结构和经营绩效都产生了积极的改善作用。同时，该结果也验证了理论模型中"补贴→要素价格扭曲→工业企业增加值"间接传导效应的存在性。在上述时期，中国工业产品价格基本实现了市场化，而利率管制、劳动力市场分割等因素导致资本和劳动要素的价格相对稳定，在工业生产的需求与供给两端形成了明显的价格"双轨制"，要素市场中的价格刚性不利于要素的有效供给。对工业企业的补贴，能够修正要素价格的扭曲程度，既改善要素收入分配结构，又优化要素的投入结构，在使要素投入获得合理回报的同时，促使要素的外在价格与其内在价值相匹配，发挥要素的生产潜力，推动了中国工业企业的生产效率提升，顺利实现了生产过程价值增值。

11.4.3 工业企业其他特征对增加值影响的实证分析

要素投入特征变量中，由表 11-4 可得，资本密集度（CI）对工业企业增加值的影响系数显著为负。结合中国工业企业的行业分布特征可得，资本密集度高的工业企业大多位于资本密集型产业，如机械制造、冶金、石油等重化工业和重加工业，一方面，上述工业企业在生产过程中所需的资本投入和技术装备较多，中间投入过高，价值增值较少；另一方面，这些企业处于价值链的中低端，主要从事加工、组装、制造等低附加值活动，资本集聚与价值链低端锁定对价值增值产生了负向作用。避免"过度资本化"，提升资本质量是资本密集型企业发展的关键。

与资本密集度不同，要素投入特征的另一重要方面，资产流动性对工业企业增加值提升具有显著的促进作用。表 11-4 显示，资产流动性变量（CL）对工业企业增加值的影响系数十分显著，且 1998 年的系数最大（0.835），2011 年系数最小（0.163）。资产流动性较高的工业企业，有助于促进资本的更新换代，资本的利用效率较高，高效资本可以推动工业企业的增加值不断提高。此外，资产流动性较高在一定程度上表明资产周转速度较快，因而能够促使工业企业资本加速折旧并促进增加值形成。随着中国工业企业的发展，资产流动速度加快，其在企业增长中的贡献逐渐降低。

劳动生产率是工业企业技术水平的代表变量，表 11-4 中的估计结果显示，1998 年、2003 年、2007 年和 2011 年四个年份中工业企业增加值模型中劳动生产率变量（T）的估计系数均为正，且高度显著，影响系数位于 0.001 至 0.017 之间。生产方面，工业企业的劳动生产率越高，相同数量劳动力要素投入产出的增加值就越多，劳动力要素投入的效果越好，对于增加值的提高也具有积极影响；收入方面，劳动生产率高，劳动力要素获得的回报也相应增加，而劳动者报酬是增加值的重要组成部分，因此，劳动生产率提高可以促进工业企业增加值提升。

企业规模对于工业企业增加值也有显著影响，表 11-4 中，各年份中规模变量

（M）对工业企业增加值的影响均显著为正，影响程度维持在 0.913 至 0.945 范围内，波动不大，表明中国工业企业的规模效应特征十分明显且较为稳定。具有规模优势的工业企业，可以抵御内外部冲击，减少生产和经营风险，更为重要的是其单位平均成本较低，能够产生一定的规模经济效应。此外，规模化的工业企业一般具有市场势力，能够获取经济利润或超额利润等。

11.4.4 联立方程估计的其他结果

为体现联立方程模型估计的完整性，本章给出了四个年度 2SLS 回归中第一阶段的估计结果，如表 11-5 所示。

表 11-5 联立方程模型的 2SLS 回归中第一阶段估计结果

内生变量	1998 年		2003 年		2007 年		2011	
	增加值（VA）	要素价格扭曲程度变动（DDist）	增加值（VA）	要素价格扭曲程度变动（DDist）	增加值（VA）	要素价格扭曲程度变动（DDist）	增加值（VA）	要素价格扭曲程度变动（DDist）
资本密集度（CI）	-0.001*** (-10.87)	0.001 (1.38)	-0.001*** (-78.64)	-0.001 (-0.32)	-0.001*** (-39.87)	0.002*** (2.67)	-0.001*** (-59.32)	-0.003*** (-3.29)
资产流动性（CL）	0.805*** (28.81)	0.205 (1.63)	0.449*** (26.26)	-0.002 (-0.01)	0.293*** (21.54)	-0.052** (-2.01)	0.130*** (32.99)	0.039 (1.53)
劳动生产率（T）	0.016*** (67.17)	-0.002 (-1.46)	0.007*** (88.71)	0.003 (0.37)	0.001*** (47.69)	-0.002*** (-3.84)	0.012*** (142.51)	0.003*** (4.88)
规模变量（M）	0.864*** (126.55)	0.036 (1.17)	0.901*** (196.60)	0.058 (1.19)	0.954*** (256.42)	0.220*** (31.22)	0.866*** (285.64)	0.294*** (15.06)
补贴额（Sub）	0.070*** (15.07)	-0.014 (-0.66)	0.089*** (32.28)	0.046 (1.58)	0.085*** (40.02)	-0.006 (-1.51)	0.124*** (68.41)	0.023** (1.99)
要素价格扭曲程度（Dist）	-0.003 (-0.72)	1.001*** (49.86)	0.078*** (23.01)	1.010*** (28.09)	0.275*** (87.77)	1.014*** (171.01)	0.017*** (33.22)	0.989*** (301.88)
R^2	0.669	0.153	0.701	0.033	0.712	0.494	0.675	0.600

和*分别代表在 0.05 和 0.01 显著性水平下显著
注：括号内为 t 值

表 11-5 显示，采用 2SLS 方法的第一阶段估计结果中，除了 1998 年和 2003 年要素价格扭曲程度变动（DDist）方程的拟合优度、各变量的显著性较低之外，其他估计结果的拟合优度和显著性程度均较高，在部分上反映了 2SLS 估计结果的合理性。

11.4.5 稳健性检验

本章通过变换估计方法进行了模型的稳健性检验，检验结果如表 11-6 所示。

表 11-6 稳健性检验估计结果

变量		1998 年		2003 年		2007 年		2011 年	
		OLS	3SLS	OLS	3SLS	OLS	3SLS	OLS	3SLS
工业企业增加值（VA）方程	要素价格扭曲程度变动（DDist）	-0.003* (-1.87)	-0.006 (-1.44)	0.003*** (5.57)	0.087*** (19.13)	0.126*** (58.06)	0.299*** (87.13)	0.012*** (29.01)	0.018*** (34.11)
	资本密集度（CI）	-0.001*** (-9.97)	-0.001*** (-10.00)	-0.001*** (-84.07)	-0.001*** (-78.57)	-0.003*** (-65.32)	-0.002*** (-40.00)	-0.001*** (-60.74)	-0.001*** (-60.40)
	资产流动性（CL）	0.835*** (29.76)	0.835*** (29.74)	0.459*** (25.99)	0.458*** (26.30)	0.342*** (23.29)	0.313*** (22.59)	0.159*** (39.44)	0.164*** (40.51)
	劳动生产率（T）	0.017*** (68.94)	0.017*** (68.98)	0.007*** (95.08)	0.007*** (88.74)	0.002*** (76.30)	0.001*** (48.36)	0.013*** (150.36)	0.013*** (149.86)
	规模变量（M）	0.913*** (150.98)	0.913*** (150.98)	0.945*** (212.89)	0.929*** (206.30)	0.953*** (256.17)	0.988*** (276.73)	0.927*** (309.33)	0.929*** (310.78)
	R^2	0.66	0.66	0.68	0.44	0.66	0.61	0.65	0.65
要素价格扭曲程度变动（DDist）方程	补贴额（Sub）	-0.001 (-0.07)	-0.005 (-0.28)	0.059** (2.14)	0.463*** (22.00)	0.038*** (9.92)	0.090*** (26.48)	0.082*** (7.47)	0.149*** (13.70)
	要素价格扭曲程度（Dist）	0.999*** (49.81)	0.999*** (49.80)	1.008*** (28.59)	0.963*** (27.36)	0.967*** (188.16)	0.959*** (186.80)	0.989*** (303.22)	0.988*** (303.05)
	R^2	0.15	0.15	0.03	0.02	0.48	0.48	0.60	0.60

*、**和***分别代表在 0.1、0.05 和 0.01 显著性水平下显著
注：括号内为 t 值

本章分别采用 OLS 和 3SLS 对联立方程模型（11-17）进行估计，结果列于表 11-6。对比表 11-4 和表 11-6 可得，三种估计方法得到的系数估计值结果较为接近，系数显著性高度一致，进一步说明了估计方法的合理性和估计结果的准确性。

11.5 本章小结

本章从补贴影响要素价格扭曲程度，进而影响工业企业增加值的视角，采用倾向得分匹配和联立方程模型估计两步法，深入分析了补贴对中国工业企业增加值的影响机制与传导路径，得到主要结论如下。

理论模拟和实证分析结果显示，补贴降低了企业要素价格的扭曲程度，获得补贴的工业企业中要素边际产出与要素成本相匹配，要素投入得到相应的合理回报，推动了企业增加值的增长。其中，1998 年，工业企业要素价格的制度性扭曲程度过高，补贴未能够通过减弱要素价格扭曲程度对工业企业增加值提高发挥积极作用。2003 年、2007 年和 2011 年，补贴能够改善中国工业企业的要素收入分配结构并提高要素投入质量，使得补贴引起的要素价格扭曲程度变动对工业企业

增加值提升的影响显著为正，"补贴→要素价格扭曲→工业企业增加值"间接传导效应得以验证。

除了补贴以外，工业企业增加值的提高还与企业的其他特征紧密相关，其中，提高工业企业的劳动生产率，增大技术水平在工业企业产品生产中的贡献度，对于工业企业增长模式由"要素驱动"向"创新驱动"转变具有重要意义。技术水平的增长，还能够打破传统工业企业的价值链"低端锁定"状态，促进工业企业生产行为向价值链高端跃升，最终提高工业企业增加值。

在实施补贴政策时，对于不同类型的工业企业，应具体分资本密集型和劳动密集型两种类型予以差异化的补贴。例如，资本密集型企业中，继续加大资本补贴能够发挥其比较优势，但过度资本补贴则会导致要素价格扭曲程度加深和要素错配现象出现，应采取适度的资本补贴措施，如财政贴息等方式，重点提升资本质量。与之相对，对于资本匮乏的劳动密集型企业而言，持续加大资本补贴能够解决资本要素成本过高导致的投入不足现象，推进资本数量积累形成规模经济效应，增强劳动密集型企业的竞争优势。

在本章的基础上，除了要素价格扭曲之外，还可以从要素配置结构的其他方面进行有关补贴对中国工业企业增加值影响的研究，如要素禀赋结构与技术进步适宜性等角度。此外，在研究补贴对工业企业增加值的影响时，可以按照要素结构特征将工业企业进行分组，或者采用结构变化的门限回归模型、平滑转换模型等，研究补贴对于不同类型工业企业增加值的差异化影响及其变动趋势。

参 考 文 献

安同良,周绍东,皮建才. 2009. R&D 补贴对中国企业自主创新的激励效应. 经济研究,44(10):87-98,120.

蔡昉. 2010. 人口转变、人口红利与刘易斯转折点. 经济研究,45(4):4-13.

蔡昉. 2011. 中国的人口红利还能持续多久. 经济学动态,(6):3-7.

蔡昉. 2013. 中国人口与劳动问题报告 No.14:从人口红利到制度红利. 北京:社会科学文献出版社.

曹春方,马连福,沈小秀. 2014. 财政压力、晋升压力、官员任期与地方国企的过度投资. 经济学(季刊),13(4):1415-1436.

钞小静,任保平. 2011. 中国经济增长质量的时序变化与地区差异分析. 经济研究,46(4):26-40.

车士义,陈卫,郭琳. 2011. 中国经济增长中的人口红利. 人口与经济,(3):16-23,77.

陈磊. 2014-10-23. 我国研发经费投入强度首破 2%. 科技日报,(1 版).

陈磊,张同斌. 2012. 我国通胀率与核心通胀率动态机制实证研究. 数量经济技术经济研究,29(12):97-111.

陈玲,杨文辉. 2016. 政府研发补贴会促进企业创新吗:来自中国上市公司的实证研究. 科学学研究,34(3):433-442.

陈彦斌. 2008. 中国新凯恩斯菲利普斯曲线研究. 经济研究,43(12):50-64.

陈艳莹,鲍宗客. 2013. 行业效应还是企业效应:中国生产性服务企业利润率差异来源分解. 管理世界,(10):81-94.

戴天仕,徐现祥. 2010. 中国的技术进步方向. 世界经济,33(11):54-70.

董文泉,高铁梅,姜诗章,等. 1998. 经济周期波动的分析与预测方法. 长春:吉林大学出版社.

董直庆,戴杰,陈锐. 2013. 技术进步方向及其劳动收入分配效应检验. 上海财经大学学报(哲学社会科学版),15(5):65-72.

樊纲,王小鲁,马光荣. 2011. 中国市场化进程对经济增长的贡献. 经济研究,46(9):4-16.

樊纲,王小鲁,张立文,等. 2003. 中国各地区市场化相对进程报告. 经济研究,(3):

9-18, 89.

樊明成. 2008. 我国公共教育经费投入指标的回顾与前瞻：基于政府财政能力的分析. 清华大学教育研究, 29 (6): 62-67.

范从来. 2000. 菲利普斯曲线与我国现阶段的货币政策目标. 管理世界, (6): 122-129.

方军雄. 2006. 市场化进程与资本配置效率的改善. 经济研究, (5): 50-61.

傅晓霞, 吴利学. 2013. 技术差距、创新路径与经济赶超：基于后发国家的内生技术进步模型. 经济研究, (6): 19-32.

高铁梅, 王金明, 陈飞. 2009. 中国转轨时期经济增长周期波动特征的实证分析. 财经问题研究, (1): 22-29.

郭斌. 2004. 中国国有工业部门绩效及其变动：1993~1997 年. 中国社会科学, (3): 31-41, 205-206.

国家统计局, 国家发展和改革委员会, 科学技术部. 2005. 中国高技术产业统计年鉴 (2005). 北京：中国统计出版社.

国家统计局, 国家发展和改革委员会, 科学技术部. 2013. 中国高技术产业统计年鉴 (2013). 北京：中国统计出版社.

郭克莎. 1998. 所有制结构变动与工业增长质量. 管理世界, (1): 133-146.

郭庆旺, 贾俊雪. 2004. 中国潜在产出与产出缺口的估算. 经济研究, (5): 31-39.

侯亚非, 曹颖. 2000. 人力资本存量质量浅析. 中国人口科学, (6): 43-48.

黄赜琳. 2005. 中国经济周期特征与财政政策效应：一个基于三部门RBC模型的实证分析. 经济研究, (6): 27-39.

吉亚辉, 祝凤文. 2011. 技术差距、"干中学"的国别分离与发展中国家的技术进步. 数量经济技术经济研究, 28 (4): 49-63.

贾俊雪, 郭庆旺, 宁静. 2011. 财政分权、政府治理结构与县级财政解困. 管理世界, (1): 30-39.

贾康, 冯俏彬. 2012. 从替代走向合作：论公共产品提供中政府、市场、志愿部门之间的新型关系. 财贸经济, (8): 28-35.

蒋为, 张龙鹏. 2015. 补贴差异化的资源误置效应：基于生产率分布视角. 中国工业经济, (2): 31-43.

孔宪丽, 米美玲, 高铁梅. 2015. 技术进步适宜性与创新驱动工业结构调整：基于技术进步偏向性视角的实证研究. 中国工业经济, (11): 62-77.

赖明勇, 张新, 彭水军, 等. 2005. 经济增长的源泉：人力资本、研究开发与技术外溢. 中国社会科学, (2): 32-46, 204-205.

李宾. 2010. 国内研发阻碍了我国全要素生产率的提高吗. 科学学研究, 28 (7): 1035-1042, 1059.

李成, 马文涛, 王彬. 2011. 学习效应、通胀目标变动与通胀预期形成. 经济研究, (10):

39-53.

李春吉, 孟晓宏. 2006. 中国经济波动: 基于新凯恩斯主义垄断竞争模型的分析. 经济研究, (10): 72-82.

李海峥, 贾娜, 张晓蓓, 等. 2013. 中国人力资本的区域分布及发展动态. 经济研究, 48 (7): 49-62.

李海峥, 梁赟玲, Fraumeni B, 等. 2010. 中国人力资本测度与指数构建. 经济研究, 45 (8): 42-54.

李涛, 黄纯纯, 周业安. 2011. 税收、税收竞争与中国经济增长. 世界经济, 34 (4): 22-41.

李小平, 朱钟棣. 2006. 国际贸易、R&D 溢出和生产率增长. 经济研究, (2): 31-43.

李晓嘉. 2012. 公共支出促进我国经济增长方式转变的实证分析: 基于动态面板数据的经验证据. 复旦学报 (社会科学版), (5): 22-28, 70.

李晓钟, 王倩倩. 2014. 研发投入、外商投资对我国电子与高新技术产业的影响比较: 基于全要素生产率的估算与分析. 国际贸易问题, (1): 139-146.

李学清. 2007. 是市场的功能还是政府的作用: 从传统、转型期经济向现代市场经济过渡. 数量经济技术经济研究, (12): 3-15, 38.

梁琪, 余峰燕. 2014. 金融危机、国有股权与资本投资. 经济研究, 49 (4): 47-61.

林伯强, 杜克锐. 2013. 要素市场扭曲对能源效率的影响. 经济研究, 48 (9): 125-136.

林毅夫, 张鹏飞. 2005. 后发优势、技术引进和落后国家的经济增长. 经济学 (季刊), (4): 53-74.

刘丹, 闫长乐. 2013. 协同创新网络结构与机理研究. 管理世界, (12): 1-4.

刘海洋, 孔祥贞, 马靖. 2012. 补贴扭曲了中国工业企业的购买行为吗: 基于讨价还价理论的分析. 管理世界, (10): 119-129, 145.

刘金全, 陈广华, 顾洪梅. 2004. 我国通货膨胀名义成因和实际成因的检验分析. 吉林大学社会科学学报, (5): 93-97.

刘金全, 范剑青. 2001. 中国经济周期的非对称性和相关性研究. 经济研究, (5): 28-37, 94.

刘金全, 刘志刚. 2005. 我国经济周期波动中实际产出波动性的动态模式与成因分析. 经济研究, (3): 26-35.

刘树成. 2006. 中国经济周期研究报告. 北京: 社会科学文献出版社.

刘玉. 2014. 中国人口流动格局的十年变迁与思考: 基于第五、六次人口普查数据的分析. 西北人口, 35 (2): 1-5.

龙如银, 郑挺国, 云航. 2005. Markov 区制转移模型与我国通货膨胀波动路径的动态特征. 数量经济技术经济研究, (10): 111-117.

陆旸, 蔡昉. 2014. 人口结构变化对潜在增长率的影响: 中国和日本的比较. 世界经济, 37 (1): 3-29.

罗丹, 陈洁. 2009. 县乡财政的困境与出路: 关于 9 县（市）20 余个乡镇的实证分析. 管理世界, （3）: 72-83.

罗德明, 李晔, 史晋川. 2012. 要素市场扭曲、资源错置与生产率. 经济研究, 47（3）: 4-14, 39.

吕冰洋, 毛捷. 2014. 高投资、低消费的财政基础. 经济研究, 49（5）: 4-18.

毛捷, 汪德华, 白重恩. 2011. 民族地区转移支付、公共支出差异与经济发展差距. 经济研究, 46（S2）: 75-87.

毛其淋. 2013. 要素市场扭曲与中国工业企业生产率: 基于贸易自由化视角的分析. 金融研究, （2）: 156-169.

梅冬州, 王子健, 雷文妮. 2014. 党代会召开、监察力度变化与中国经济波动. 经济研究, 49（3）: 47-61.

孟令国, 王清, 胡广. 2013. 二次人口红利视角下国民储蓄率影响因素分析. 经济科学, （5）: 9-18.

聂辉华, 江艇, 杨汝岱. 2012. 中国工业企业数据库的使用现状和潜在问题. 世界经济, 35（5）: 142-158.

欧阳峣, 易先忠, 生延超. 2012. 技术差距、资源分配与后发大国经济增长方式转换. 中国工业经济, （6）: 18-30.

庞明川. 2013. 转轨经济中政府与市场关系中国范式的形成与演进: 基于体制基础、制度变迁与文化传统的一种阐释. 财经问题研究, （12）: 3-10.

钱雪亚. 2011. 人力资本水平方法与实证. 北京: 商务印书馆.

任曙明, 张静. 2013. 补贴、寻租成本与加成率: 基于中国装备制造企业的实证研究. 管理世界, （10）: 118-129.

任泽平, 陈昌盛. 2012. 经济周期波动与行业景气变动: 因果联系、传导机制与政策含义. 经济学动态, （1）: 19-27.

邵敏, 包群. 2012. 政府补贴与企业生产率: 基于我国工业企业的经验分析. 中国工业经济, （7）: 70-82.

沈利生, 王恒. 2006. 增加值率下降意味着什么. 经济研究, （3）: 59-66.

盛丹, 王永进. 2011. 市场化、技术复杂度与中国省区的产业增长. 世界经济, 34（6）: 26-47.

盛丹, 王永进. 2012. 中国企业低价出口之谜: 基于企业加成率的视角. 管理世界, （5）: 8-23.

施炳展, 冼国明. 2012. 要素价格扭曲与中国工业企业出口行为. 中国工业经济, （2）: 47-56.

孙小军, 张亮, 徐小聪, 等. 2017. 政府生产性补贴会促进企业成本加成率增加吗. 宏观经济研究, （3）: 56-67, 145.

孙晓华, 王昀. 2011. 技术进步与企业纵向边界: 来自中国工业企业的经验证据. 科学学与科学技术管理, 32（6）: 128-132, 158.

孙铮，刘凤委，李增泉. 2005. 市场化程度、政府干预与企业债务期限结构：来自我国上市公司的经验证据. 经济研究，（5）：52-63.

汤向俊. 2006. 资本深化、人力资本积累与中国经济持续增长. 世界经济，（8）：57-64.

汤玉刚，陈强，满利苹. 2016. 资本化、财政激励与地方公共服务提供：基于我国35个大中城市的实证分析. 经济学（季刊），15（1）：217-240.

唐保庆，黄繁华. 2009. 国际贸易结构、知识产权保护与国际R&D溢出效应. 财贸经济，（9）：108-113.

唐代盛，邓力源. 2012. 人口红利理论研究新进展. 经济学动态，（3）：115-122.

汪锋，张宗益，康继军. 2006. 企业市场化、对外开放与中国经济增长条件收敛. 世界经济，（6）：48-60.

王建军. 2007. Markov机制转换模型研究：在中国宏观经济周期分析中的应用. 数量经济技术经济研究，（3）：39-48.

王少平，彭方平. 2006. 我国通货膨胀与通货紧缩的非线性转换. 经济研究，（8）：35-44.

王燕武，王俊海. 2011. 中国经济波动来源于供给还是需求：基于新凯恩斯模型的研究. 南开经济研究，（1）：24-37.

魏礼群. 2014. 正确认识与处理政府和市场关系. 北京：中国言实出版社.

吴林海，罗佳，杜文献. 2007. 跨国R&D投资技术溢出效应的理论分析框架. 中国人民大学学报，21（2）：113-119.

吴延兵. 2012. 国有企业双重效率损失研究. 经济研究，47（3）：15-27.

徐平华. 2014. 政府与市场：看得见的手与看不见的手. 北京：新华出版社.

严成樑，龚六堂. 2009. 财政支出、税收与长期经济增长. 经济研究，44（6）：4-15, 51.

杨海文，王丹华. 2013. 线性回归模型参数稳定性的Quandt-Andrews检验法. 数理统计与管理，32（5）：823-829.

姚慧琴，徐璋勇. 2013. 中国西部发展报告（2013）：新形势下的西部地区小康社会建设. 北京：社会科学文献出版社.

叶振宇，叶素云. 2010. 要素价格与中国制造业技术效率. 中国工业经济，（11）：47-57.

易先忠. 2010. 技术差距双面效应与主导技术进步模式转换. 财经研究，36（7）：39-48.

易先忠，张亚斌. 2006. 技术差距、知识产权保护与后发国家技术进步. 数量经济技术经济研究，（10）：111-121.

尹恒，朱虹. 2011. 县级财政生产性支出偏向研究. 中国社会科学，（1）：88-101, 202.

张伯伟，沈得芳. 2015. 政府补贴与企业员工就业：基于配对倍差法的实证分析. 经济学动态，（10）：31-38.

张成思. 2008. 中国通胀惯性特征与货币政策启示. 经济研究，（2）：33-43.

张凤林. 2006. 人力资本理论及其应用研究. 北京：商务印书馆.

张辉，刘佳颖，何宗辉. 2016. 政府补贴对企业研发投入的影响：基于中国工业企业数据库的门槛分析. 经济学动态，（12）：28-38.

张杰，黄泰岩，芦哲. 2011. 中国企业利润来源与差异的决定机制研究. 中国工业经济，（1）：27-37.

张墨宁. 2015. "新东北现象"预警中国经济. 南风窗，（10）：28-30.

张同斌. 2014. 中国通货膨胀的形成机制与时变转换特征研究. 经济学动态，（6）：78-86.

张同斌. 2016. 从数量型"人口红利"到质量型"人力资本红利"——兼论中国经济增长的动力转换机制. 经济科学，（5）：5-17.

张同斌，范庆泉，李金凯. 2015. 研发驱动高技术产业全要素生产率提升的有效性研究——基于断点检验与门限回归的结构变动分析. 经济学报，2（3）：65-83.

张同斌，高铁梅. 2015. 中国经济周期波动的阶段特征及驱动机制研究——基于时变概率马尔科夫区制转移（MS-TVTP）模型的实证分析. 财贸经济，（1）：27-39.

张同斌，高铁梅，杨彬. 2011. 中国高新技术产业中外资与内资企业间双向动态溢出效应的实证检验. 系统工程理论与实践，31（7）：1201-1210.

张同斌，李金凯. 2016. 内在吸收能力还是外部溢出效应有效缩小了技术差距——以中国高技术产业为例. 浙江社会科学，（4）：15-26，155.

张同斌，刘俸奇，马丽园. 2017. 补贴、要素价格扭曲与中国工业企业增长. 经济学动态，（9）：57-70.

张同斌，刘琳. 2017. 政府干预、市场化进程与经济增长动力——兼论"简政放权"如何动态释放改革红利. 浙江社会科学，（1）：17-27，155.

张同斌，马丽园，高铁梅. 2016. 中国工业企业增长质量的分布特征变动与差异分解研究. 数量经济技术经济研究，33（8）：13-29.

张同斌，张敏晗. 2018. 县级财政负担、公共服务供给与经济增长效应. 浙江社会科学，（2）：62-74，157.

张洋. 2017. 政府补贴提高了中国制造业企业出口产品质量吗. 国际贸易问题，（4）：27-37.

张屹山，张代强. 2008. 我国通货膨胀率波动路径的非线性状态转换：基于通货膨胀持久性视角的实证检验. 管理世界，（12）：43-50.

张宇. 2007. FDI与中国全要素生产率的变动：基于DEA与协整分析的实证检验. 世界经济研究，（5）：14-19，81，86.

赵志耘，吕冰洋. 2006. 解决市场拥挤的政府支出对经济内生增长的影响. 财政研究，（3）：13-16.

郑挺国，王霞. 2010. 中国产出缺口的实时估计及其可靠性研究. 经济研究，45（10）：129-142.

钟春平，陈三攀，徐长生. 2013. 结构变迁、要素相对价格及农户行为：农业补贴的理论模型与微观经验证据. 金融研究，（5）：167-180.

中共中央编写组. 2013. 中共中央关于全面深化改革若干重大问题的决定. 北京：人民出版社.

周黎安. 2004. 晋升博弈中政府官员的激励与合作:兼论我国地方保护主义和重复建设问题长期存在的原因. 经济研究,(6):33-40.

周黎安,陈祎. 2015. 县级财政负担与地方公共服务:农村税费改革的影响. 经济学(季刊),14(2):417-434.

周密. 2009. 技术差距理论综述. 经济社会体制比较,(3):186-191.

周亚虹,贺小丹,沈瑶. 2012. 中国工业企业自主创新的影响因素和产出绩效研究. 经济研究,47(5):107-119.

朱平芳,徐大丰. 2007. 中国城市人力资本的估算. 经济研究,(9):84-95.

朱有为,徐康宁. 2007. 研发资本积累对生产率增长的影响:对中国高技术产业的检验(1996-2004). 中国软科学,(4):57-67.

祝树金,郭莎莎,黄建欢. 2010. 我国经济开放、地区分割影响技术差距的实证分析. 财经理论与实践,31(5):87-92.

庄子银,邹薇. 2003. 公共支出能否促进经济增长:中国的经验分析. 管理世界,(7):4-12,154.

Acemoglu D. 1996. A microfoundation for social increasing returns in human capital accumulation. The Quarterly Journal of Economics, 111(3):779-804.

Acemoglu D. 2002. Directed technical change. The Review of Economic Studies, 69(4):781-809.

Acemoglu D, Dell M. 2010. Productivity differences between and within countries. American Economic Journal: Macroeconomics, 2(1):169-188.

Aghion P, Howitt P. 1992. A model of growth through creative destruction. Econometrica, 60(2):323-351.

Ahsan H, Haque M E. 2017. Threshold effects of human capital: schooling and economic growth. Economics Letters, 156:48-52.

Alexová M. 2012. Inflation drivers in new EU members. NBS Working Paper Series, NO. 2012-6:1-25.

Andersson F, Konrad K A. 2001. Globalization and human capital formation. CEPR Discussion Papers.

Andrews D W K. 1993. Tests for parameter instability and structural change with unknown change point: a corrigendum. Econometrica, 61(4):821-826.

Audretsch D, Keilbach M. 2004. Entrepreneurship capital and economic performance. Regional Studies, 38:949-959.

Autor D H, Katz L F, Kearney M S. 2005. Rising wage inequality: the role of composition and prices. Harvard Institute of Economic Research Working Papers.

Azam M, Ahmed A M. 2015. Role of human capital and foreign direct investment in promoting economic growth. International Journal of Social Economics, 42(2):98-111.

Bacolod M, Blum B S, Strange W C. 2009. Skills in the city. Journal of Urban Economics, 65 (2): 136-153.

Barro R J. 1981. Output effects of government purchases. Journal of Political Economy, 89 (6): 1086-1121.

Barro R J. 1990. Government spending in a simple model of endogenous growth. Journal of Political Economy, 98 (5): S103-S125.

Barro R J, Sala-i-Martin X. 1995. Technological diffusion, convergence, and growth. NBER Working Paper.

Battese G E, Coelli T J. 1988. Prediction of firm-level technical efficiencies with a generalized frontier production function and panel data. Journal of Econometrics, 38 (3): 387-399.

Becker G S, Chiswick B R. 1966. Education and the distribution of earnings. American Economic Review, 56 (1/2): 358-369.

Becker G S, Murphy K M, Tamura R. 1990. Human capital, fertility, and economic growth. Journal of Political Economy, 98 (5): S12-S37.

Benhabib J, Spiegel M M. 1994. The role of human capital in economics development: evidence from aggregate cross-country data. Journal of Monetary Economics, 34 (2): 143-173.

Benos N, Mylonidis N, Zotou S. 2017. Estimating production functions for the US states: the role of public and human capital. Empirical Economics, 52 (2): 691-721.

Berk J M. 1999. Measuring inflation expectations: a survey data approach. Applied Economics, 31 (11): 1467-1480.

Bernini C, Pellegrini G. 2011. How are growth and productivity in private firms affected by public subsidy? Evidence from a regional policy. Regional Science and Urban Economics, 41 (3): 253-265.

Beveridge S, Nelson C R. 1981. A new approach to the decomposition of economic time series into permanent and transitory components with particular attention to measurement of the "business cycle". Journal of Monetary Economics, 7 (2): 151-174.

Blinder A S. 1973. Wage discrimination: reduced forms and structural estimation. Journal of Human Resources, 8 (4): 436-455.

Bloom D E, Canning D, Sevilla J. 2001. Economic growth and the demographic transition. NBER Working Paper Series.

Bouakez H, Rebei N. 2007. Why does private consumption rise after a government spending shock. Canadian Journal of Economics, 40 (3): 954-979.

Brant L, Tombe T, Zhu X D. 2013. Factor market distortions across time, space and sectors in China. Review of Economic Dynamics, 16 (1): 39-58.

Calvo G A. 1983. Staggered prices in utility maximizing framework. Journal of Monetary

Economics, 12（3）: 383-398.

Campbell B A, Coff R, Kryscynski D. 2012. Rethinking sustained competitive advantage from human capital. Academy of Management Review, 37（3）: 376-395.

Castellacci F. 2011. Closing the technology gap. Review of Development Economics, 15（1）: 180-197.

Castello A, Domenech R. 2002. Human capital inequality and economic growth: some new evidence. The Economic Journal, 112（478）: C187-C200.

Castillo P, Humala A, Tuesta V. 2012. Regime shifts and inflation uncertainty in PERU. Journal of Applied Economics, 15（1）: 71-87.

Chakraborty S. 2004. Endogenous lifetime and economic growth. Journal of Economic Theory, 116（1）: 119-137.

Ciurilă N, Murăraşu B. 2008. Inflation dynamics in Romania: a new Keynesian perspective. European Research Studies, XI: 31-36.

Clark P. 1987. The cyclical component of U.S. economic activity. Quarterly Journal of Economics, 102: 797-814.

Coccia M. 2009. What is the optimal rate of R&D investment to maximize productivity growth. Technological Forecasting and Social Change, 76（3）: 433-446.

Coe D T, Helpman E. 1995. International R&D spillovers. European Economic Review, 39（5）: 859-887.

Cogan J F, Cwik T, Taylor J B, et al. 2010. New Keynesian versus old Keynesian government spending multipliers. Journal of Economic Dynamics and Control, 34（3）: 281-295.

Cohen W M, Levinthal D A. 1990. Absorptive capacity: a new perspective on learning and innovation. Economic Journal, 35（1）: 128-152.

Czarnitzki D, Kraft K. 2004. Innovation indicators and corporate credit ratings: evidence from German firms. Economics Letters, 82（3）: 377-384.

Dehejia R H, Wahba S. 2002. Propensity score-matching methods for non-experimental causal studies. Review of Economics and Statistics, 84（1）: 151-161.

Demsetz H. 1973. Industry structure market rivalry and public policy. Journal of Law and Economics, 16（1）: 1-9.

Démurger S, Gurgand M, Li S, et al. 2009. Migrants as second-class workers in urban China? A decomposition analysis. Journal of Comparative Economics, 37（4）: 610-628.

Dewenter K L, Malatesta P H. 2001. State-owned and privately-owned firms: an empirical analysis of profitability, leverage and labor intensity. The American Economic Review, 91（1）: 320-334.

van Dijk D, Teräsvirta T, Franses P H. 2002. Smooth transition autoregressive models: a survey of recent developments. Econometric Reviews, 21（1）: 1-47.

Duranton G, Puga D. 2000. Diversity and specialization in cities: why, where and when does it matter? Urban Studies, 37（3）: 533-555.

Durland J M, McCurdy T H. 1994. Duration-dependent transitions in a Markov model of US GNP growth. Journal of Business and Economic Statistics, 12（3）: 279-288.

Durlauf S N, Johnson P A. 2010. Multiple regimes and cross-country growth behavior. Journal of Applied Econometrics, 10（4）: 365-384.

Eaton J, Eckstein Z. 1997. Cities and growth: theory and evidence from France and Japan. Regional Science and Urban Economics, 27（4/5）: 443-474.

EI-Shagi M, Giesen S. 2013. Money and inflation: consequences of the recent monetary policy. Journal of Policy Modeling, 35（4）: 520-537.

Elvery J A. 2010. City size and skill intensity. Regional Science and Urban Economics, 40（6）: 367-379.

Evans M, Wachtel P. 1993. Inflation regimes and the sources of inflation uncertainty. Journal of Money, Credit and Banking, 25（3）: 475-511.

Falcetti E, Raiser M, Sanfey P. 2002. Defying the odds: initial conditions, reforms and growth in the first decade of transition. Journal of Comparative Economics, 30（2）: 229-250.

Ferrero A. 2010. A structural decomposition of the U.S. trade balance: productivity, demographics and fiscal policy. Journal of Monetary Economics, 57（4）: 478-490.

Filardo A J. 1994. Business-cycle phases and their transitional dynamics. Journal of Business & Economic Statistics, 12（3）: 299-308.

Fleisher B M, Li H, Zhao M Q. 2010. Human capital, economic growth and regional inequality in China. Journal of Development Economics, 92（2）: 215-231.

Folster S, Henrekson M. 1999. Growth and public sector: a critique of the critics. European Journal of Political Economy, 15（2）: 337-358.

Fougere M, Merette M. 1999. Population ageing and economic growth in seven OECD countries. Economic Modelling, 16（3）: 411-427.

Friedman M. 1993. The "plucking model" of business fluctuations revisited. Economic Inquiry, 31（2）: 171-177.

de la Fuente A, Doménech R. 2006. Human capital in growth regressions: how much difference does data quality makes. Journal of the European Economic Association, 4（1）: 1-36.

Fuhrer J C. 2000. Habit formation in consumption and its implications for monetary-policy models. American Economic Review, 90（3）: 367-390.

Gali J, Gertler M. 1999. Inflation dynamics: a structural econometric analysis. Journal of Monetary Economics, 44（2）: 195-222.

Galor O, Moav O. 2004. From physical to human capital accumulation: inequality and the process of development. The Review of Economic Studies, 71(4): 1001-1026.

Giannini M. 2003. Accumulation and distribution of human capital: the interaction between individual and aggregate variables. Economic Modelling, 20(6): 1053-1081.

Gibson J, Oxley L, Le T. 2003. Cost- and income-based measures of human capital. Journal of Economic Surveys, 17: 271-307.

Gilbert R J. 2006. Competition and innovation. International Journal of Industrial Organization Education, (1): 1-23.

Gille V. 2015. Distribution of human capital and income: an empirical study on Indian states. Journal of Macroeconomics, 43: 239-256.

Glaeser E L, Maré D C. 2001. Cities and skills. Journal of Labor Economics, 19(2): 316-342.

Glaeser E L, Saiz A. 2004. The rise of the skilled city. Brookings-Wharton Papers on Urban Affairs: 47-105.

Glaeser E L, Scheinkman J A, Shleifer A. 1995. Economic growth in a cross-section of cities. Journal of Monetary Economics, 36(1): 117-143.

Goldeng E, Grunfeld L A, Benito G R G. 2008. The performance differential between private and state owned enterprises: the roles of ownership, management and market structure. Journal of Management Studies, 45(7): 1244-1273.

Gonázlez A, Teräsvirta T, van Dijk D. 2005. Panel smooth transition regression models. SSE/EFI Working Paper Series in Economics and Finance.

Greene W. 2005. Reconsidering heterogeneity in panel data estimators of the stochastic frontier model. Journal of Econometrics, 126(2): 269-303.

Griliches Z. 1979. Issues in assessing the contribution of R&D to productivity growth. Bell Journal of Economics, 10: 92-116.

Grossman G M, Helpman E. 1993. Innovation and Growth in the Global Economy. Cambridge: MIT Press: 122-130.

Guellec D, van Pottelsberghe de la Potterie B. 2003. The impact of public R&D expenditure on business R&D. Economic of Innovation and New Technology, 12(3): 225-243.

Hamilton J D. 1989. A new approach to the economic analysis of nonstationary time series and the business cycle. Econometrica, 57(2): 357-384.

Harding D, Pagan A. 2002. Dissecting the cycle: a methodological investigation. Journal of Monetary Economics, 49(2): 365-381.

Heckman J J, Lalonde R J, Smith J A. 1999. The economics and econometrics of active labor market programs. Handbook of Labor Economics, 3(A): 1865-2097.

Henry O T. 1999. Are shocks to inflation infinitely persistent. MLB Working Paper.

Heutel G. 2012. How should environmental policy respond to business cycles? Optimal policy under persistent productivity shock. Review of Economic Dynamics, 15（2）: 244-264.

Higgins M, Williamson J G. 1997. Age structure dynamics in Asia and dependence on foreign capital. Population and Development Review, 23（2）: 261-293.

Hirshleifer D, Hsu P H, Li D M. 2013. Innovative efficiency and stock returns. Journal of Finance and Economics, 107（3）: 632-654.

Hsieh C T, Klenow P J. 2009. Misallocation and manufacturing TFP in China and India. The Quarterly Journal of Economics, 124（4）: 1403-1448.

Hsieh C T, Klenow P J. 2010. Development accounting. American Economic Journal: Macroeconomics, 2（1）: 207-223.

Hu A G. 2001. Ownership, government R&D, private R&D and productivity in Chinese industry. Journal of Comparative Economics, 29（1）: 136-157.

Islam N. 1995. Growth empirics: a panel data approach. The Quarterly Journal of Economics, 110（4）: 1127-1170.

Iyer K. 2011. Technology gap, catching-up and outward orientation: analysis of 63 countries. Applied Economics and International Development, 11（2）: 12-26.

Jaffe A B. 1988. Demand and supply influences in R&D intensity and productivity growth. The Review of Economics and Statistics, 70（3）: 431-437.

Jefferson G H. 2003. Potential source of productivity growth within Chinese industry. World Development, 17: 45-57.

Jefferson G H, Bai H M, Guan X J, et al. 2006. R&D performance in Chinese industry. Economics of Innovation and New Technology, 15（4/5）: 345-366.

Jefferson G H, Rawski T G, Zheng Y. 1992. Growth, efficiency and convergence in China's state and collective industry. Economic Development and Cultural Change, 40（2）: 239-266.

Jondrow J, Lovell C A K, Materov I S, et al. 1982. On the estimation of technical inefficiency in the stochastic frontier production function model. Journal of Econometrics, 19（2/3）: 233-238.

Jones C I. 2011. Misallocation, economic growth, and input-output economics. Stanford GSB and NBER Working Paper Series.

Judson R. 2002. Measuring human capital like physical capital: what does it tell us. Bulletin of Economic Research, 54（3）: 209-231.

Juhn C, Murphy K M, Pierce B. 1993. Wage inequality and the rise in returns to skill. The Journal of Political Economy, 101（3）: 410-442.

Kafouros M I, Wang C Q. 2008. The role of time in assessing the economic effects of R&D. Industry and Innovation, 15（3）: 233-251.

Keller W. 2004. International technology diffusion. Journal of Economic Literature, 42: 752-782.

Kim C J. 1994. Dynamic linear model with Markov-switching. Journal of Econometrics, 60 (1/2): 1-22.

Kim C J, Nelson C R. 1999. Has the US economy become more stable? A Bayesian approach based on a Markov-switching model of the business cycle. The Review of Economics and Statistics, 81 (4): 608-616.

Kiuru J, Inkinen T. 2017. Predicting innovative growth and demand with proximate human capital: a case study of the Helsinki metropolitan area. Cities, 64: 9-17.

Kourtellos A, Stylianou I, Tan C M. 2015. Robust multiple regimes in growth volatility. Empirical Economics, 48 (1): 461-491.

Krolzig H M. 2001. Business cycle measurement in the presence of structural change: international evidence. International Journal of Forecasting, 17 (3): 349-368.

Kummitha R K R, Crutzen N. 2017. How do we understand smart cities? An evolutionary perspective. Cities, 67: 43-52.

Lach S. 2000. Do R&D subsidies stimulate or displace private R&D? Evidence from Israel. NBER Working Paper Series.

Lai M Y, Wang H, Zhu S J. 2009. Double-edged effects of the technology gap and technology spillovers: evidence from the Chinese industrial sector. China Economic Review, 20 (3): 414-424.

Layton A P. 1998. A further test of the influence of leading indicators on the probability of US business cycle phase shifts. International Journal of Forecasting, 14: 63-70.

Layton A P, Smith D R. 2007. Business cycle dynamics with duration dependence and leading indicators. Journal of Macroeconomics, 29 (4): 855-875.

Lee J W, Lee H. 2016. Human capital in the long run. Journal of Development Economics, 122: 147-169.

Lee S H, Mason A. 2007. Who gains from the demographic dividend? Forecasting income by age. International Journal of Forecasting, 23 (4): 603-619.

Leith C, Malley J. 2005. Estimated general equilibrium models for the evaluation of monetary policy in the US and Europe. European Economic Review, 49 (8): 2137-2159.

Lindh T, Malmberg B. 1999. Age structure effects and growth in OECD: 1950-1990. Journal of Population Economics, 12 (3): 431-449.

Liu X H, Wang C G. 2003. Does foreign direct investment facilitate technological progress: evidence from Chinese industries. Research Policy, 32 (6): 945-953.

Lucas Jr R E. 1988. On the mechanics of economic development. Journal of Monetary Economics, 22 (1): 3-42.

Mahadevan R. 2000. How technically efficient are Singapore's manufacturing industries. Applied Economics, 32 (15): 2007-2014.

Mamuneas T P, Savvides A, Stengos T. 2006. Economic development and the return to human capital: a smooth coefficient semi-parametric approach. Journal of Applied Econometrics, 21 (1): 111-132.

Mankiw N G, Romer D, Weil D N. 1992. A contribution to the empirics of economic growth. The Quarterly Journal of Economics, 107 (2): 407-437.

Manuelli R E, Seshadri A. 2014. Human capital and the wealth of nations. The American Economic Review, 104 (9): 2736-2762.

Martin C, Milas C. 2004. Modelling monetary policy: inflation targeting in practice. Economica, 71 (282): 209-221.

Mason A W, Sidney B. 2002. Population change and economic development: success stories from Asia. The Future of Population in Asia, East-West Center Report: 97-110.

Mauro P. 1998. Corruption and the composition of government expenditure. Journal of Public Economics, 69 (2): 263-279.

Mazumder S. 2012. European inflation and the new Keynesian Phillips curve. Southern Economic Journal, 79 (2): 322-349.

McCallum B T. 2009. Inflation determination with Taylor-rules: is New-Keynesian analysis critically flawed. Journal of Monetary Economics, 56: 1101-1108.

McCallum B T, Nelson E. 1999. An optimizing IS-LM specification for monetary policy and business cycle analysis. Journal of Money, Credit and Banking, 31 (3): 296-316.

McCulloch R E, Tsay R S. 1994. Statistical analysis of economic time series via Markov-switching models. Journal of Time Series Analysis, 15 (5): 523-539.

Mcgrattan E R. 1994. The macroeconomic effects of distortionary taxation. Journal of Monetary Economics, 33 (3): 573-601.

Melly B. 2005. Decomposition of differences in distribution using quantile regression. Labor Economics, 12 (4): 577-590.

Modigliani F, Cao S L. 2004. The Chinese saving puzzle and the life-cycle hypothesis. Journal of Economic Literature, 42 (1): 145-170.

Moretti E. 2004. Estimating the social return to higher education: evidence from longitudinal and repeated cross-sectional data. Journal of Econometrics, 121 (1/2): 175-212.

Mulligan C B, Sala-i-Martin X. 1997. A labor income-based measure of the value of human capital: an application to the states of the United States. Japan and the World Economy, 9 (2): 159-191.

Murphy K M, Shleifer A, Vishny R W. 1993. Why is rent-seeking so costly to growth. The

American Economic Review, 83 (2): 409-414.

Murphy K M, Topel R H. 2016. Human capital investment, inequality, and economic growth. Journal of Labor Economics, 34 (S2): S99-S127.

Murthy N R V, Chien I S. 1997. The empirics of economic growth for OECD countries: some new findings. Economics Letters, 55 (3): 425-429.

Ngalawa H, Viegi N. 2013. Interaction of formal and informal financial markets in quasi-emerging market economies. Economic Modelling, 31: 614-624.

Oaxaca R L. 1973. Male-female wage differential in urban labor markets. International Economic Review, 14 (3): 693-709.

Ogundari K, Awokuse T. 2018. Human capital contribution to economic growth in Sub-Saharan Africa: does health status matter more than education. Economic Analysis and Policy, 58: 131-140.

Park J. 2006. Dispersing of human capital and economic growth. Journal of Macroeconomics, 28 (3): 520-539.

de Plessis S A. 2006. Reconsidering the business cycle and stabilisation policies in South Africa. Economic Modelling, 23 (5): 761-774.

Rauch J E. 1993. Productivity gains from geographic concentration of human capital: evidence from the cities. Journal of Urban Economics, 34 (3): 380-400.

Reiner C, Meyer S, Sardadvar S. 2017. Urban attraction policies for international academic talent: Munich and Vienna in comparison. Cities, 61: 27-35.

Romer C D, Romer D H. 2010. The macroeconomic effects of tax changes: estimates based on a new measure of fiscal shocks. American Economic Review, 100 (3): 763-801.

Romer P M. 1986. Increasing return and long-run growth. Journal of Political Economy, 94 (5): 1002-1037.

Romer P M. 1990a. Human capital and growth: theory and evidence. Carnegie-Rochester Conference Series on Public Policy, 32: 251-286.

Romer P M. 1990b. Endogenous technological change. Journal of Political Economy, 98 (5): S71-S102.

Rosenbaum P R, Rubin D B. 1983. The central role of the propensity score in observational studies for causal effects. Biometrika, 70 (1): 41-55.

Rostow W W. 1990. Theorists of Economic Growth from David Hume to the Present: With a Perspective on the Next Century. New York and Oxford: Oxford University Press: 403-465.

Rumler F. 2007. Estimates of the open economy new Keynesian Phillips Curve for Euro area countries. Open Economies Review, 18 (4): 427-451.

Schultz T W. 1961. Investment in human capital. American Economic Review, 51 (1): 1-17.

Sequeira T N. 2007. Human capital composition, growth and development: an R&D growth model versus data. Empirical Economics, 32 (1): 41-65.

Shleifer A, Vishny R W. 1998. The Grabbing Hand: Government Pathologies and Their Cures. Cambridge: Harvard University Press.

de Simone F N, Clarke S. 2007. Asymmetry in business fluctuations: international evidence on Friedman's plucking model. Journal of International Money and Finance, 26 (1): 64-85.

Simpson P W, Osborn D R, Sensier M. 2001. Business cycle movements in the UK economy. Economica, 68 (270): 243-267.

Slottje D J. 2010. Human capital measurement: theory and practice. Journal of Economic Surveys, 24 (2): 201-205.

Stock G N, Greis N P, Fischer W A. 2001. Absorptive capacity and new product development. Technology Management Research, 12 (1): 77-91.

Strulik H. 2005. The role of human capital and population growth in R&D-based models of economic growth. Review of International Economics, 13 (1): 129-145.

Tastan H, Yildirim N. 2008. Business cycle asymmetries in Turkey: an application of Markov-switching autoregressions. International Economic Journal, 22 (3): 315-333.

Teixeira A A C, Queirós A S S. 2016. Economic growth, human capital and structural change: a dynamic panel data analysis. Research Policy, 45 (8): 1636-1648.

Teräsvirta T. 1994. Specification, Estimation and evaluation of smooth transition autoregressive models. Journal of the American Statistical Association, 89 (425): 208-218.

Tillmann P. 2007. Inflation regimes in the US term structure of interest rates. Economic Modelling, 24 (2): 203-223.

Trostel P A. 1993. The effect of taxation on human capital. Journal of Political Economy, 101 (2): 327-350.

Tsai C L, Hung M C, Harriott K. 2010. Human capital composition and economic growth. Social Indicators Research, 99 (1): 41-59.

Uzawa H. 1965. Optimum technical change in an aggregative model of economic growth. International Economic Review, 6 (1): 18-31.

Vandenbussche J, Aghion P, Meghir C. 2006. Growth, distance to frontier and composition of human capital. Journal of Economic Growth, 11 (2): 97-127.

Venables A J. 2011. Productivity in cities: self-selection and sorting. Journal of Economic Geography, 11 (2): 241-251.

Verspagen B. 1991. A new empirical approach to catching up and falling behind. Structural Change and Economic Dynamics, 2 (2): 359-380.

Verspagen B. 1995. R&D and productivity: a broad cross-section cross-country look. Journal of

Productivity Analysis, 6 (2): 117-135.

Whalley J, Zhao X L. 2013. The contribution of human capital to China's economic growth. China Economic Policy Review, 2 (1): 1-22.

Whelan K, Rudd J. 2005. Modelling inflation dynamics: a critical review of recent research. Central Bank of Ireland Research Technical Paper.

Wurgler J. 2000. Financial markets and the allocation of capital. Journal of Financial Economics, 58 (1/2): 187-214.

Yankow J J. 2006. Why do cities pay more? An empirical examination of some competing theories of the urban wage premium. Journal of Urban Economics, 60 (2): 139-161.

Yeh M L, Chu H P, Sher P J, et al. 2010. R&D intensity, firm performance and the identification of the threshold. Applied Economics, 42 (3): 389-401.